Bob Hayes

Wölfe im Yukon

Dieses Buch widme ich meinen Eltern,
Leonard und Eileen Hayes,
und meiner Frau Caroline Hayes.

Wölfe im Yukon

Veröffentlicht 2012
von Bob Hayes
Übersetzung aus dem Englischen
Ulrich Wotschikowsky
Foto Umschlag Philip Merchant
Alle Rechte ©Bob Hayes
Originalausgabe:
Wolves of the Yukon
Veröffentlicht 2010
Gedruckt in Deutschland auf FSC -Papier
Druckerei Fritz Kriechbaumer
Wettersteinstraße 12, 82024 Taufkirchen

ISBN: 978-3-00-037130-1

Inhalt

	Wölfe in Europa	4
	Vorwort	6
	Einleitung	9
Teil 1 Geschichte		13
1	Die Mammutsteppe	13
2	Das Ende der Pferde	31
3	Karibu	45
4	Der Helfer	59
5	Das Urtier schlechthin	75
6	Eine Prämie für Pelze	91
7	Gift fällt vom Himmel	113
Teil 2 Verstehen		131
	Die Kordilleren	131
8	Schnee	135
9	Fang	153
10	Die perfekte Beute	171
11	Wildschafe	189
12	Wanderer	203
13	Wasser	217
14	Diebe	227
15	Feinde	241
16	Zukunft	249
	Epilog	269
	Quellenverzeichnis	276
	Die jüngste Geschichte der Wölfe im Yukon	282
	Fotonachweise	283
	Glossar - Anmerkungen des Übersetzers	284
	Danksagung	286

Wölfe in Europa

D ie Wölfe kehren zurück. Welch eine Geschichte! Als ich anfing zu studieren, waren die Wolfsbestände in Europa ausgelöscht oder auf kümmerliche Reste zusammengeschmolzen. Wo es noch Wölfe gab, wurde ihnen nachgestellt wie seit Jahrhunderten. Von dem erstaunlichen Fall Spanien und Portugal abgesehen, wo sich bis heute an die zweitausend Wölfe behauptet haben, gab es vielleicht noch zweihundert in Italien, ebenso wenige in Ostpolen, keine mehr in Norwegen und Schweden. Auch in den osteuropäischen Ländern hatten es die Wölfe schwer. Es wurden immer weniger. Die Zeit von Isegrim schien abgelaufen.

Jetzt aber müssen wir fast Jahr für Jahr eine neue Karte der Wolfsverbreitung anlegen – und der Trend hat sich umgekehrt. In Italien umfasst die Population wieder an die eintausend Tiere. Sie hat sich bis nach Frankreich hinein ausgedehnt. Gegenwärtig sind es in den Seealpen etwa vierzig Rudel. In Schweden streifen wieder um die zweihundertfünfzig Wölfe herum. Im Westen von Polen hat sich eine Population von rund hundert Tieren etabliert, von dort sind Wölfe sogar ins enge Deutschland zurückgekommen. Und seit zwölf Jahren gibt es sogar im engen Deutschland wieder sesshafte Wölfe. Derzeit ist die Rede von etwa hundertzwanzig Tieren.

Was aber kommt da auf uns zu? Was wissen wir von den Beziehungen zwischen Wölfen und ihrer Umwelt? Wir haben ein gestörtes Bild vom Wolf. Alle neigen wir dazu, Isegrim aus unserem persönlichen Blickwinkel zu betrachten – dem des Jägers, des Nutztierhalters, des Menschen auf dem Lande oder aus der Stadt. Selbst Wissenschaftler, der Wahrheit verpflichtet und nichts sonst, tun sich oft schwer, den objektiven Blick zu bewahren. Das ist nicht erstaunlich; denn wir haben den Wolf ausgerottet, bevor wir ihn verstehen konnten.

Wo Wölfe nun ihre verlorenen Lebensräume zurückerobern, ist nichts mehr, wie es einmal war. Das „Gleichgewicht", was immer wir darunter verstehen – es ist überall aus den Fugen geraten. Abgesehen von einigen armen ländlichen Regionen im Osten sind die natürlichen Beutetiere der Wölfe heute häufig, weil sie von unserer Art der Landnutzung profitieren oder von Jägern gehegt werden. An natürlicher Beute mangelt es den Wölfen nicht, dennoch konkurrieren sie mit den Nutzungsansprüchen der Menschen, seien es Nutztierhalter oder Jäger. Das hat sich nicht geändert und wird auch so bleiben. Und immer noch, allen gegenteiligen Erkenntnissen zum Trotz, haben Menschen Angst vor dem Raubtier Wolf.

Wölfe sind gut erforscht, allerdings nicht bei uns. In den wenigen Restarealen, wo wir es noch mit ursprünglichen Bedingungen zu tun haben, etwa in Sibirien, wird kaum wissenschaftlich gearbeitet, weil die Leute dort andere Sorgen haben. Der Yukon, fast eineinhalbmal so groß wie Deutschland, ist eine bemerkenswerte, eine kostbare Ausnahme. Bob Hayes ist ihr Kronzeuge.

Das ist der Grund, warum wir glauben, seine langjährigen wissenschaftlichen Erfahrungen mit Wölfen sollten einem deutschsprachigen Leserkreis zugänglich gemacht werden. Unter den vielen Büchern über Wölfe ist seins eine herausragende Referenz für alle, die Wölfe und ihre Umwelt wirklich verstehen wollen.

Ulrich Wotschikowsky

Vorwort

Wölfe. Mit diesem Wort sind rund um die Welt ganz unterschiedliche Vorstellungen verbunden, sowohl nach ihrem Maßstab als auch nach ihrem Wesen. Sie hängen damit zusammen, was wir gelesen („Wölfe töten dreißig Schafe!") oder gesehen („Welch ein wunderschönes Tier!") oder gehört haben. Für einige, freilich wenige auch damit, was sie mit Wölfen unmittelbar erlebt haben.

Mein erstes Erlebnis hatte ich vom Flugzeug aus, das im dicht bewaldeten Minnesota über einem schlafenden Rudel kreiste. An jenem selben Abend, auf einer kalten, schneebedeckten Spur weniger als eine Meile von eben diesen Wölfen entfernt, heulte ein Mann hinaus in die stille schwarze Nacht und löste eine wilde Antwort aus. Nach diesem Erlebnis führten mich das Schicksal und eine Portion Entschlossenheit zunächst für einige Sommer, dann mehrere Jahre lang in die Lage, Wölfe und ihre Beutetiere in verschiedenen Gebieten zu studieren. Heute bin ich geprägt davon, dass ich Wölfe gefangen, besendert, vom Flieger aus beobachtet und dass ich Daten gesammelt und analysiert habe, was mir dabei half, sie besser zu verstehen, und dass ich mit Menschen zusammengetroffen bin, die starke Gefühle für Wölfe hatten, mal gute, mal schlechte.

Deshalb fühle ich mich stark verbunden mit Bob Hayes und seinen Erfahrungen mit Wölfen, die er in diesem Buch beschreibt. Während meiner Zeit am College bin ich einmal im Sommer auf dem Weg nach Alaska durch den Yukon gefahren, und ich erinnere mich an endlose Schwarzfichtenwälder und raue Berge mit weißen Punkten (Dallschafe, weit entfernt), an wenige, aber freundliche Menschen, und an das phantastische Nordlicht. Viel später in meinem Leben sah ich Dallschafe in unmittelbarer Nähe, als ich mit meiner und Bobs Familie in der alpinen Tundra am Kusawa Lake im südlichen Yukon wanderte – unweit der Stelle, wo Wölfe in seiner fiktiven Erzählung Schafe jagen. Wir hatten am See campiert, eine lange Bootstour entfernt von der nächsten Straße, meilenweit um uns keine Menschenseele. Es war ein großartiger Fleck in einer spektakulären Umgebung, und die kurze Zeit, die ich hier und anderswo im Yukon verbrachte, brachten mich diesem Land und dem Biologen, der hier arbeitete, näher.

Bobs fesselnde historische Betrachtung des Yukon aus dem Blickwinkel des Wolfs ist ein geglückter Einstieg, der die Phantasie des Lesers darüber anregt, wie es einmal war. Das Aufeinandertreffen der Wölfe mit den ersten Menschen eröffnet die Perspektive für jene, die ihnen folgen, sie hilft dabei, die jüngsten und gegenwärtigen Umstände besser zu verstehen, unter denen das „Wolfsmanagement" versucht hat, die Wildnis unter Kontrolle zu bekommen. Weil die Anzahl der Menschen so gering ist, haben sie nur wenige Spuren in der Wildnis hinterlassen, und so bietet diese immer noch die vollständige Skala der einheimischen Pflanzen- und Tierwelt und der natürlichen Prozesse. Ihrer Diversität wegen bildet sie einen Mikrokosmos der Interaktionen von Wölfen und ihrer Beutetiere für einen großen Teil der nördlichen Hemisphäre. Wölfe bejagen die wandernden Karibus in der Tundra, die Elche in den Fichtenwäldern und die Schafe in steilen Gebirgen, wie Bob es beschreibt. Aus der Sicht eines Wissenschaftlers ist Bob um eine solche Umgebung zum Studium von Wölfen natürlich zu beneiden. Wichtiger ist aber, dass die Einsichten, die er und seine Kollegen über die Jahre gewinnen konnten, in bedeutendem Umfang dazu beigetragen haben, dass wir Menschen auf intelligente Weise mit Wölfen zusammen leben können. Das ist eine wichtige Lehre aus diesem Buch. Es ist ein großes Geschenk, solch eine Gelegenheit zu bekommen, etwas über Wildtiere zu lernen und daraus etwas zu machen. Das ist Bob Hayes ohne Zweifel hervorragend gelungen.

Ein Gedanke, der mich besonders beschäftigt, seit ich Bobs Buch gelesen habe, hat mit Wildnis im Allgemeinen zu tun und damit, wie wir Wildnis erfahren (oder eben nicht mehr erfahren, wie viele Menschen unserer Zeit). Viele Wolfsbiologen von Bobs oder auch von meiner Generation haben selbstverständlich Gebrauch von der Radiotelemetrie gemacht – damals, als wir am Anfang unserer Karriere standen, eine bahnbrechende technische Innovation. Aber ich glaube, dass Biologen früherer Generationen ein bisschen schluckten und kritisch die Köpfe wiegten, weil wir nicht mehr Zeit am Boden verbrachten, um Informationen nach altbewährter Manier zu sammeln und so die Welt der Wölfe in einer intimeren Art und Weise zu erfahren, und dass uns, den neuen, dadurch eine Menge entging. Die Art und Weise, in der meine Studenten heute Tiere mit Satellitensendern ausrüsten, ihre stündlichen Bewegungen dann am Bildschirm registrieren, schließlich Zusammenhänge zwischen allen möglichen Einflussfaktoren ermitteln und neue Ideen über Wanderwege oder Habitatnutzung testen – das bedrückt mich. Ich glaube, sie verlieren womöglich noch mehr von der Verbindung zur realen Umwelt als ich, und deshalb schlucke auch ich ein bisschen und wiege kritisch den Kopf. „Geh' in den Yukon", möchte ich ihnen sagen, „und erfahre, was wirkliche Natur ist ... und wenn das nicht geht, dann lies' dieses Buch, und Du wirst Dich nach dem Yukon sehnen."

Todd Fuller, Professor of Wildlife Conservation, University of Massachusetts - Amherst

Einleitung

Der Wolf ist die besterforschte Tierart der Erde, und es gibt mehr Bücher über den Wolf als über jedes andere Tier. Warum also schon wieder ein Wolfsbuch? Als Wildbiologe für die Regierung im Yukon hatte ich das Glück, zwanzig Jahre lang Wölfe erforschen und erleben zu können. Dabei ist mir klar geworden: Die Geschichte der Wölfe im Yukon ist eine besondere und sie verdient es, erzählt zu werden. Das kann anderen helfen, die Rolle des Wolfes in der Natur und in der Geschichte der Menschen im Yukon besser zu verstehen.

Wölfe sind der bedeutendste natürliche Faktor, der die Wildnis des Yukon seit der letzten Eiszeit geprägt und belebt hat. Sie sind die wichtigsten Beutegreifer, die die Populationen von Elchen und Karibus kontrollieren und begrenzen. Der Wolf hat darüber hinaus große mythologische Bedeutung für die Ureinwohner, er ist ein zentraler Ankerpunkt ihrer Kultur, ihres sozialen Gefüges, ihrer spirituellen Welt und ihrer geschichtlichen Mythen. Und da ist noch mehr als das. Die Entwicklung des Wolfes als Symbol für Wildnis und unsere Vorstellung von Wildnis überhaupt entstand durch die Vorstellungen eines jungen Schriftstellers, der um die Wende zum 20. Jahrhundert eine kurze Zeit im Yukon verbrachte.

Zu einem guten Teil wurde die jüngere Geschichte des Yukon seit dem *Goldrush* auch geprägt von unserer Konkurrenz mit dem Wolf um jagbare Tiere. Es ist schwer zu sagen, was die Politik und die wirtschaftliche Entwicklung der letzten hundert Jahre im Yukon stärker geprägt hat – die Folgen des *Goldrush* oder die Wolfe. In jedem Jahrzehnt fand die jeweilige Regierung Gründe, um Wölfe zu dezimieren, hauptsachlich zu Gunsten der Trapper und der

Großwildjäger. Die Kontrolle der Wölfe, sei es mit Abschussprämien, mit Gift, mit Fallenfang oder mit der Jagd vom Flugzeug – am Ende gar mit Fruchtbarkeitskontrolle – stand permanent auf der Liste wichtiger Maßnahmen der Regierung im Yukon. Der Wolf ist der Brennstoff, der die Wildnis des Yukon antreibt.

Ich bin Wildbiologe. Was ich über Wölfe weiß, habe ich während zweier Jahrzehnte Forschungsarbeit an hunderten von ihnen in freier Natur gelernt. Ich kann einen Stapel wissenschaftlicher Berichte vorweisen, die ich während meiner Laufbahn verfasst habe, doch die meisten Menschen finden das eher langweilig. Wissenschaftliche Untersuchungen bestehen aus Hypothesen, Methoden, Ergebnissen, Diskussionen und Schlussfolgerungen in logisch überzeugender Argumentation, alles mit dem Ziel, andere Wissenschaftler von der „wissenschaftlichen Wahrheit" zu überzeugen. Aber leider hat Wissenschaft wenig mit guter Schreibe zu tun. Wie immer ich meine wissenschaftlichen Erkenntnisse auch sortiere und an die Öffentlichkeit bringe, können sie doch niemals erklären, was ich über Wölfe gelernt habe, was ich von ihnen weiß, wie ich über sie denke und insbesondere – was ich für Wölfe fühle. Deshalb habe ich dieses Buch geschrieben. Dazu nahm ich manchmal Abstand von präzisen Fakten und harten Argumenten und erlaubte mir niederzuschreiben, was ich denke, weiß und fühle. Das ist mir anfangs nicht leicht gefallen. Aber ich hoffe, diesen Mittelweg gefunden zu haben.

Eine chinesische Weisheit sagt: „Was Du mir erzählst, werde ich vergessen. Was Du mir zeigst, mag ich erinnern. Lass' mich teilhaben – dann werde ich es verstehen." Ich habe deshalb jedes Kapitel mit einer Erzählung oder einer Kurzgeschichte eingeleitet. Dabei habe ich absichtlich selbst erlebte Ereignisse mit historischen Befunden gemischt, um die Vorstellungskraft des Lesers zu beflügeln und sein Interesse zu wecken. Wer das Buch zu Ende liest, der wird – hoffe ich – mehr von den Wölfen verstehen und begreifen, wie diese außergewöhnlichen Beutegreifer – und auch die menschlichen Bewohner – in die Landschaft des Yukon, in diese letzte uns verbliebene Wildnis hineinpassen.

Im prähistorischen Teil habe ich durch fiktive Geschichten versucht, den Wolf in seiner damaligen Welt zu zeigen. Hintergrund dieser Geschichten sind eigene Beobachtungen oder die von anderen Forschern an Wölfen in freier Natur. Solche Ereignisse können sich durchaus genau so zugetragen haben. Denn der Wolf der Gegenwart, *Canis lupus,* unterscheidet sich nicht vom Wolf nach der letzten Eiszeit. Mit unseren Kenntnissen vom Verhalten heutiger Wölfe können wir verstehen, wie Wölfe im Yukon lebten, lange bevor der Mensch auf der Bildfläche erschien.

Der erste Teil handelt von der Geschichte des Yukon. Wir reisen durch Raum und Zeit und folgen dabei dem Wolf. Wir beginnen auf dem Höhepunkt der letzten Eiszeit. Damals streiften Wölfe in dem riesigen eisfreien Land Beringia* umher, sie lebten von einer vielfältigen Großtierwelt und konkurrierten mit vielen anderen großen und gefährlichen Beutegreifern. Das zweite Kapitel spielt vor 12.500 Jahren auf der Hochebene von Old Crow. Damals wandelte sich die Tier- und Pflanzenwelt in kurzer Zeit dramatisch, und viele Tierarten starben aus. Kapitel drei liegt 7.500 Jahre zurück – die riesigen Gletscher sind abgetaut, Wald breitet sich aus. Das Land wurde von Karibus und neuen Tierarten besiedelt, darunter Wapiti, Elch und Bison. Kapitel vier handelt vom Wolf als Helfer der indianischen Urbevölkerung und wie er seine mythologische und spirituelle Bedeutung bei vielen Stämmen erlangte. In Kapitel fünf habe ich ein Zusammentreffen auf dem zugefrorenen Yukon River von Wölfen mit Jack London zu Zeiten des *Goldrush* erfunden, also mit dem Schriftsteller, der unsere Auffassung von Wildnis so sehr geprägt hat. Mit den Kapiteln sechs und sieben sind wir mitten in dem sozialen Gesellschaftswandel zwischen 1900 und 1970, einer Periode ständig neuer Wolfsbekämpfungen mit Schusswaffen, Fangprämien und Strychnin, um wertvolle Pelztiere und Geld bringendes Großwild vor den Raubtieren zu schützen.

Der zweite Teil trägt den Untertitel „Verstehen". Er enthält das, was ich während meiner Forschungstätigkeit über Wölfe im Yukon gelernt habe. In den einzelnen Kapiteln beschreibe ich die Beziehungen zwischen Wölfen und ihren hauptsächlichen Beutetieren – Elchen, Karibus, Dallschafen. Zwei Kapitel befassen sich mit Kolkraben und mit Grizzlybären – zwei wichtige Antagonisten. Wir setzen uns in die Cockpits von Buschflugzeugen und Hubschraubern und werden Zeugen der Arbeit meines Forschungsteams – wie wir Wölfe aufspürten, fingen und mit Radiohalsbändern ausstatteten, um herauszufinden, in welchen Räumen sie sich bewegten, welche Beute sie schlugen, wie lange sie überlebten. Ich beschreibe das Verhältnis von Wölfen zu Wasser – eine weitgehend vernachlässigte Beziehung in den Lebensräumen des Yukon. Im letzten Kapitel schließlich geht es um die gegenwärtige Kontrolle von Wölfen. Ich war an drei solchen Programmen zwischen 1982 und 2000 beteiligt. In meiner Eigenschaft als Biologe half ich beim Finden und Schießen von Wölfen aus der Luft, beschleunigte andererseits die Beendigung einer Vergiftungsaktion der Regierung und hatte die Leitung bei der Entwicklung der ersten nicht-tödlichen Methoden zur artgerechteren Kontrolle von Wölfen. Ich werde erklären, warum ich glaube, dass ein in großem Maßstab durchgeführtes Töten von Wölfen biologisch nicht gerechtfertigt und überdies der falsche Weg ist, Elche und Karibus für die Nutzung durch Menschen zu vermehren.

Beginnen wir also. Wir schauen 20.000 Jahre zurück auf einen windgepeitschten Berg am Ende der belebten Welt. Dort wandert ein Wolfsrudel.

1

Die Mammutsteppe

Two Ocean Creek – vor 20.000 Jahren

Wie an der Schnur gezogen trabt das Rudel die windgepeitschte Bergrippe entlang. Die graue Wölfin an der Spitze verhält und prüft mit der Nase den Boden. Die Witterung ist weg. Sie macht ein paar Schritte zurück, findet sie wieder und läuft bergab, gefolgt von ihren fünf Jungen. Zwei davon sind aus diesem Jahr, fast erwachsen. Die anderen drei sind ein Jahr älter. Ihr Vater ist irgendwo dort unten, unter einer hunderte Meter hoch wirbelnden Wolke von Eisstaub verborgen. Sie beschleunigt ihren federnden Trab, um die rasch dahinschwindende Witterung nicht zu verlieren. Ein großer brauner Staubwirbel baut sich über der Bergrippe auf.

Der Ursprung des Windes ist fünf Kilometer entfernt. Eine massive Mauer aus Eis bildet den östlichen Horizont. Die Gletscherzunge erstreckt sich in das Tal darunter, gepresst und gequetscht von der enormen Eismasse im Hintergrund. An den Flanken des Gletschers liegen riesige Felsblöcke, Schutt und Gestein, zusammengemischt mit strahlend blauem Eis. Nur die Gipfel hoher Berge erheben sich aus dem endlos scheinenden Eismeer.

Die Wolfsfamilie wandert die Bergrippe abwärts und schwenkt in eine baumlose Ebene. Je weiter sie sich von der Eisfront entfernt, desto mehr Zeichen von Leben lassen sich erkennen. Der Boden ist jung und bildet nur eine dünne Schicht, da können sich nur kleinste und zäheste Pflanzen behaupten. Kleine Matten aus Gras und Salbei liegen entlang der trockenen Geröllbänke und decken die exponierten Hügelflanken. Zwischen Steinblöcken und Kiespfannen stehen harte Pflanzenstängel. Schließlich findet sich das Rudel mit dem Rüden zusammen, der eine frische Fährte überprüft. Nicht lange vorher sind Tiere hier vorbeigezogen. Die Wölfin übernimmt die Führung durch die hügelige Steppe, vorbei an Wasserlöchern und kleinen Seen. Oft verhält sie und prüft den Wind, aber die Witterung ist verschwunden.

Am Fuß eines kleinen Hügels legen sich die Wölfe nieder und rasten. Innerhalb von Minuten schlafen sie fest, den Rücken dem harten, kalten Wind zugewandt. Aber die Wölfin ist hungrig und unruhig. Langsam bewegt sie sich zum höchsten Punkt des Hügels, wo sie die Ebene vor sich übersieht. Der Rüde folgt ihr. Die Jungen merken, dass ihre Eltern weg sind, und kommen nach.

Bald liegt das Rudel erneut nah zusammen und schläft, während die rote Sonne am Horizont verschwindet.

Am Morgen haben alle Hunger. Ihre letzte Mahlzeit liegt zwei Tage zurück – ein Fohlen, das sie innerhalb von Minuten getötet und verschlungen haben. Der Rüde trollt den Hügel abwärts, die anderen folgen. Flott wandert er entlang eines alten trockenen Bachbetts. Nicht lange, und da ist die unverwechselbare Witterung von Karibus. Das Rudel verhält, um herauszufinden, woher der Geruch kommt. Er ist frisch und nicht weit weg. Die Wölfe sind erregt, aber sie verhalten sich still und bewegen sich vorsichtig.

Der Bulle hört sie nicht, aber er unterbricht seine Suche nach Futter, scheint die Annäherung des Feindes auf dem Schotter zu spüren. Als die Wölfe heran sind, hebt er das Haupt mit den mächtigen Geweihstangen. Adrenalin schießt in seine Muskeln, sein Herz beginnt zu rasen. Instinktiv fächern die Wölfe aus und beobachten den regungslos dastehenden Bullen. Die Wölfin greift an, der Rüde schließt sich an. Die anderen beobachten die Szene, während die Erwachsenen den Bullen langsam umkreisen und eine Chance suchen. Der senkt sein Geweih und schwingt es gegen die Angreifer. Für eine Flucht ist es zu spät.

Das Ziel der Wölfin sind die Hinterläufe. Geschickt entgeht sie den schlagenden Geweihstangen. Der Rüde nutzt die Chance und verbeißt sich in der Schulter. Seine Fangzähne greifen tief ins Fleisch und halten ein paar Sekunden, doch der Bulle wirft seinen Nacken zurück und kann sich befreien. Die beiden Wölfe weichen dem Geweih mühelos aus und umkreisen den verwundeten Bullen erneut. Blut fließt nun aus einer großen Wunde an seiner Schulter.

Verwirrt von dem doppelten Angriff schüttelt der Karibuhirsch den Schädel. Das Geweih tief gesenkt attackiert er den Rüden. Der Wolf wirft sich zur Seite, entgeht den scharfen Geweihenden. Als der Bulle das Haupt hebt, fassen die Zähne des Wolfs seine weiche lange Schnauze. Die Wölfin fasst die linke Flanke und hält fest. In einer finalen Geste hebt der Hirsch beide Wölfe in die Luft und schwingt sie in einem Halbkreis herum, bevor er zu Boden geht. Nun stürzen sich auch die Jungwölfe auf das sterbende Karibu.

Die alten fressen zuerst. Der Rüde greift in die dampfenden Eingeweide und reißt die Leber heraus, in Sekunden hat er das blutige Stück verschlungen. Kurz schnappt er nach der Wölfin neben ihm, die das Zwerchfell zerreißt, um an das Herz zu kommen. Giftig schnappt und knurrt sie zurück und greift sich das Herz. Sie steht in der dampfenden Bauchhöhle und leckt das Blut, das sich dort in einer großen Lache sammelt. Die jungen Wölfe schleichen vorsichtig herum, schließlich dürfen die Welpen sich an der Mahlzeit beteiligen, aber immer wieder schnappen die Eltern nach ihnen und blecken die Zähne in einem uralten Ritual der Besitzergreifung. Mit je einem Bissen aus der Beute trotten die gesättigten Alten schließlich davon. Sofort übernehmen die Jährlinge die Szene, knurrend und Zähne fletschend drängen sie die Welpen beiseite. Der Rüde, blutgerötet bis zur Hüfte, geht einen Hügel hinauf und legt sich nieder. In Ruhe verzehrt er seinen letzten Happen, gelegentlich hält er Ausschau über die offene Steppe. Und ist rasch auf den Läufen, als er die große graue Gestalt unten im trockenen Bachbett wahrnimmt.

Der riesige Kurznasenbär* (alle *: siehe Glossar) kommt unter Wind. Er wiegt mehr als neunhundert Kilogramm. Für seine massige Gestalt bewegt er sich überraschend leicht. Auf den Hinterbeinen aufgerichtet schwingt er den Kopf hin und her, nimmt die Witterung von Blut und Tod auf, die in der Luft hängt. Inzwischen hat das ganze Rudel den Bären erkannt und kläfft aufgeregt. Der Bär hebt den Kopf und atmet tief ein. Dann greift er an. Die Wölfe stellen sich kurz, doch als der Bär plötzlich mitten unter ihnen ist, rennen sie in alle Richtungen. Er springt auf den Kadaver, wirbelt herum und stellt sich brüllend den Wölfen, stößt die schweren Pranken in einer Besitz ergreifenden Geste auf den Boden. Er ist ein ungleicher Gegner für die Wölfe, zwanzigmal so groß und so schwer wie diese.

Unbeeindruckt attackiert der Rüde von hinten, wirft sich an die massive Schulter des Bären. Der brüllt auf und wirbelt herum, kann den Wolf aber nicht abschütteln. Die Wölfin sieht ihre Chance und verbeißt sich in seine Hinterkeule. Er dreht sich und schlägt dem Rüden schwer in die Flanke. Der Hieb wirft den Wolf in den Schotter des Bachbetts. Ein weiterer Hieb trifft die Wölfin, schickt sie zappelnd in die andere Richtung. Der Rüde kommt auf die Läufe und greift den Bären nochmals an, schnappt nach seinen Läufen. Auch die Wölfin kommt wieder hoch, aber ihr Mut ist erloschen und sie zieht sich zu ihren aufgeregt kläffenden Jungen zurück. Es ist vorbei.

Die beiden alten stehen dem Bären gegenüber, Köpfe tief, Zähne gebleckt. Die erregten Jungwölfe kläffen im Hintergrund. Der Bär vollführt einen Scheinangriff und das Rudel fährt erneut

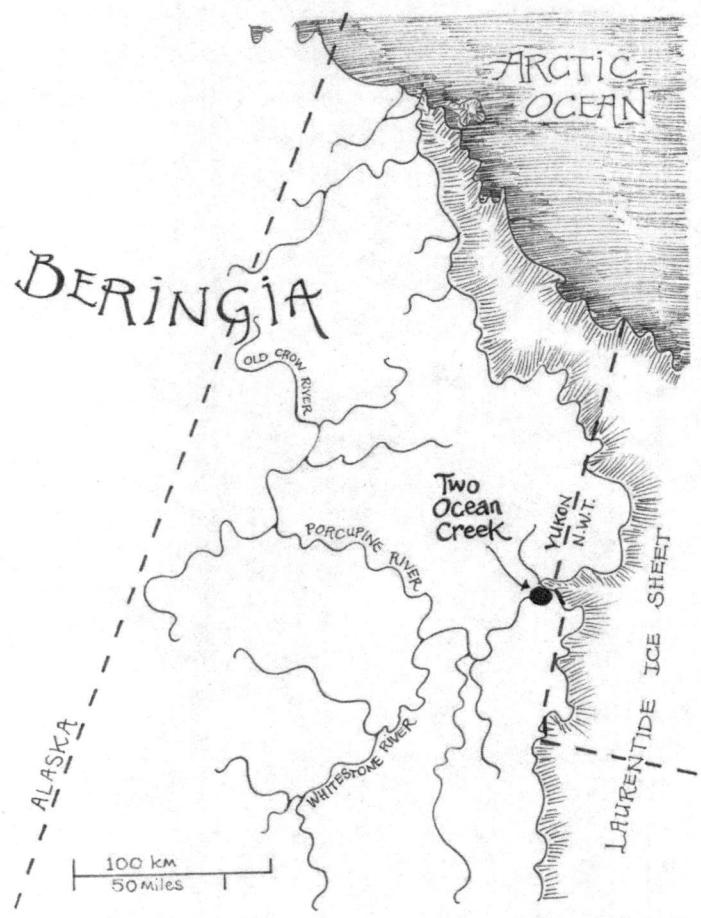

auseinander. Dann geht er zurück zum Karibu, stellt sich herausfordernd auf den Kadaver. In immer größeren Kreisen ziehen sich die beiden Altwölfe auf einen Hügel zurück, wo die Jungen schon warten. Alle fallen in einen Chor von Bellen und Heulen ein. Der Mittagswind hat aufgefrischt und weht die Laute hinaus in die offene Steppe. Der Bär macht sich mit seinen scharfen Klauen über die Beute her und beginnt zu fressen.

Dieser „Tag im Leben" eines Wolfsrudels in der Vergangenheit ist eine Komposition aus Wölfen und Begebenheiten, die ich selbst erlebt habe. In den 1980er Jahren studierte ich das Two Ocean Creek Rudel im Nordosten des Yukon. Sein Revier war das Rat River Becken in den nördlichen Richardson Mountains – genau die gleichen Berge also, die seinerzeit das westliche Vordringen des Eispanzers der Laurentidischen Eiszeit* an der Grenze des Yukon vor 20.000 Jahren blockierten. Auf derselben Bergrippe, wo ich mir das Rudel am Beginn dieses Kapitels vorgestellt habe, rüstete ich die Wölfe mit Halsbandsendern aus. Das Titelbild des Buches zeigt die Wölfe unmittelbar bevor sie gefangen wurden. Die Gletscher jener Zeit sind längst verschwunden, in den Bergen leben heute Elche, Karibus und einige der nördlichsten Gruppen von Dallschafen.

Als ich das Two Ocean Creek Rudel zum letzten Mal sah, war ein Grizzlybär aus seinem Winterlager gekommen und vertrieb gerade die Wölfe von einem Karibu, das sie gerissen hatten. Einen anderen Grizzly habe ich dabei beobachtet, wie er dem Rose Lake Rudel im südlichen Yukon einen Elch wegnahm. Ich stelle mir vor, dass die Wölfe des Pleistozäns* ihre Beute gegen den Kurznasenbär in der gleichen Weise verteidigten wie die heutigen Wölfe gegen den Grizzly. Am Ende triumphierte jedenfalls der Grizzly und stahl dem Rose Lake Rudel dessen hart erjagte Beute – genauso wie der Kurznasenbär.

Einem anderen Wolfsrudel habe ich dabei zugesehen, wie es eine Elchkuh in genau der gleichen Weise erlegte, wie ich es für die Wölfe des Pleistozäns beschrieben habe. Von einem kreisenden Flugzeug aus beobachtete ich am Watson River, wie die Wölfe die Elchkuh aus dem Wald auf eine kleine Wiese hinaus trieben und sie umzingelten. Innerhalb kürzester Zeit griffen die erwachsenen Wölfe den Rumpf und die Schnauze der Kuh. Das verzweifelte Tier hob beide Wölfe vom Boden und wirbelte sie herum wie in einem Karussell. Zweimal konnte die Elchkuh die Wölfe abschütteln, aber nach dem zweiten Mal brach sie erschöpft zusammen. Aus erhaltenen Resten schließen wir, dass die Körpergröße von Wölfen und ihr Verhalten seit dem Pleistozän unverändert geblieben sind. Das macht meine Geschichte glaubhaft. Ganz anders als heute allerdings war die eiszeitliche Landschaft des Yukon.

Vor 20.000 Jahren war die letzte Eiszeit, die Laurentidische Eiszeit, auf ihrem Höhepunkt. Die (heute) gemäßigten Breiten Nordamerikas waren von einer etwa drei Kilometer mächtigen Eisschicht bedeckt. Dieser Eispanzer war so mächtig, dass man sich das kaum vorstellen kann. Er erstreckte sich über 4.000 km vom Yukon bis zum Golf von St. Lawrence, bedeckte ganz Kanada und reichte bis nach Wisconsin. Der kleinere Kordilleren-Eisschild hatte mit Ausnahme der höchsten Bergspitzen ganz Washington, Idaho, Montana, Britisch Kolumbien und den südlichen Yukon unter sich.

Mit dem Wachsen der Eispanzer wurden die regionalen Temperaturunterschiede immer geringer, bis die Sommer zu kalt waren, um den Schnee des voran gegangenen Winters zu schmelzen. Über Tausende von Jahren wurde Schnee angehäuft, bis er unter der Last zu Eis wurde. So wurden die Eispanzer mit der Zeit immer mächtiger, bis sie vor 20.000 Jahren ihr Maximum erreichten. Weil so viel Wasser im Eis gebunden war, sanken die Meeresspiegel, und es bildete sich eine Landbrücke zwischen Asien und Nordamerika. Der Laurentidische und der Kordilleren-Eispanzer wuchsen bei den Rocky Mountains zusammen, und so entstand eine Barriere, die ein Hin-

und Herwandern von Säugetieren in Nord-Süd-Richtung für Tausende von Jahren blockierte.

Doch Eis war nicht überall. In der Nordwestecke von Nordamerika und Ostsibirien war ein riesiger Fleck eisfreies Grasland, das die kontinentale Bank der Beringsee einschloss. Paläontologen nennen es Beringia. Das Eis trennte Beringia vom Rest Nordamerikas und unterband damit den genetischen Austausch von Pflanzen und Tieren für viele tausend Jahre. Über einen großen Zeitraum des Pleistozäns bestand dagegen eine ökologische Verbindung zwischen Beringia und Eurasien. Über diese Landbrücke wanderten Pflanzen und Tiere in beide Richtungen. Mit der Zeit entwickelten sich neue Arten, darunter der Steppenbison, der Beringialöwe, das Yukon-Wildpferd. Besonders gut gediehen grasende Arten, die die üppige Grasflora oder andere niedrig wachsende Pflanzen ästen.

Beringia war eine riesige baumlose Ebene, eine Steppe ähnlich den grasreichen Plateaus der Mongolei heutzutage. Die abflusslosen Niederungen waren bedeckt von Sümpfen, Mooren und Seggenwiesen. Hänge und Hügel lagen unter Gras, Salbei und Tundrastauden. Zu Ende der Eiszeit war dieses Grasland die Heimat mehrerer großer Pflanzenfresserarten, ein Beweis für seine hohe Produktivität selbst während der kältesten Phase dieser Eiszeit. Vier Arten beherrschten die Szene: Wollhaarmammut, Steppenbison, Wildpferd und Karibu. Weniger häufig waren Moschusochse, westliches Kamel, Saigaantilope und Dallschaf. Die meisten dieser Arten sind ausgestorben. Aber zwischen 30.000 und 12.000 Jahre vor unserer Zeitrechnung war die Beringiasteppe voll von großen Säugetieren. Von Fossilien wissen wir, dass die Populationen damals je nach klimatischen und genetischen Bedingungen stark schwankten.

Die Radiocarbon-Methode hat uns gezeigt, welche beiden Arten die Landschaft zum Ende der Eiszeit prägten: Mammuts und Pferde. Es gab auch Bisons, aber nicht so reichlich. Was aber wissen wir über die großen Raubtiere, wie kamen sie zurecht, wie konkurrierten sie um die reichliche Beute? Wissenschaftler haben in Alaska und im Yukon Reste von Wölfen ausgegraben, die 47.000 Jahre alt sind. Wir wissen also, dass der Wolf in Beringia vorkam und dort mitten im Pleistozän jagte. Wie sahen diese Wölfe aus? Wie viele gab es, wie erfolgreich waren sie?

Paul Matheus, ein Paleontologe, der in Alaska und im Yukon geforscht hat, hat die Schädel alter und neuzeitlicher Wölfe aus diesen Gebieten verglichen. Die Wölfe des Pleistozän waren ebenso schwer wie die Wölfe von heute: ein erwachsener Rüde etwa fünfundvierzig Kilogramm, eine Wölfin etwa achtunddreißig. Moderne Wölfe jagen in der Regel die häufigsten Beutetiere, aber es kommt auf die Größe an. Betrachten wir mal die Zusammenstellung der Steppenfauna und überlegen wir, wie sich ein hungriges Rudel eiszeitlicher Wölfe über die Tiere hermacht – oder nicht.

Stellen wir uns ein Wolfsrudel vor, das eine Gruppe von Wollhaarmammuts in der Steppe jagt. Sobald die Wölfe Kontakt zu den Mammuts haben, sind all die Eigenschaften, die sie zu hervorragenden Verfolgungsjägern machen – Schnelligkeit, Beweglichkeit, Sehvermögen, gestreckter schlanker Körperbau – gegenüber diesen großen Elefanten wertlos. Die Bullen mit ihren 7.000 Kilogramm sind von enormer Körpermasse, fast zweihundertmal so massig wie ein Wolf. Die riesigen Tiere halten beim Grasen inne und wenden ihre Häupter den herannahenden Wölfen zu. Sie kauen weiter auf dem groben Gras herum. Die Wölfe machen ihnen keine Sorgen. Die Schulterhöhe der Erwachsenen erreicht drei Meter, sie verfügen über einen mächtigen Rüssel, eine hohe gewölbte Stirn, große geschwungene Stoßzähne und einen gewaltigen Rumpf. Ihr Körper ist von langem zottigem Haar bedeckt, das im Wind flattert. Bedächtig schwingen sie ihre großen Stoßzähne hin und her und blasen Dampfwolken aus dem Rüssel – eine laute Warnung, die die Wölfe nicht leicht nehmen. Nach ein paar Minuten schreitet eine Kuh langsam auf das Rudel zu und fordert es heraus. Der Leitrüde macht sich davon, er will nicht unter die riesigen Sohlen des Mammuts geraten.

Selbst wenn die Wölfe mit ihren Zähnen durch das dichte lange Haar kämen, so wären diese Zähne doch zu klein, um die dicke Haut der Mammuts zu perforieren. Eine falsche Bewegung, ein unterschätzter Kick der riesigen Füße, und der Wolf wäre platt wie ein Pfannkuchen. Instinktiv verstehen die Wölfe, dass sie diese riesigen Tiere aufgeben und kleinere finden müssen, wenn sie satt werden wollen. Der Leitwolf wendet und zieht davon. Er weiß, an dem Mammut kann er erst partizipieren, wenn es von einem größeren Raubtier umgebracht worden ist oder wenn es aus anderen Gründen stirbt.

Nun stellen wir uns vor, das Rudel findet eine Gruppe von Bisons. Das ist der zweitgrößte Pflanzenfresser der Beringiasteppe, etwa achthundert Kilogramm schwer – viel kleiner als ein Mammut, aber immer noch zwanzigmal so schwer wie einer dieser Eiszeitwölfe. Diese Mahlzeit hat einen mächtigen Buckel und zwei lange geschwungene Hörner, drei- bis viermal weiter ausladend als die der heutigen Bisons. Und auch der Bison nimmt nicht Reißaus, wenn er angegriffen wird. Als die Wölfe herankommen, bilden die Büffel eine Wand aus spitzen Hörnern, dunkel drohenden Gesichtern, schnaubenden

Nasen und stampfenden Hufen. Die Bullen preschen vor und greifen die Wölfe an. Die bringen sich in Sicherheit. Hier wäre es der Tod unter einem Dutzend stampfender Hufe anstatt von einem einzigen Tritt wie beim Mammut. Wieder entscheidet sich der Leitwolf, diese Beute zu verlassen – jedenfalls vorerst. Aber als das Rudel weiter wandert, schaut er sich die Herde doch noch mal genauer an – ist da vielleicht ein hinkendes Tier, oder eins mit einer Wunde, oder eins mit einem Handicap, vielleicht ein Kalb, das besonders lange bei der Mutter saugt oder eins, das zurück bleibt? Tatsächlich erkennt der Wolf eine Kuh, die sich langsamer bewegt als die anderen, mit einer Wunde in der Flanke. Gute Aussichten für einen Besuch ein paar Tage später ...

Ein paar Meilen weiter überwindet das Rudel einen flachen Hügel – und da ist der Jackpot. Die Wölfe blicken auf hunderte von Wildpferden hinunter, die sich in der offenen Steppe tummeln. Ihr Jagdinstinkt erwacht. Das ist die Beute, für die Beringiawölfe geboren sind. Die Pferde sind klein, Schulterhöhe nur ein Meter. Sie werden sich nicht stellen. Sie werden rennen, und das sehr schnell. Die Chancen für eine Mahlzeit steigen noch, denn unweit der Pferde lagern ein paar hundert Beringia-Karibus auf einem großen Schneefeld, wo sie der Mückenplage nicht ausgesetzt sind. Diese altertümlichen Pflanzenfresser bringen etwa einhundertfünfzig Kilogramm auf die Waage – drei- bis viermal das Gewicht eines Wolfes – und wie die Pferde sind sie die perfekte Beute. Freilich sind Karibus exzellente Läufer mit langen Beinen, schlanken Körpern und breiten, stabilen Hufen. Auf kurze Distanz können sie den Wölfen entkommen, nicht aber auf größeren Strecken. Pferd und Karibu haben gerade die richtige Größe, damit sie von einem einzelnen Wolf zu Boden gerissen werden können. Auf der Flucht exponieren sie ihre Flanken, Schultern, Nacken und Rücken. Wölfe sind dafür gebaut, solche Tiere nieder zu rennen, sie sind ausdauernd, schnell und agil. Das Rudel rückt näher, aber mit Bedacht, um die nervösen Pferde nicht vorzeitig zu alarmieren; jeder Schritt näher erhöht den Jagderfolg. Dann attackieren die Wölfe – und Chaos bricht aus unter Pferden und Karibus, die sich aufrappeln, sich herum werfen und strampeln, um zu entkommen. Die Jagd ist eröffnet.

Wegen der zahlreichen mittelgroßen Pflanzenfresser brauchte sich der Beringiawolf nicht mit den großen Beutetieren zu befassen. Da waren Karibus und Pferde und die anderen Steppenbewohner wie Moschusochsen, Saigaantilopen, Dallschafe und Kamele. Aus forensischen Untersuchungen wissen wir, dass die eiszeitlichen Wölfe Pferde erbeuteten. Erst vor kurzem gruben Goldsucher bei Dawson City einen 26.000 Jahre alten Pferdekadaver aus. Nacken- und Laufknochen weisen Löcher auf, die exakt zu den Fangzähnen von Wölfen passen. Außer Pferden waren Wölfe mit Sicherheit in der Lage, auch Karibus und sogar Steppenbisons zu überwältigen. Aber war der Wolf von Beringia auf eine begrenzte Zahl von Beutetieren spezialisiert oder war er ein Opportunist, der sich nahm, was er bekommen konnte? Um darauf die Antwort zu finden, müssen wir wissen, welche anderen Raubtiere sich in der Steppe befanden. Und dann müssen wir wissen, welche Tiere sie hauptsächlich erbeuteten.

Ende der letzten Eiszeit streiften außer dem Wolf noch sieben weitere große Raubtiere durch die Mammutsteppe: in fallender Größenordnung Kurznasenbär, Beringialöwe, Säbelzahntiger*, Grizzlybär, Schwarzbär, Rothund und Vielfraß. Der Kurznasenbär erreichte über eintausend Kilogramm – das ist vier- bis fünfmal so viel wie ein Grizzly heutzutage. Der riesige Bär konnte alles überwältigen, was damals die Steppe querte, sogar ausgewachsene Wollhaarmammuts. Außerdem konnte er jedem anderen Raubtier die Beute streitig machen. Dieser Bär lebte ausschließlich in Nordamerika. Einige Biologen vermuten, dass dieser Bär bereits ausgestorben war, als die ersten Menschen Ende der Eiszeit die Landbrücke von Asien aus überquerten.

Das nächst größere Raubtier war der Beringialöwe. Er war langbeinig und kraftvoll, was ihn zu langen Jagden in der Steppe befähigte. Ausgewachsene Tiere wogen etwa zweihundertvierzig Kilogramm – ein Viertel mehr als moderne afrikanische Löwen. Dieser Löwe lebte in großen Familiengruppen wie sein afrikanischer Vetter. Mit seiner explosiven Startgeschwindigkeit und seiner Größe überraschte und tötete er Tiere bis zur Größe von Bisons. Der Säbelzahntiger war etwa von der Größe eines Löwen, jedoch schlanker, bei ein- bis zweihundertfünfzig Kilogramm. Auch er war schnell und agil, mit langem Nacken und langen Vorderläufen, dabei kurzen, aber kraftvollen Hinterläufen. Seine Waffe war ein Paar überlanger, gekrümmter Eckzähne mit messerscharfen Einkerbungen. Der Säbelzahntiger jagte aus dem Hinterhalt und verwundete seine Beute mit den Eckzähnen.

Die Grizzlies des Pleistozäns waren Omnivoren, also Allesfresser, die sich von pflanzlicher und tierischer Kost ernährten. Größe und Schnelligkeit machten sie zu ernsthaften Gegnern großer Säugetiere. Dass auch der Schwarzbär in Beringia lebte, wissen wir durch DNA-Analysen von Kotproben vom Bear Cave Mountain im Norden des Yukon, doch dieser Bär war selten.

Auch Rothunde gab es damals in Beringia. Dieser kleine,

zwölf bis achtzehn Kilogramm schwere Cousin des Wolfes existiert noch, wenngleich vom Aussterben bedroht, in Asien. Ähnlich dem Wolf lebt der Rothund sehr sozial und bildet große Familiengruppen. Die heutigen Rothunde sind darauf spezialisiert, Beutetiere in der Größenordnung von fünfzig Kilogramm zu töten. Im Pleistozän könnte das Wildpferd die ideale Beute gewesen sein. Der kleinste in der Gruppe dieser sieben großen Raubtiere war der Vielfraß. Er wog etwa neun Kilogramm und lebte wie sein Nachkomme heutzutage von Vögeln und kleineren Säugetieren so wie von Aas.

Zur Klärung der Nahrungszusammensetzung dieser Carnivoren bedient sich der Wissenschaftler der Isotopenanalyse. Dabei wird das Verhältnis von radioaktiv stabilem Kohlenstoff zu Stickstoff in den Knochen der Raubtiere ermittelt. Dieses Verhältnis ist abhängig von den Tieren, die sie verzehren. Ein Fleischfresser, der sich von nur einer Beuteart ernährt, zeigt ein Kohlenstoff-Stickstoff-Verhältnis ähnlich dem seiner Beute. Ein anderer, der viele verschiedene Arten verzehrt, zeigt kein spezifisches Verhältnis. Da die radioaktiven Elemente recht langlebig sind – tausende von Jahren – taugen sie gut für Analysen bis weit zurück in die ferne Vergangenheit.

Mit einem Team von Wissenschaftlern der Universität von Kalifornien untersuchte Katherine Fox-Dobbs die Ernährungsmuster von Wölfen, Kurznasenbären, Grizzlies, Beringialöwen und Säbelzahntigern. Die fossilen Knochen stammten aus drei Phasen des späten Pleistozäns: dem Präglazial (vor 50.000 – 23.000 Jahren), dem Glazial (23.000 – 18.000) und der Endphase (18.000 – 10.000). Sie kam zu dem Schluss, dass die meisten Raubtiere Generalisten waren, also nicht spezialisiert auf eine bestimmte Beuteart. Löwen, Säbelzahntiger und Grizzlies verzehrten Beute aller Art. Manche Säbelzahntiger scheinen sich allerdings auf Pferde oder Bisons spezialisiert zu haben. Wölfe hatten das breiteste Beutespektrum, ähnlich dem der Löwen nach Ende der Eiszeit. Im Präglazial zog etwa die Hälfte der Wölfe Moschusochsen und Karibus den anderen Beutearten vor.

Das Karibu war durch das gesamte Pleistozän eine wichtige Beute der Wölfe. Diese alte Räuber-Beute-Beziehung besteht bis heute. Beweise für die Präsenz von Wölfen gibt es durch das gesamte Pleistozän; andere Raubtiere kamen und gingen. Der Säbelzahntiger verschwand vor 36.000 Jahren, der Kurznasenbär vor 20.000. Beringialöwen hielten sich bis vor 10.000 Jahren. Fox-Dobbs konnte zeigen, dass von den fünf Carnivoren stets nur einige wenige gleichzeitig zugegen waren, was die Konkurrenz zu den Wölfen reduzierte, die ihrerseits ebenfalls Populationshochs und -tiefs erlebten.

Mit Isotopstudien können wir also klären, was ein früher Carnivore verzehrte. Das hilft uns aber nicht weiter bei der Frage, was getötet und was als Aas gefressen worden war. Um die Rolle des Wolfs in der Mammutsteppe zu verstehen, müssen wir seine physischen Eigenschaften unter die Lupe nehmen und ein paar kluge Überlegungen darüber anstellen, was für seinen Beuteerwerb wichtig war.

Der Körper der Wölfe ist gebaut für schnelles Laufen. Für eine Verfolgungsjagd bietet die Steppe den idealen Untergrund. Der Wolf ist gekennzeichnet durch ein leichtes, gestrecktes Skelett, ein großes Seitenruder in Form der buschigen Lunte, mit dessen Hilfe er im Bruchteil einer Sekunde die Richtung wechseln kann, und er verfügt über extreme Ausdauer, mit der er eine halbe Stunde lang hohe Geschwindigkeit durchhalten kann. Seine Knochen sind besonders hart, deshalb ist die Verletzungsgefahr bei schnellen Wendungen und Stürzen während einer Verfolgungsjagd gering. Sehr wahrscheinlich konnte der Beringiawolf viele Steppenbewohner auf offener Fläche einholen.

Vermutlich erbeuteten Beringiawölfe Tiere bis zur Größe von Bisons. Die meisten Pflanzenfresser des Graslandes waren im Größenbereich der Tiere, die von Wölfen heute überall auf der Welt getötet werden. Man kann sich gut vorstellen, dass Wölfe damals Karibus, Pferde, Moschusochsen, Bergschafe, Saigaantilopen und Kamele erbeuteten, weil sie diese Arten auch heute jagen. Der Wolf der Eiszeit war auch gut in der Lage, seinen Beutetieren auf ihren langen, schnellen Wanderungen zu folgen. Relativ klein wie er war, so war er auch flink und konnte an der Beute anderer, größerer Raubtiere teilhaben. Seine geringe Größe war ein Vorteil, um den langsameren, aber gefährlichen Löwen, Säbelzahntiger, Kurznasenbären und Grizzlies zu entgehen, die sich ohne Zweifel mit den Wölfen um Kadaver stritten.

Beringiawölfe bildeten wahrscheinlich große Rudel und waren von Natur aus das ganze Jahr über auf Wanderschaft. Das Leben im großen Rudel hatte zur Folge, dass sie den größten Teil ihrer Beute rasch vertilgten und nur wenig für andere Nutznießer übrig ließen. Die große Zahl von Beutetieren, die die Mammutsteppe beherbergte, förderte die Entwicklung zu großen Rudeln. Werfen wir einen Blick nach Afrika auf die großen Rudel von Wildhunden, die sich in der wildreichen Savanne bilden: Diese großen Gruppen haben sich entwickelt, weil in der Savanne starke Konkurrenz zwischen den Raubtieren (einschließlich Geiern) herrscht. Beute rasch vertilgen ist ein Vorteil überall dort, wo harte Konkurrenz herrscht. Das Wandern andererseits war für die Beringiawölfe eine ökologische Notwendigkeit, weil alle Grasfresser auf der Suche nach dem jahreszeitlich wechselnden Nahrungsangebot ebenfalls zum Wandern gezwungen waren. Noch heute folgen die Tundrawölfe des Yukon im hohen Norden den Karibus der Porcupineherde* übers ganze Jahr (siehe Kapitel 12).

Anhand des wissenschaftlichen Forschungsstandes verstehen wir heute, welche Position der Wolf im Ökosystem der Beringiasteppe einnahm. Fossile Beweisstücke finden sich in Sibirien, Alaska und im Yukon über das gesamte Pleistozän – der Wolf war also anpassungsfähig und erfolgreich. Das Angebot an Beute war vielfältig und in einem weiten Größenbereich. Bei Populationsschwankungen von Beutearten fanden die Wölfe immer wieder Möglichkeiten, auf andere Arten auszuweichen. Das Grasland der Steppe war ideal für die Jagdweise des Wolfes. Physisch war er bestens gerüstet, wandernden Herden über große Distanzen zu folgen. Es gab reichlich Beute, und darüber hinaus ließen andere große Raubtiere Beutereste zurück, an denen sich der Wolf schadlos halten konnte. Das Ende der Eiszeit war eine gute Zeit für Wölfe.

Dann jedoch, ziemlich plötzlich, war die Eiszeit vorbei. Vor etwa 12.000 Jahren verschwanden die meisten Säugetiere aus dem Yukon. Das war der stärkste Schwund von Landsäugern bis dahin. Was aber geschah mit dem Wolf?

2

Das Ende der Pferde

Old Crow Flats – vor 12.500 Jahren

Im Schutz einer Gruppe schneebeladener Weidenbüsche trabt das Rudel entlang einer großen Ebene. Den Wölfen fehlt fast jede Sicht in dem heftigen Schneegestöber. Es ist Mittagszeit, aber die Sonne steht unter dem Horizont. Das diffuse Licht wirft einen sanften blauen Schimmer durch den dicht fallenden Schnee. Der alte Rüde führt das Rudel. Mit tiefer Nase kämpft er sich durch den schweren Schnee, immer bestrebt, Witterung von Beute aufzunehmen. Ein Dutzend andere Wölfe folgen ihm, sie graben eine tiefe Spur. Die Wölfin ist unmittelbar hinter ihm. Sie verhält und schüttelt sich den Schnee vom Rücken. Die anderen bleiben stehen und warten ab, bis sie sich wieder in Bewegung setzt. Das Land ist still, nur ein leichter Wind weht durch die hohen Büsche, die die offene Ebene umschließen. Es schneit so heftig, dass ihre Spuren im Nu verschwinden.

Noch bevor er sie erkennt, tritt der Rüde in die frischen Fährten. Er presst die Nase in die Abdrücke – hier waren Pferde. Tiefer drückt er die Schnauze in die Fährten – wie lange ist das her, wohin sind die Tiere gezogen? Sorgfältig prüft er die Hufabdrücke. Er findet heraus, wo die vordere Hufkante den Schnee stärker zusammengedrückt hat, dort ist die Witterung stärker. Eine zweite Fährte gibt ihm Gewissheit. Die Pferde sind unterwegs in die offene Ebene. In dem heftigen Blizzard kann der Wolf nur ein paar Meter weit sehen. Die andern Wölfe fächern aus, erregt schlagen ihre Schwänze hin und her, immer wieder drücken sie ihre Nasen in die süße Pferdewitterung. In raschem Trab bewegt sich das Rudel vorwärts.

Die Pferde, zwanzig an der Zahl, werden von tiefen Schneeverwehungen gebremst. Sie wandern dem scharfen Wind entgegen und bemerken nichts von der Gefahr, die lautlos von hinten heran kommt. In den tiefen Pfaden der Pferde kommen die Wölfe rasch voran, bald ist die Lücke geschlossen. Als erstes stirbt ein Pferd, das fünfzig Meter zurück hängt. Der Wolf an der Spitze des Rudels rennt förmlich in den kleinen Hengst hinein, bevor er ihn in dem dichten Schneetreiben richtig sieht. In Panik stürzt das überrumpelte Pferd Kopf voran in eine Schneewehe. Instinktiv greift der Wolf die Kehle, zerreißt die Halsschlagader, wechselt den Griff, zieht den Hengst zu Boden und erdrosselt das vergeblich um sich schlagende Tier. Die anderen Wölfe hetzen vorbei und verschwinden im wirbelnden Weiß. Vor sich hören sie die Hufe der Pferde auf dem Eis.

Die Pferde haben die Gefahr erkannt und rasen ohne Sicht über gefrorene Wasserflächen davon. Ein junger Hengst verliert den Grund unter den Hufen und stürzt, vergeblich versucht er, auf dem Eis wieder hochzukommen. Hilflos dreht er sich im Kreis,

die Läufe schlagen nach allen Seiten. Ein Wolf jagt vorbei, hört das Keuchen und Strampeln des Tieres, und das ist sein Ende.

Für einen kurzen Moment gibt der Sturm den Blick auf eine Silhouette von dunklen Büsche frei, nur ein paar Meter vor der Herde. Die Pferde zögern, ahnen die Falle, aber sie haben keine Wahl. Sie springen in die Wand aus Gestrüpp und windgedriftetem Schnee und versinken augenblicklich bis zum Bauch. Sie schlagen um sich und strampeln, die Vorderläufe wirbeln haltlos im losen Untergrund. Mit ihren kurzen Beinen pflügen sie sich nur immer tiefer in die Schneewehe, bis sie unter der weißen Masse verschwinden. Ein Hengst kann sich freikämpfen und gewinnt die Ebene, in einem verzweifelten Versuch zu entkommen, da nahen die grauen Gestalten der Wölfe aus dem Schneegestöber. Zwei von ihnen werfen sich auf den flüchtenden, er kommt von den Läufen und landet auf dem Rücken in der

Schneewehe, schlägt verzweifelt mit den Hufen nach den Angreifern. Doch bald krümmt er sich unter den Wölfen zusammen und stirbt.

Ein Wolf springt in eine Schneewehe, wo drei Pferde übereinander gefallen sind. Er tötet die beiden oben liegenden, dann gräbt er sich tief in den Schnee, findet den Nacken des dritten Tieres, das verzweifelt versucht, an die Oberfläche zu kommen. Ein anderer Wolf springt auf den Rücken eines Pferdes, das sich in den Büschen verheddert hat, reitet auf ihm, bis es die Kräfte verlassen. Überall liegen tote oder sterbende Pferde im blutgetränkten Schnee. Eine kleine Gruppe ist in die Ebene entkommen und verschwindet in den dunklen Schneewolken am Horizont. Das Rudel hat sich verteilt und genießt eine üppige Mahlzeit.

Als sich der Mond über den nördlichen Horizont erhebt, hat sich der Sturm gelegt. Zwei vollgefressene Jährlinge stimmen ein Heulduett an. Dann verlassen sie ihre Beute und wandern in die Ebene. Ein paar Kilometer weit folgen sie den Fährten einer Mammutherde. Doch plötzlich ist da die Witterung von Gefahr. Die Wölfe erstarren, als sich zwei dunkle Gestalten aus dem Gebüsch vor ihnen lösen. Löwen. Mit langsamen Schritten kommen sie auf die Wölfe zu, ihre langen Schwänze schwingen hin und her. Dann beginnen sie zu brüllen. Die jungen Wölfe sind keine ernsthaften Gegner für diese großen Katzen, sie weichen aus in die Ebene. Hinter den Löwen ist der große Kadaver eines Mammuts erkennbar, die langen weißen Stoßzähne schimmern im Mondlicht. Ein dritter Löwe frisst. Als die Wölfe vorbei kommen, richtet er sich auf und beobachtet die beiden. Dann brüllen sie im Trio.

In einem weiten Bogen laufen die beiden Wölfe in die Ebene hinaus und durch tiefe Schneeverwehungen zurück zum Rudel. Unversehens geraten sie an einen weiteren Mammutkadaver. Sie wittern etwas fremdes, neues. Als sie sich dem großen Körper vorsichtig nähern, sehen sie schwachen Lichtschein und aufsteigenden Rauch. Aus einem Haufen von Fellen dringen fremdartige gedämpfte Laute. Unschlüssig umkreisen die Wölfe das qualmende Wesen. Plötzlich öffnet sich der Vorhang aus Fellen, eine dunkle Gestalt tritt heraus in die Tundra. Sie ist in Felle gekleidet und geht aufrecht wie manchmal ein Bär. Langes dichtes Haar hängt von ihrem Kopf herab. Niemals zuvor haben die Wölfe etwas ähnliches gesehen. Sie machen sich davon.

Aus einer Schneepyramide gräbt der Mann ein Stück Fleisch aus und geht zurück in die Fellbehausung. Für einen Augenblick ist aufgeregtes Stimmengewirr zu hören, dann wieder Stille. Die Wölfe sind hinter dem Mammutkadaver, schlüpfen unter die riesigen Rippenbögen und beginnen halbherzig an den entfleischten Knochen zu kauen. Einer zieht und reißt an den gefrorenen, leeren Därmen. Nirgends finden sie Fett, und ihr Interesse erlischt. Sie verlassen das Gerippe und laufen zurück zum Rudel. Bald sind sie bei den gerissenen Pferden. Mit hoch erhobenen Köpfen beginnen sie zu heulen und lauschen nach Antwort.

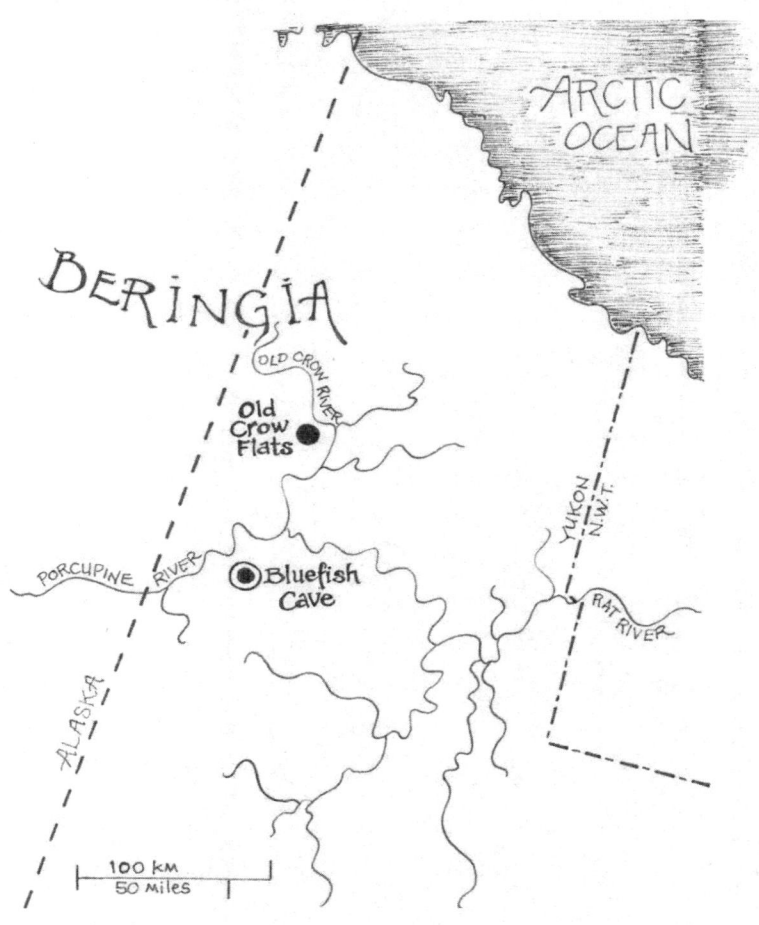

I n dem Zeitraum zwischen 6.000 und 12.000 Jahren vor heute gingen weltweit siebenundneunzig Säugetiergattungen verloren. Das ist die höchste Aussterberate dieser Gruppe, von der wir wissen. In diesen wenigen tausend Jahren des Übergangs vom Pleistozän ins Holozän verschwanden auch sechs Pflanzenfresser in Beringia: Wollhaarmammut, Riesenfaultier, Riesenbiber, Riesenelch, Steppenbison und Wildpferd. Zwei bedeutende Raubtiere starben ebenfalls aus –

der Löwe und der Säbelzahntiger. Zur gleichen Zeit traten in Beringia die ersten Menschen auf den Plan.

Die frühesten Anzeichen menschlicher Aktivität in Beringia wurden in den Bluefish Caves entdeckt, südlich Old Crow im nördlichen Yukon. Die ältesten vagen Hinweise auf *homo sapiens* reichen 24.000 Jahre zurück, die frühesten eindeutigen Artefakte sind 12.000 Jahre alt. Seit langem wird darüber diskutiert, welchen Einfluss diese ersten steinzeitlichen Jäger auf die Säugetierpopulationen ausgeübt haben. Eine Theorie unterstellt den Menschen der Cloviskultur im südlichen Nordamerika so große jagdliche Fertigkeiten, dass sie die Säugetiere der Steppe schließlich ausrotteten. Andere weisen diese Overkilltheorie zurück und nehmen an, das Aussterben sei auf den raschen Schwund des Graslandes zurück zu führen – dem kritischen Habitat für die Grasfresser. In neueren Untersuchungen konnte der alaskanische Paläontologe Dale Guthrie nachweisen, dass Leitarten wie der Steppenbison bereits zurückgingen, lange bevor die ersten Menschen in Beringia ankamen. Menschen hatten demnach wenig mit dem Rückgang der Fauna in der Mammutsteppe zu tun. Eher scheint es so, dass die ersten Nomaden gerade zu einem Zeitpunkt in Alaska und dem Yukon auftraten, als die vielen Grasfresser weniger wurden – als Folge des Vegetationswechsels von Grasland in eine Landschaft aus Gebüsch und Wald während des Übergangs vom Pleistozän ins Holozän.

Etwa vor 14.000 Jahren begann die vierte Zwischeneiszeit. Erstmals seit über 200.000 Jahren fingen die kontinentalen Eispanzer an zu schmelzen. Mit der Schmelze stieg der Wasserspiegel in der Beringsee und überflutete die riesigen kontinentalen Landbänke zwischen Nordamerika und Asien, das meiste davon Grasland. Zwischen 13.500 und 11.500 Jahren vor heute erwärmte sich das Klima in Beringia und leitete den Übergang von trockenen Steppenbedingungen zu einer Ära mit niedrigem Gebüsch ein. Mit der Mäßigung der Klimaextreme stiegen die Niederschläge. Birken und Weiden eroberten die Steppe und nahmen den Gräsern das Licht. Pappeln und Fichten, lange Zeit auf kleine isolierte Gebiete Beringias beschränkt, fanden zusagende Bedingungen, Wald griff immer mehr um sich. Der Lebensraum Steppe wurde enger, es folgten völlig andere Lebensbedingungen. Die Tage der Grasfresser waren gezählt. Als erste verschwanden das Pferd und das Wollhaarmammut.

Mammut und Pferd waren etwas besonderes, weil sie über ein spezielles Verdauungssystem verfügten, mit dem sie in den Beringiawintern große Mengen geringwertigen, ausgelaugten Grases verwerten konnten. Mit dem Gras verschwanden diese beiden spezialisierten Graser von der Bildfläche. So wie die Steppe schrumpfte, wurden die Pferde und Mammuts auf immer kleinere Areale zurückgedrängt, bis sie schlicht nicht mehr genug zu fressen vorfanden. Die letzten Wollhaarmammuts und Pferde wanderten im inneren Alaska vor etwa 7.000 Jahren umher. Danach fehlen sie in den Listen der Fossilien.

Mit dem Rückgang von Mammuts und Pferden ging andererseits ein plötzlicher Aufschwung der Steppenbisons einher, die vorher ständig weniger geworden waren. Da sie sowohl Gräser als auch Strauchvegetation verwerten konnten, hielten sie sich noch mehrere tausend Jahre lang, starben aber vor etwa 9.000 Jahren schließlich ebenfalls aus und wurden durch eine neue Art ersetzt, den Waldbison.

Mit dem Abschmelzen des nordamerikanischen Eispanzers konnte sich das Leben wieder über den ganzen Kontinent ausbreiten. Mit der Zunahme der Strauch- und Waldflora kamen die laubfressenden Arten (die *browser*) in den Norden. Wapitis wurden vor 12. – 13.000 Jahren im ganzen Yukon häufig. Elche wanderten etwa zur selben Zeit ein, sie waren und sind hier bis heute die wichtigsten Laubfresser. Die einzigen reinen Grasfresser, die den Wechsel vom Pleistozän zum Holozän überdauerten, waren Karibu, Moschusochse und Dallschaf. Von den Fleischfressern hielten sich Grizzly, Vielfraß und Schwarzbär. Und der Wolf? Habe ich ihn im vorangegangenen Kapitel eigentlich korrekt beschrieben? Hat er überlebt? Ist der Beringiawolf überhaupt der Vorfahr der heutigen Wölfe im Yukon?

Dazu müssen wir zuerst verstehen, wie es den Wölfen ergangen sein könnte, als die großen Pflanzenfresserherden allmählich verschwanden. Bei Old Crow im hohen Norden des Yukon sind die Fossilien aus diesem Zeitabschnitt sehr gut erhalten. Dort spielt die vorher erzählte Szene. Ich kenne diese Gegend gut, sie eignet sich hervorragend, wenn man sich vorstellen will, mit welchen Veränderungen die Wölfe am Ende des Pleistozäns konfrontiert waren.

Bevor ich mich mit Wölfen zu beschäftigen begann, arbeitete ich als Wasservogelbiologe in der Ebene von Old Crow, einem der weltweit größten arktischen Feuchtgebiete. Damals kam ich erstmals mit den reichen Lagerstätten von Fossilien in Berührung, die im Permafrost begraben sind. Im Juni 1979 paddelte ich mit meiner Frau Caroline und unseren zwei kleinen Töchtern den Old Crow River hinauf und landete schließlich an einem Ort mit der Bezeichnung CRH Locality 11A – ein ziemlich langweiliger Name für einen wahrhaft aufregenden Platz. Der verlassene Strand, den wir betraten, war in den 1970er Jahren ein spannender Schauplatz für viele Paläontologen gewesen.

Auf den ersten Blick sieht 11A nicht anders aus als hunderte von Stränden, die den gewundenen Old Crow River säumen. Aber in nicht einmal einer Stunde Suche hatten wir ein meterhohes Monument aus altertümlichen Knochen aufgerichtet: Dutzende von gut erhaltenen Pferdehufen; ein großes Stück eines Mammutbackenzahns; mehrere Wirbel von Steppenbisons, Pferden und Wollhaarmammuts; und zerbrochene Rippen und Langknochen uns unbekannter, längst ausgestorbener Säugetiere. Wie die Knochen an den Strand kamen – das ist eine eigene Erklärung wert; denn die Historie des Old Crow Beckens ist eine aufregende Geschichte, mit deren Hilfe wir rekonstruieren und verstehen können, was im Yukon nach der Eiszeit geschah.

Über zigtausende von Jahren blockierte der laurentidische Eispanzer die Flüsse Porcupine und Peel gegenüber dem Mackenzie, in den sie sich heute ergießen. So stieg der See bei Old Crow schließlich so weit an, dass er das Porcupinebecken überflutete. Ebenso stieg der Hughes See und schluckte die tiefer liegenden Teile des Peel. Vor etwa 18.000 Jahren war der Hughes so hoch angestiegen, dass er sich einen neuen Abfluss bahnte und riesige Wassermengen nordwärts in den Porcupine schickte. Der See von Old Crow stieg ebenfalls an, so lange, bis das Wasser durch felsiges Gebiet einen Weg nach Westen fand. Der Porcupine begann Richtung Westen ins Flusssytem des Yukon zu fließen, wobei er den Old Crow See allmählich entleerte. Das war vor etwa 14.000 Jahren. Heute sind davon tausende flache, kleine Seen übrig geblieben, die durch das Abschmelzen des Permafrosts entstanden sind. Jeden Sommer werden alte Knochen frei gelegt, die im gefrorenen Grund begraben waren. Jahr für Jahr lagern die Frühjahrshochwässer neue freigespülte Knochen auf 11A ab – beständige Erinnerung an die phantastische Lebensgemeinschaft von Säugetieren, die das Becken bis zum Ende des Pleistozäns besiedelte.

Die Wölfe, die heute in der Old Crow Ebene leben, haben es wesentlich schwerer als die Pferde jagenden Wölfe in meiner Erzählung. Zwischen den niedrigen Bäumen und den im Eis erstarrten Seen halten sich im Winter nur wenige Elche auf. Sie ernähren sich mehr schlecht als recht von zugeschneiten Weidenbüschen. Elche sind hier an ihrer nördlichen Verbreitungsgrenze, die geringe Qualität der arktischen Nahrung hält ihre Zahl klein. Die Wölfe von Old Crow haben es tatsächlich schwer, genug Elche zu finden. Ihre Rudel sind klein, eine Folge geringer Überlebensraten der Welpen und hoher Sterblichkeit der erwachsenen Wölfe. Sie führen ein hartes Leben, ganz besonders, wenn die Karibus der Porcupineherde anderswo überwintern. Wie lässt sich das Leben der heutigen Wölfe von Old Crow mit dem Leben ihrer Vorfahren zu Ende der Eiszeit vergleichen?

In Kapitel 1 haben wir festgestellt, dass der Wolf der erfolgreichste Carnivore des Pleistozäns war. Wölfe waren ständig zugegen während des ständigen Auf und Ab der Pflanzenfresser – erst dem Aussterben der Mammuts und der Pferde, gefolgt vom Verschwinden des Steppenbisons, dann kam der rasche Aufschwung von Wapiti, Elch und Waldbison im frühen Holozän. Mit Sicherheit überlebte der Beringiawolf bis ins Holozän wegen seiner großen Fähigkeit, sich an ein wechselndes Beutetierangebot anzupassen. Wölfe sind immer findig – sie leben heutzutage von Abfällen in Italien und Rumänien, fressen Schafe in Frankreich, erbeuten Rotwild in Kroatien, Elche und Rentiere in Skandinavien, Weißwedelhirsche in

Minnesota, Peary Karibu im Arktischen Kanada, Rehe in Deutschland, Waldbisons in Alberta, Wildpferde und Wildesel in Asien. Die Liste kann man noch erweitern. Wenn es einen Weg gibt zu überleben – der Wolf wird ihn finden. Und dennoch gibt es da eine neue Forschungsarbeit, die besagt, dass es der Beringiawolf nicht ins Holozän schaffen konnte.

Im Jahr 2007 erschien ein Artikel in *Current Biology*, in dem der Schluss gezogen wird, dass die Wölfe von Beringia genetisch nicht eng verwandt sind mit den modernen Wölfen vom Yukon und von Alaska. Jennifer Leonard und ihre Kollegen von der Universität von Kalifornien untersuchten Markergene und Schädelmaße von alaskanischen Wölfen aus dem Pleistozän und aus heutiger Zeit. Leonards Ergebnisse überraschten alle Wolfsbiologen, mich auch. Zwar waren die Wölfe aus beiden Zeitabschnitten etwa gleich groß, aber die „alten" Wölfe hatten ein breiteres Gebiss, viele beschädigte oder stark abgenutzte Zähne, und dazu einen großen, spezialisierten Reißzahn (das ist der erste Molar im Carnivorengebiss). Aus diesen Schädelmaßen schloss das Team um Jennifer Leonard, dass der Beringiawolf darauf spezialisiert war, besonders große Beutetiere zu überwältigen, darunter Wollhaarmammut, Mastodon und Steppenbison. Darüber hinaus fanden sie keine Markergene, die die Beringiawölfe mit den Wölfen aus Nordamerika gemeinsam haben. Nach diesen Befunden sind die Beringiawölfe nur mit den asiatischen Wölfen verwandt. Die überraschende Schlussfolgerung von Jennifer Leonard ist, dass die Vorfahren der Alaska-Yukonwölfe irgendwann während des Holozäns aus dem südlichen Nordamerika zugewandert sein müssen.

Als ich das las, hatte ich Zweifel, wollte es einfach nicht glauben. Wo waren denn in dieser Sicht die Karibus – die großartigen Überlebenskünstler aus der Beringiaperiode? Die Wölfe hätten sich doch bloß die Karibus vorzunehmen brauchen, als die anderen großen Pflanzenfresser verschwanden, dachte ich. Durch Isotopenstudien ist bewiesen, dass Karibus von Wölfen während des gesamten Pleistozäns erbeutet wurden. Der Wechsel müsste ihnen also leicht gefallen sein. Karibus wurden zur häufigsten Pflanzenfresserart während des frühen Holozäns. Warum sollten also die Beringiawölfe einfach so vom Erdboden verschwunden sein? Meine Skepsis wurde immer größer – und alsbald runter gekocht von Grant Zazula, einem Paläontologen aus dem Yukon, der frühere Entwürfe zu diesem Buch gelesen hat. Ziemlich trocken kommentierte er: „Bob, die Genetik lügt nicht. Du musst damit leben."

Weltweit anerkannt als der führende Experte der Beringia-Ökologie ist Dale Guthrie. Als er nach seiner Meinung über diesen „Knochenbrecherwolf" gefragt wurde, meinte er, das sei sehr interessant und bringe den Direwolf* wieder ins Gespräch. Dieser ausgestorbene Verwandte des Grauwolfs lebte im Pleistozän südlich des Eispanzers. Zu sehr Aasverwerter und zu wenig Jäger, verschwand er vor etwa 10.000 Jahren. Er hatte ebenfalls einen größeren Schädel als der Grauwolf und auch ein Gebiss, das besonders gut zum Brechen großer Knochen geeignet war. Die genetischen Resultate scheinen zu belegen, dass den Beringiawolf dasselbe Schicksal ereilte wie den Direwolf. Beide hatten genau die Eigenschaften entwickelt, um sich an den großen, ihrem Ende entgegen gehenden Pflanzenfressern wie Bison, Mastodont und Mammuts schadlos zu halten.

Neben den genetischen Befunden gibt es auch andere Erklärungen dafür, warum der Beringiawolf ausgestorben ist. Fossile Wolfsnachweise sind aus dem frühen Pleistozän recht häufig, werden aber gegen Ende dieser Periode immer seltener, und im frühen Holozän sind sie sehr selten oder fehlen ganz. Der Beringiawolf könnte also dem Steppenbison, dem Wollhaarmammut, dem Pferd und anderen großen Pflanzenfressern gefolgt sein. Auch zwei andere Raubtiere, die nur in Beringia gelebt hatten – der Beringialöwe und der Kurznasenbär – verschwanden nach der Eiszeit; warum also nicht auch der Beringiawolf?

Jennifer Leonards Forschungsergebnisse haben einen einmaligen, letzten Endes dem Untergang geweihten Verwandten des Grauwolfes zum Gegenstand, der in Beringia lebte. Er hatte größere Zähne und ein breiteres Gebiss als der heutige Wolf, und er war besonders gut gerüstet, um große Knochen zu brechen. Als Mammut und Steppenbison verschwanden, war sein robustes Beißwerkzeug auf dem Weg ins Holozän nicht mehr von Vorteil. Allerdings frage ich mich auch, ob wir wirklich genug Fossilien ausgegraben haben, um ein vollständiges und klares Bild der Beringiawölfe zu zeichnen. Vielleicht liegen noch Schädel irgendwo in der Erde des Yukon, die gemeinsame Gene aufweisen? Die Zeit wird es erweisen, aber eigentlich ist es auch egal; denn in der Mitte des Holozän taucht der Wolf wieder auf. Karibus waren die häufigsten Pflanzenfresser, und Elch, Wapiti und Waldbison erschienen auf der Bildfläche in dem Maße, wie Sträucher und Wald die Ebenen und Täler des Yukon eroberten. Der Wolf des Yukon begegnete nun einem neuen, effizienten und gefährlichen Konkurrenten.

3

Karibu

Rose Creek – vor 7.500 Jahren

Es ist später Abend. Die Junisonne steht tief über den hell beleuchteten Bergen am Horizont. Zwei Jährlingswölfe werfen lange Schatten, als sie rasch durch das dichte Gesträuch knapp unterhalb der offenen alpinen Matten traben. Die schwarze Fähe und der graue Rüde folgen einem Geländerücken zu einem großen Schneefeld, das sich am höchsten Punkt eines weiten Plateaus gebildet hat. Der Rücken ist bedeckt mit Heidekraut und Zwergweide, die frischen Kätzchen glänzen in der Abendsonne. Gelbe und purpurne Steinbrechblüten und die weißen Stängel der aufblühenden Nelkenwurz sind über die dunklen Blöcke und das schwarze Geröll verstreut. Ein wachsames Erdhörnchen zwitschert einen Warnruf und taucht in sein Erdloch, als sich die Wölfe nähern und in einem ausgedehnten Birkengestrüpp verschwinden. An den Bergflanken sind große abtauende Schneeflecken verstreut. Überall singen Kleinvögel.

In den Birkenbüschen stöbern die Wölfe eine Familie von Schneehühnern auf. Die Gruppe explodiert geradezu auf wenige Meter Entfernung, die kaum flugfähigen Küken mit schwirrenden Flügeln. Instinktiv springt die Fähe über das niedrige Gesträuch, schnappt sich einen Jungvogel, der sich in den Zweigen verheddert hat. Mit vollem Fang springt sie nach einem zweiten, aber das segelt mit dem Rest der Familie den Hang hinab und in Sicherheit. Die Wölfin schluckt ihre Beute hinunter und kehrt zurück auf den Geländerücken. Der Rüde ist weit voraus, interessiert sich nicht für den Jagdausflug seiner Gefährtin.

Am Ende des Rückens verhält er und bleibt unbeweglich stehen. Die Abendluft ist plötzlich geschwängert von Beuteduft. Die Wölfin kommt hinzu, beide bewegen sich geduckt auf einem großen Schneefleck nach oben. Dort liegt eine Gruppe von Karibus auf dem kühlen Schnee. Die Wölfe trennen sich, wollen die Beute nicht beunruhigen. Schließlich entdeckt eine Karibukuh die beiden schattengleich heranschleichenden Gestalten, kommt auf die Läufe, unsicher noch, was ihr da bevorsteht. Dann aber versteht sie die niedrigen Figuren und deren fließende Bewegung – das sind Wölfe, das bedeutet Gefahr. Einen Augenblick noch steht sie bewegungslos und starrt auf die Feinde, dann wirft sie sich herum und flüchtet aufwärts, ihr neu geborenes Kalb neben sich. Alle Karibus sind inzwischen auf den Läufen und spähen nach der Quelle der Aufregung. Die Gruppe setzt sich in Bewe-

gung, nicht sonderlich schnell, die beiden Wölfe scharf im Auge.
Dann fallen die Tiere in schnellen Galopp. Ihre Hufe schleudern
große Schneeklumpen nach allen Seiten.

Die Fähe attackiert zuerst, rennt geradewegs auf die Gruppe
zu. Der Rüde folgt einigen abgesprengten Tieren, die sich bergab
in Sicherheit zu bringen versuchen. In dem nassen Schnee finden
seine breiten Pfoten guten Halt, und schnell ist er mitten zwi-

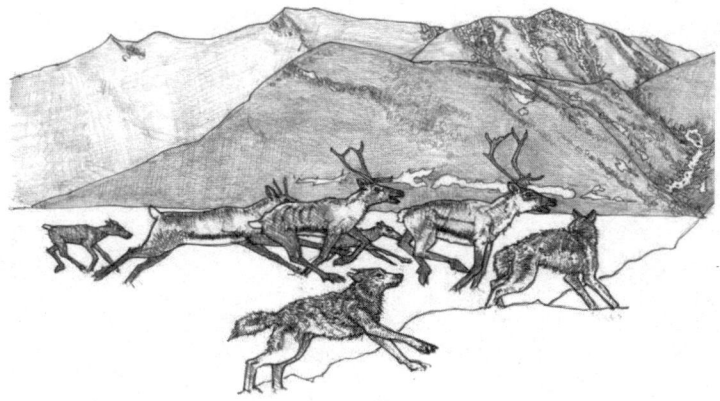

schen den Karibus. Die großen beachtet er nicht, er ist fokussiert
auf die kleinen Kälber, die sich verzweifelt bemühen, ihren Müt-
tern zu folgen. Sie sind schnell, aber sie sind kein Problem für
ihn. Innerhalb Sekunden tötet er vier, zerbricht ihnen mit einem
einzigen Biss den kleinen Schädel. Dann verhält er und schaut
hangaufwärts, wo er die Fähe über den Rücken verschwinden
sieht. Dann kehrt er zurück zu seiner Beute. Mit einem kurzen
Ruck reißt er die Bauchhöhle eines Kalbes auf, taucht seinen
Fang in den warmen Magen und leckt den herausquellenden weißen Milchkuchen* auf. Nachdem er ihn verschlungen hat, wendet
er sich den anderen Kälbern zu und tut das Gleiche. Dann rollt er
sich auf der kühlen Schneedecke zusammen und fällt in Schlaf.

Als er aufwacht, ist die Sonne untergegangen. Ohne Eile

trottet er das Schneefeld hinauf, schnüffelt in den Dunghaufen, die die Karibus überall hinterlassen haben. Als er die Höhe erreicht, wird er in einiger Entfernung eine Gruppe Karibus gewahr. Er schaut sich um auf dem Plateau, schließlich entdeckt er seine Gefährtin schlafend, ein paar hundert Meter voraus an einem kleinen Felsbuckel. In einem Heideflecken hat sie ein Karibu erbeutet. Die Witterung von Blut und Fleisch zieht ihn magisch an. Vorsichtig nähert er sich, hat ein Auge auf die Fähe – wie wird sie reagieren? Der Rüde leckt an dem dunklen Blut, das sich in der Körperhöhle des Kadavers gesammelt hat. Sie schaut kurz auf, rollt sich wieder zusammen und schläft weiter. Sanftes Zwielicht liegt über den Berghängen.

Am Morgen haben zwei Kolkraben den Kadaver gefunden. Hoch kreisen sie über den zusammengerollten Wölfen. Ein neuer unbekannter Laut schreckt sie aus dem Schlaf. Eine Gruppe von Männern kommt vom Berg herab und auf das Schneefeld zu. Aufmerksam beobachten die beiden Wölfe die unbekannten Wesen, dann ziehen sie sich hangabwärts zurück. Einer der Männer beginnt sofort, das Karibu zu zerlegen. Ein anderer formt seine Hände zu einem Trichter und heult wie ein Wolf. Irritiert wenden die Wölfe sich um und richten Augen und Ohren hangaufwärts. Ein dritter Mensch aus der Gruppe kriecht im Schutz der Geländekante auf die Wölfe zu. Er hat einen langen Speer in die Kerbe eines armlangen Stücks Holz eingelegt, rennt gebückt im Sichtschutz der Bergkante, dann richtet er sich auf, die Waffe hoch über sich, und schleudert den Speer auf einen der Wölfe. Doch das Geschoß geht fehl und zischt harmlos über die Schneefläche. Die Wölfe flüchten bergab und verschwinden.

Sie halten erst, als sie auf eine Gruppe von Waldbisons stoßen, die in den Birkenbüschen am Fuß des Berges weiden. Ein großer Bulle wendet und geht auf die Wölfe zu, die Spitzen seiner dunklen Hörner glänzen in der Morgensonne. Die Wölfe drehen ab und machen sich auf den Weg nach Hause.

Bald traben sie das Tal entlang, vorbei an zerstreuten Fichten- und Pappelbeständen und kleinen Kolken. Nahe der Wurfhöhle verhält der Rüde und heult. Zwei Welpen krabbeln aus der Höhle hervor und begrüßen die Rückkehrer. Die Fähe ist als erste an der Höhle, schlüpft an den Welpen vorbei und legt sich hinter einem großen Busch zur Ruhe. Aber die Welpen finden sie rasch und lecken die Mundwinkel der müden Wölfin, wollen Futter. Der Rüde legt sich auf seinen angestammten Platz unter den tief hängenden Ästen einer Fichte. Ein dritter Welpe kommt hervor, krabbelt auf seinen Nacken und kaut spielerisch an seinem Ohr herum. Da nimmt der große Wolf den Winzling vorsichtig in seinen Rachen und grummelt freundlich.

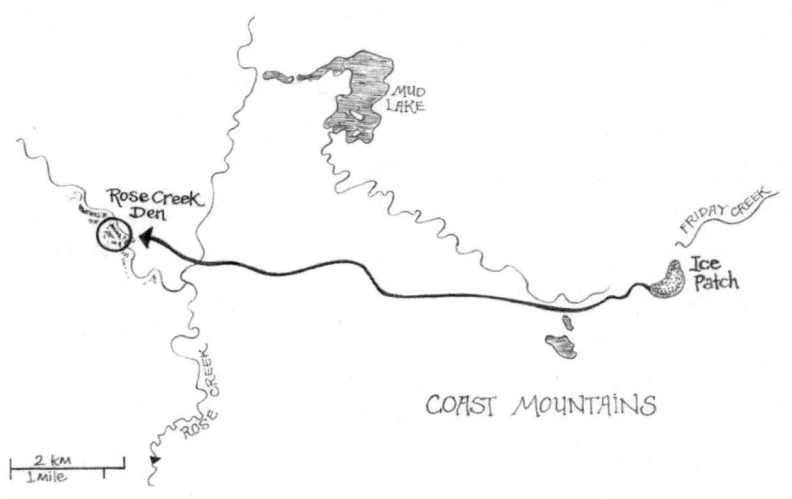

Rose Creek ist ein hoch gelegenes Gebirgstal im südlichen Yukon mit niedriger Strauchvegetation und wassergesättigter Tundra, dazu ein paar weit verstreuten schütteren Fichtenbeständen an den trockeneren Hangseiten. An seinem östlichen Ende, westlich des Fish Lake, befindet sich eine ausgedehnte Ansammlung glazialer Oser*, Moränen und großer Findlinge, alles Hinterlassenschaften des zurückweichenden Cordillereneises. Diese Gebirgslandschaft hat sich seit dem frühen Holozän kaum verändert. Sie ist immer noch Karibuland. In der Mitte des Talzuges, auf einer sandigen Geländeerhebung wenige Höhenmeter über einem weidenbestandenen Sumpfgebiet, ist eine Wurfhöhle.

In den 1980er Jahren, während meines ersten Projekts als Wolfsbiologe des Yukon, begann ich hier mit meinen ersten Feldarbeiten an Wölfen. Hier lebte das Rose Creek Rudel, es jagte Elche, Karibus und Dallschafe. 1982 gab es viele Elche, und deshalb auch reichlich Wölfe. Am Nachmittag des ersten Oktober beobachtete ich fünfundsiebzig Elche, wie sie in langer Reihe über einen Bergrücken zogen, hoch oberhalb der Wolfshöhle. Heute sind die Elche so gut wie verschwunden, Resultat ständig verbesserter Motorschlittentechnologie und unbeschränkter Jagd durch die Eingeborenen. Auch die Wölfe sind drastisch zurück gegangen, Folge des Verschwindens der Elche. Dennoch konnte ich über mehrere Jahre feststellen, dass das Rose Creek Rudel Jungwölfe aufzog. Das Spiel des Altwolfs mit dem Welpen, das ich in der voran gegangenen Geschichte beschrieben habe, ist eins der vielen denkwürdigen Erlebnisse, die ich dort hatte.

An einem Junitag lag ich fünfzig Meter entfernt von der Höhle zusammen mit Jeff Turner, der einen Dokumentarfilm über Wölfe drehen wollte. Wir waren mit dem Hubschrauber nach Rose Creek geflogen, hatten ein Camp errichtet und waren dann zur Höhle gegangen, wo wir eine gute Stelle fanden, von der aus wir die Wölfe filmen konnten, ohne sie zu stören. Nur wenige Minuten später hatte Jeff die Fähe vor dem Höhleneingang völlig frei im Sucher, wie sie ihre Welpen stillte. Nach einiger Zeit, die Fähe hatte ihre satten Jungen in die sichere Höhle zurückbugsiert, verschwand sie. Wir verharrten, wo wir waren, bis wir von einer hohen Hangkante oberhalb der Höhle einen Wolf heulen hörten. Schließlich entdeckten wir ihn, wie er sich seinen Weg durch das dichte Gestrüpp zur Höhle bahnte. Jeff bekam ihn in den Sucher und filmte, was das Zeug hielt.

Als der Wolf angekommen war und sich niedergelegt hatte, rannte ein Welpe aus der Höhle und kletterte auf ihm herum, zog und schnappte mit seinen kleinen Zähnchen an seiner Schulter. Schon bald balgten die beiden miteinander herum. Das alles im Gegenlicht der untergehenden Sonne, die einen bunten Halbkreis um die beiden warf. Leider machte Jeffs Kamera Ärger, und die Szene wurde nie auf Zelluloid gebannt. Vor meinem inneren Auge aber ist sie unauslöschlich.

Die Erzählung vom Überfall der Wölfe auf die Karibukälber geht auf Beobachtungen anderer Wildbiologen zurück. Einer berichtet von einem jungen arktischen Wolf, der auf ein und demselben Beutezug mehrere frisch geborene Kälber tötete. Er verzehrte nur die Milchkuchen und ließ die kleinen Kadaver ansonsten unberührt. Craig Gardner, ein Wildbiologe in Alaska, sah zu, wie Wölfe mehr als ein Dutzend Kälber in einem einzigen Überfall töteten. Karibus waren während des gesamten Holozäns die Hauptbeute von Wölfen. Wie wir noch sehen werden, war die sich wandelnde Umwelt des Yukon genau die richtige für Karibus und Wölfe.

Vor etwa 10.000 Jahren, als das Holozän nach geltender Lehrmeinung begann, war der Yukon vollkommen eisfrei. Es war die wärmste Periode dieses Zeitalters im Yukon und in Alaska. Mit der Erwärmung des Klimas stiegen die Niederschläge. Erst entwickelten sich Sträucher, dann verbreiteten sich Fichten, Pappeln und Birken über das Land. In staunassen Verebnungen lösten Weiden und Zwergbirken die Seggenwiesen ab. Alles was heute noch von der sagenhaften Mammutsteppe übrig ist, sind die Salbeiwiesen an den Südhängen der Berge. Die meisten Pflanzenfresser der Steppe sind längst verschwunden.

Die einzigen bis heute überlebenden Grasfresser der Mammutsteppe sind Karibu und Dallschaf. Von den großen Raubtieren vor dem Holozän waren vor 10.000 Jahren nur noch Wolf, Vielfraß, Schwarzbär und Grizzlybär übrig. Wapiti und Elch, die während des Pleistozäns von Asien her eingewandert waren, verbreiteten sich rasch, und andere Säugetiere kamen hinzu: Waldbison, Schneeziege, Maultierhirsch und Weißwedelhirsch. Waldbisons verschwanden erst vor wenigen hundert Jahren, Wapitis vor mehreren tausend Jahren. Schneeziegen und die beiden kleinen Hirscharten gibt es noch im Yukon, aber in geringer Zahl und nur in isolierten Populationen.

Über tausende von Jahren jagten, töteten und fraßen Wölfe Karibus, Bisons und Bergschafe in der Mammutsteppe. Diese lange Beziehung formte die Beutetiere – ihre Ernährungsweise, ihre Wanderungen, ihre Fürsorge für den Nachwuchs, ihre Überwinterungsstrategien und letztlich ihre Fähigkeiten, den Wölfen zu entkommen. Diese enge evolutionäre Verbindung existiert unvermindert bis heute. Bis in unsere Zeit ist der Wolf der wichtigste natürliche Faktor, der Karibus und

Elche im Yukon auf niedrigem Niveau hält.

Das Karibu war im Holozän die dominierende Art im Yukon. Neueste Befunde liefern dafür eindrucksvolle Belege. Im Jahr 1997 waren Gerry und Kirsten Kuzyk in den Bergen westlich von Whitehorse auf Karibujagd. Sie kamen zu einem großen Schneefeld, das das ganze folgende Jahrzehnt ein *hot spot* für Holozän-Paläontologen werden sollte. Vom Grund des schmelzenden Eispanzers herauf dampften buchstäblich Tonnen von schmierigem schwarzen Karibukot. Gerry war Karibubiologe für die Regierung des Yukon – er verstand sofort, dass er etwas ganz besonderes entdeckt hatte. Die letzten Karibus waren in diesen südlichen Bergen vor über hundert Jahren verschwunden. Der Kot musste also sehr alt sein, vielleicht sogar altertümlich nach historischem Maßstab. Zurück mit Rick Farnell, dem damaligen Chef-Karibubiologen, sammelten sie ein paar Handvoll Kot ein, dessen Alter mit etwa 7.000 Jahren bestimmt wurde. Wie war dieser riesige Scheißhaufen auf den Berg gekommen? Und was konnte er über das Holozän berichten? Es sollte sich bald herausstellen, dass er eine Menge spannender Details über die Umweltverhältnisse der vergangenen 8.000 Jahre barg. Auch sollte der Eisklotz ungeahnte Neuigkeiten über die Menschen bereit halten, die damals hier lebten.

Karibus haben einen guten Grund, solche hoch gelegenen Schneeflecken im Sommer aufzusuchen: die Insektenplage. Der Kot war von tausenden Generationen Karibus abgelagert worden, die denselben Schneefleck aufgesucht hatten. Das Jahr 1990 war außergewöhnlich warm – warm genug, den Eispanzer bis in tiefere Schichten aufzutauen und damit 8.000 Jahre vor- bzw. zurückzudringen, also in die wärmste Periode während des Holozäns. Gerry Kuzyk und Rick Farnell durch-

forschten die Berge im südlichen Yukon und fanden schließlich mehr als ein Dutzend solcher Schneeflecken mit altem
Karibudung.

Von überall kamen Paläontologen, um diese Lagerstätten
zu studieren. Der Dung enthielt pflanzliche Fragmente und
Pollen, aus denen sich ein exzellentes Bild der einstigen Landschaft zeichnen ließ. Fichte, Birke, Weide, Seggen, Schachtel-
halm und Salbei waren demnach die dominanten Pflanzenar-
ten vor 8.000 Jahren. Kiefernpollen erscheinen erst vor 2.000
Jahren. Karibumist findet sich in allen Eisschichten, die Art
war demnach über 8.000 Jahre ständig präsent. Hinweise auf
den Waldbison kommen erstmals vor 7.500 Jahren vor. Elch,
Wapiti, Dallschaf und Schneeziege erscheinen vor etwa 5.000
Jahren. Aber es kam noch viel besser.

Über die Schneeflecken verstreut fanden sich Waffen, und
zwar so gut erhalten, als hätte sie ein achtloser Jäger erst ges-
tern verloren. Man sammelte intakte Speerschäfte, einen höl-
zernen Pfeil mit Karibuhaar an der knöchernen Spitze und
sogar das Ende einer Karibugeweihstange mit wunderschö-
nen ockerfarbigen Markierungen ein. Auch ein kompletter
Bogen ist unter den Fundstücken – lauter altertümliche Jagd-
geräte, die sich die Archäologen bis dahin lediglich vorstellen
konnten. Die einzigen vergleichbaren Artefakte stammen aus
trockenen Höhlen im Südwesten Amerikas. Die gefundenen
Waffen sind von signifikanter Bedeutung für die Geschichte
des Yukon, weil sie beweisen, dass das Karibu für die Menschen des frühen Holozän eine wichtige Nahrungsquelle war.
Alle bekannten, von Menschen bewohnten Plätze im Yukon
haben einen Zusammenhang mit Karibugebieten, und altertümliche Feuerstellen enthalten stets Reste von Karibus, dagegen keine von Elch, Wapiti oder Bison: ein starker Beleg für

die Abhängigkeit von diesem Pflanzenfresser. Ohne Zweifel – wenn die Menschen von Karibus abhängig waren, dann galt das auch für die Wölfe.

Wenn die Beutetiere wandern, folgen ihnen die Wölfe. Die Wölfe des frühen Holozän zogen wahrscheinlich während des ganzen Jahres mit den Karibus, dieses Tier war die Schlüsselart für die Wölfe. Als sich aber das Klima erwärmte, siedelten sich Sträucher und Bäume im Yukon an und bereiteten den Weg für Laub äsende Pflanzenfresser. Erst kamen Wapitis aus dem Süden, dann kamen Elche. Karibus besiedelten die Berge und die Tundra im hohen Norden des Yukon. Mit der weiteren Erwärmung des Klimas nahmen Waldbrände zu. Der Elch profitierte von dem Mix aus alten Fichtenwäldern und den Weiden-Aspen-Beständen, die sich nach Feuern entwickelten. Die Wölfe änderten ihr Verhalten, um nun auch Elche zu jagen – Tiere von etwa der vierfachen Körpermasse eines Karibus. Die einstigen Karibu jagenden Wölfe waren gezwungen, einen neuen räuberischen Lebensstil zu entwickeln.

Man stelle sich eine Wölfin im Holozän vor, die ihre Familie durch die Winterlandschaft des Yukon führt. Sie ist es gewohnt und dafür gerüstet, Karibus in der offenen Tundra zu jagen. Am Ufer eines kleinen Sees stößt das Rudel auf eine Elchkuh, die an den schneebeladenen Weidenbüschen knabbert. Das Tier wiegt vierhundert Kilogramm, zehnmal so viel wie ein Wolf. Die Wölfe haben Elche schon mal gesehen, sie aber nicht als mögliche Beute betrachtet. Die Kuh flüchtet in einen engen Fichtenhorst, ihr Hinterteil unter dichten Ästen. Als die Wölfe herankommen, senkt sie das Haupt und stampft mit den mächtigen Vorderläufen in den Schnee. Hinten bietet sie den Angreifern keine Chance: Es wäre zu gefährlich, zwischen die Bäume und ihre Hinterläufe zu geraten. Die Wölfin hat keine Erfahrung mit Elchen. Sie verlässt die Kuh, gefolgt von den anderen. Nur der Rüde macht einen Versuch, die Kuh von der Seite zu attackieren. Sie dreht sich, der Wolf macht einen unsicheren Scheinangriff, wie zur Probe. Blitzartig schlägt die Kuh mit dem Vorderlauf nach dem Wolf, verfehlt seinen Schädel nur um Zentimeter. Sie ist zu groß und zu gefährlich, unmöglich zu überwältigen zwischen den Bäumen. Einen Elch, der sich stellt, kann ein Wolf nicht ohne großes Risiko angreifen. Der Rüde lässt ab und schließt auf zum Rudel.

Eine Woche später kommen die Wölfe erneut an der Stelle vorbei. Diesmal trottet die Kuh gerade über den gefrorenen See, und alles ist anders. Der Schnee ist vom Wind weg gefegt, das Eis spiegelglatt, eine unmögliche Situation für einen Elch, sich zu stellen und sich zu verteidigen. Als die Wölfe die Kuh umzingeln, wird sie nervös. Die Wölfe wittern ihre Chance. Die Hufe der Elchkuh greifen nicht auf der glatten Eisfläche. Sie muss ans Ufer, aber die Flucht exponiert sie für den Angriff der Wölfe. Bevor die Wölfe noch näher herankommen, macht sie ihren letzten Fehler. Sie rennt los, gleitet aus und gerät in Panik. Der Elch ist eine neue Beute für Wölfe.

Zufällig bin ich nahe Teslin einmal vom Flieger aus Zeuge gewesen, wie Wölfe einen Elch auf dem Eis testeten. Ich konnte mehrere Stellen ausmachen, wo der Elch bei seiner Verteidigung ausgerutscht war. Zu diesem Zeitpunkt hatten die Wölfe den Elch noch nicht verletzt, aber als wir das Gebiet verließen, hatte ich das Gefühl, die Sache würde zu ihren Gunsten ausgehen. Ein paar Tage später fanden wir den zerlegten Kadaver auf dem Eis. Die Wölfe waren fort.

Außer der riesigen Mahlzeit, die ein Elch bietet, gab es auch andere gute Gründe für die Wölfe des Holozän, diese Art zu jagen. Anstatt den wandernden Karibus Jahr für Jahr über riesige Strecken zu folgen, mussten sie Elche nicht lange suchen. Als diese immer zahlreicher wurden, etablierten die Wölfe Territorien, die sie gegen andere Wölfe verteidigten. Zudem gab es überall im Yukon Waldkaribus, die stationär lebten. Durch den ganzjährigen Verbleib in einem bestimmten Gebiet lernten die Wölfe, wo sie Karibus oder Elche übers ganze Jahr finden konnten. Als Folge der Auseinandersetzungen mit den großen Elchen wurden auch die Wölfe mit der Zeit größer. Heute sind die Yukonwölfe die größten ihrer Art in der ganzen Welt – direkte Nachfahren der hoch anpassungsfähigen Beutegreifer aus dem Holozän.

4

Der Helfer

Jarvis River – vor 800 Jahren

Vorsichtig bewegen sich die beiden Brüder durch die bewaldete Geländekante über dem Fluss. Sie sind bekleidet mit leichten Mocassins, langen Hosen und gefransten Hemden, alles aus Karibuleder. Der ältere ist mit einem zwei Meter langen Bogen aus Douglasahorn und einem Köcher voller Pfeile aus Fichtenholz bewaffnet. In der Hand hält er einen Pfeil mit einer Spitze aus Geweihknochen. Ein Ledersack, lose über die Schulter gehängt, schwingt beim Gehen gegen seine Hüfte.

Die Junisonne steht immer noch hoch am Himmel, die frischen Weidenblätter glänzen im Licht des Nachmittags. Sie nähern sich ihrem Ziel, verhalten, lauschen. Als sie das Ende des Rückens erreichen, scheuchen sie ein Waldhuhn auf. Beide erstarren, stehen lange wie eingefroren, aber da ist nur das Zwitschern der kleinen gelben Vögel aus den Büschen. Doch dann – der Laut, den sie insgeheim nicht vernehmen wollten. Die Wölfe sind zu Hause. Ihr einfacher Plan ändert sich, wird gefährlich.

Das Heulen kommt von der Stelle, die ihnen ihr Vater vor zwei Monaten gezeigt hat, als noch Schnee lag. Der Vater aber ist weit weg, ist zum Fischen im Sommerlager am Kloo Lake. Es ist das erste Mal, dass sie allein so weit gewandert sind, ohne ihn, und zum ersten Mal suchen sie eine Wolfshöhle auf. Der ältere legt einen Pfeil ein und schleicht den Hang hinunter. Sein Bruder folgt ihm mit einem Speer. Beide sind nervös, haben Angst. Keiner spricht.

Die Wölfin hört sie kommen und kläfft warnend. Die von den Mocassins gedämpften Tritte sagen ihr: Es sind Menschen. Sie stupst die Welpen in die Höhle, dann läuft sie geduckt auf das Geräusch zu.

Auf ihrem steilen Weg hinab gewahren die Brüder den dunklen Schatten, der durch die Weiden auf sie zukommt. Dann heult ein Wolf von jenseits des Flusses, ein anderer antwortet von dem Rücken hinter ihnen. Unschlüssig bleiben die beiden stehen, wo sie gerade sind, und horchen.

Schließlich deutet der jüngere mit einer Kopfbewegung in Richtung der Höhle und geht voran. Beim Näherkommen sehen sie Wolfslosung überall verstreut, das führt sie zu einem frisch gegrabenen Loch zwischen hohen Büschen. Der ältere legt sich flach auf den Boden und schiebt sich in die dunkle Öffnung. Er kann die Welpen riechen, die sich da unten versteckt halten. Und er hofft, dass nicht gerade ein Altwolf in der Höhle ist ...

Inzwischen sammelt der jüngere eine Handvoll trockenes Gras und bricht ein paar trockene Äste vom Gesträuch. Mit dem Feuerstein, den er am Gürtel befestigt hat, entzündet er das Gras. Noch ein paar Zweige auf die züngelnden Flammen – dann schiebt er die Bodenschicht mitsamt dem Feuer in den Höhleneingang. Sein Bruder nickt, dann richtet er sich auf und dreht sich langsam um, den Bogen gespannt, den Pfeil eingelegt. Aus allen Richtungen heulen jetzt Wölfe, aber keiner ist zu sehen. Beide hocken sich an die Höhle, bereit die Welpen zu greifen, wenn sie herauskommen. Das Heulen und Kläffen der Wölfe kommt näher.

Die Höhle füllt sich mit dickem stinkendem Qualm. Ängstlich fangen die Welpen an zu wimmern. Der erste flitzt durch einen Seiteneingang heraus, aber die Jungen greifen ihn ohne Mühe. Er beißt um sich, als er in den Sack gesteckt wird. In wenigen Augenblicken haben sie vier. Ihr Auftrag ist erfüllt und sie machen sich davon.

Da kommt die Wölfin aus den Weidenbüschen. Sie kläfft scharf und senkt ihr Haupt. Knurrend und Zähne fletschend starrt sie die beiden Burschen an. Der jüngere Bruder greift sich einen Welpen, setzt ihn auf den Boden und schubst ihn in Richtung zu seiner Mutter. Der Kleine strampelt auf die Läufe und verschwindet im Nu in den Büschen hinter ihr. Sie steht und kläfft wütend mit gesträubtem Nackenhaar.

Die Burschen machen sich auf den Rückzug, ihre Waffen in Bereitschaft. Die Wölfin lässt sie nicht aus den Augen, macht ein paar Schritte zur Höhle und bleibt stehen – in geringer Entfernung, ein perfektes Ziel. Langsam hebt der Junge den Bogen, spannt ihn, sieht die Pfeilspitze im Ziel, kaum zehn Schritte entfernt – doch gerade als er ihn fliegen lässt, kläfft es links von ihm. Der Pfeil schießt unter der Wölfin ins Leere. In weiten Sätzen verschwindet sie im dichten Gestrüpp.

Die Jungen hasten den Hang hinauf, bis sie die Kuppe erreicht haben. Hinter sich glauben sie, ein Dutzend Wölfe auf den Fersen zu haben. Wölfe heulen und kläffen aus allen Richtungen, aber keiner lässt sich sehen. Fast eine Stunde lang laufen, nein rennen die beiden, bis sie eine breite offene

Wiese erreichen. Erschöpft laben sie sich am kühlen Nass eines kleinen Bachs. Der ältere nimmt den Sack von der Schulter, vorsichtig öffnet er ihn, streichelt die kleinen Wölfe und zeigt sie seinem Bruder. Beide grinsen zufrieden, dann fallen sie erneut in Trab, sie haben es nicht mehr weit heim. Inzwischen macht sich der Bogenschütze Sorgen. Wie soll er seinem Vater erklären, wo die Pfeilspitze geblieben ist, die ihm dieser in einer langen Winternacht hergerichtet hat, damals im Fellzelt am Aishihik Lake? Im Spätsommer wird er zurück müssen zur Höhle, wenn die Wölfe den Bereich verlassen haben, und nach dem wertvollen Stück suchen.

Inzwischen ist die Wölfin zurück bei der Höhle. Das Feuer ist längst erloschen. Sie winselt nach ihren Kleinen, schlüpft in die Höhle. Der Pfeil steckt im Höhleneingang und versperrt ihr den Weg. Sie zerbeißt den Schaft und kriecht weiter bis in den Wurfkessel. Dort liegt ein Welpe zusammengerollt im Schlaf. Sie legt sich daneben, aber sie kommt nicht zur Ruhe.

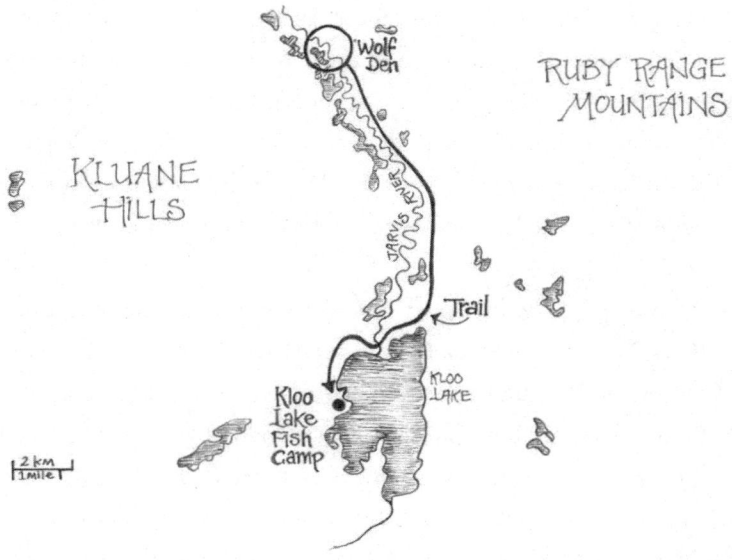

Am 25. Mai 1995 kreiste ich im Hubschrauber über der Wurfhöhle am Jarvis River und horchte auf Signale der Wölfe vom Kloo Lake. Das Piepen vom Senderhalsband der Wölfin war im Kopfhörer kaum zu hören. Sie musste weit weg sein, jedenfalls nicht zu Hause. Der Hubschrauber senkte sich hinab auf eine sumpfige Wiese am Fluss. Ich öffnete die Tür, um zu kontrollieren, ob der Heckrotor frei von den Bäumen war, und reckte den Daumen zum Piloten als Zeichen für OK. Dröhnend setzte der Jet Ranger auf.

Als die Rotorblätter endlich still standen, horchte ich angestrengt. Dan Drummond schälte sich aus dem Sitz. Dann gingen wir zu der Höhle, die zwischen hohen Büschen versteckt lag, umgeben von einigen kleinen Wasserlöchern. Der Höhlenkomplex bestand aus eingebrochenen Gängen, alten Tunnels und überwachsenen Eingängen. Beim Näherkommen schaute ich mich gründlich nach Hinweisen auf Welpen um. Aber da waren keine kleinen Losungshäufchen, auch keine großen von Altwölfen – keine frischen Zeichen. Während ich die alten Wolfspfade kontrollierte, kroch Dan Kopf voran in eine frisch gegrabene Höhle, bis ich nur noch seine Stiefelsohlen sehen konnte. Als er wieder heraus gekrabbelt war, hielt er schmunzelnd etwas in den Händen.

„Das hier steckte in der Wand des Eingangs", sagte er und reichte mir einen kleinen krummen Gegenstand, etwa zehn Zentimeter lang und reichlich gekerbt. Ich sah gleich, dass es mit großer Sorgfalt und Kunstfertigkeit hergestellt worden war. Beide archäologische Laien, spekulierten wir darüber, ob das etwa eine Speerspitze aus Tierknochen war, vielleicht zum Fischen. Dan steckte das Stück in seine Hosentasche und ich dachte nicht weiter darüber nach, bis ich Jahre später Greg Hare traf, einen Archäologen für die Regierung des Yukon.

In seinem Büro zeigte mir Greg seine phantastische Sammlung von Waffen aus dem Holozän. Sie enthielt Dutzende von Artefakten, darunter komplett erhaltene hölzerne Speere, Projektile für die Speerschleuder (atl atl), Bogen, Pfeile und noch andere prähistorische Funde, die in alten Schneefeldern des Yukon geborgen worden waren. Bei näherem Hinsehen erkannte ich mehrere Pfeilspitzen, die starke Ähnlichkeit mit Dans Fund aufwiesen. Als ich Greg davon erzählte, bat er um ein kleines Fragment davon, mit dessen Hilfe er eine Karbondatierung vornehmen konnte. Ich rief Dan an, und so geschah es.

Ein paar Monate später traf ich Greg wieder, und so nebenbei sagte er: „Deine Pfeilspitze ist etwa 850 Jahre alt, sie ist wunderschön erhalten!" Ich war überrascht und zweifelte. „Ich dachte, so was müsste doch längst verrottet sein!" Greg erklärte mir, warum das nicht so war: In dem trockenen und gut ventilierten Höhleneingang war der Pfeil vor Verwitterung geschützt. Er meinte, jemand musste den Pfeil dort hinein geschossen haben. Daraus ergab sich eine Fülle interessanter Folgerungen.

Die Höhle musste seit fast tausend Jahren von vielen Wolfsgenerationen bewohnt worden sein. Mit ähnlichen Datierungsmethoden fanden Forscher auf Ellesmere Island eine Höhle, in der arktische Wölfe über 700 Jahre Welpen aufgezogen hatten. Die lange Nutzungsdauer belegt, dass die Kenntnis dieser Höhlen von Generation zu Generation weitergegeben wird. Sie sind also Gebiete von großer ökologischer Bedeutung. Ich kenne mehr als hundert Wolfshöhlen im Yukon und frage mich, ob nicht manche von ihnen ebenfalls über hunderte, vielleicht sogar mehr als tausend Jahre von Wölfen besetzt waren.

Die wunderschön gearbeitete Pfeilspitze, die Dan aus der Höhle der Jarviswölfe geborgen hatte, ist auch der erste Beleg für eine besondere Aktivität der prähistorischen Menschen –

nämlich das Ausgraben und Fangen oder Töten von Jungwölfen aus bzw. an der Höhle. Ältere Eingeborene haben mir immer wieder davon erzählt, aber niemals dachte ich daran, dass diese Tradition so lange zurück lag. Frühere Generationen der Eingeborenen müssen über die Lage vieler Wolfshöhlen gut Bescheid gewusst haben. Wurfhöhlen werden von Jahr zu Jahr bewohnt, und oft liegen sie in beutereichen Feuchtgebieten (siehe Kapitel 13) – dort haben sich immer auch die Menschen eingefunden, um Nahrung zu gewinnen.

Ältere Eingeborene im Yukon haben mir die gleiche Geschichte immer wieder erzählt: Die Wurfhöhlen wurden ausgenommen, die Welpen lebend eingesammelt oder getötet. Meistens wurde ein Welpe unversehrt in der Höhle belassen, um den Geist der Wölfe zu besänftigen und die handelnden Leute vor bösem Schicksal zu bewahren. Erstaunlicher Weise sind die gleichen Riten auch aus Asien bekannt. In Kirgisien nehmen die Hirten ebenfalls Höhlen aus, lassen aber einen Welpen übrig. Allerdings gehen sie einen Schritt weiter – sie durchtrennen seine Achillessehnen, damit sie der Geist des Wolfes nicht verfolgen kann. Dass die Gewohnheit, Wurfhöhlen auszunehmen, sowohl im Yukon als auch in Asien weit verbreitet war, ist nicht weiter verwunderlich. Die meisten Anthropologen gehen davon aus, dass die ersten Menschen von Asien aus über die Bering-Landbrücke nach Nordamerika kamen. Die Tradition, Wurfhöhlen auszunehmen, hat sich also über Jahrtausende auf beiden Kontinenten erhalten.

Und dafür gab es für die Menschen im Yukon gute Gründe. Die Welpen waren hoch geschätzt bei der Züchtung von Arbeitshunden. Wolf-Hund-Hybriden sind bekannt für ihre physische Stärke und Ausdauer, trotz ihres wilden Temperaments. In seinen Klondikegeschichten erzählt Jack London, dass die Indianer mit solchen Mischlingen vor ihren Schlitten übers Land zogen – große, starke und ziemlich gefährliche Tiere in Londons Schilderungen. Solche Kreuzungen kommen auch heute noch vor, sind aber selten geworden.

Es gab noch einen anderen Grund für die Eingeborenen, Welpen auszugraben: Wölfe waren Beutekonkurrenten. Vielleicht ist das Welpenausgraben die ursprünglichste Form, den Einfluss von Wölfen einzudämmen. Ältere Eingeborene haben mir erzählt, dies sei immer dann üblich gewesen, wenn es wenige Karibus gab und die Menschen Sorge hatten zu verhungern. Der Gedanke, Huftiere durch die Reduktion von Wölfen wieder auf ein höheres Niveau zu heben, ist auch heute eine feste Meinung bei den Eingeborenen (siehe Kapitel 16). Allerdings ist mir nicht bekannt, dass einheimische Jäger in jüngerer Zeit Welpen ausgegraben haben, außer zu Zeiten, als es dafür Prämien gab.

Ron Chambers von der Champagne and Aishihik First Nation erzählte mir, dass das Ausnehmen von Welpen auch zum Schutz der Hunde betrieben wurde. Die Eingeborenen des Yukon waren zu allen Jahreszeiten auf Hunde als Transporttiere angewiesen. Als Packtiere waren sie unentbehrlich bei der Wanderung der Familien zu sommerlichen Fischwassern, zu sommer- und winterlichen Jagdgründen, zum Beerensammeln und zu Gebieten mit Pflanzen, die aus medizinischen Gründen geschätzt wurden. Auf Rückengeschirren transportierten sie getrockneten Fisch und Wildbret zu den Vorratslagern für den Winter. Im Winter zogen sie die Schlitten von Jägern und Fallenstellern. Ohne Hunde war eine nomadische Lebensweise nicht denkbar. Es gibt reichlich Berichte von Wölfen, die nachts über die Camps herfielen und die Hunde umbrachten – die Angst um die Hunde war durchaus real. Die Eingeborenen scheuten keine

Mühe, ihre Hunde zu beschützen. Ohne Hunde waren sie immer in Gefahr zu verhungern. Andererseits wurde der Wolf aber auch als Helfer betrachtet, wenn Hungersnot drohte.

Über die Eingeborenen des Yukon hat die Ethnologin Catherine McLellan zwei lesenswerte Bücher geschrieben. *Part of the Land, Part of the Water* beschreibt ihre Geschichte, und *My Old People Say* ist eine Sammlung von Erzählungen, die die spirituelle Welt und die Mythen der animalistischen Sicht dieser Menschen beinhaltet. Die beiden Bücher enthalten Geschichten über die Position, die *Agay,* der Wolf, in der spirituellen, sozialen und kulturellen Welt der Menschen einnahm. Wie die meisten Tiere, so wurden auch Wölfe getötet und genutzt, aber ihr Fleisch wurde nie gegessen. Die frühen Menschen fertigten Schlingen aus Sehnen und legten Fallgruben an, um Wölfe ihres Fells wegen zu erbeuten. Aber obwohl der Balg als Kleidungsmaterial geschätzt war, so war der lebende Wolf hoch angesehen als Helfer in harten Hungerzeiten und als „Guter Geist." Diese Auffassung vom Wolf als Helfer in Zeiten des Hungers kommt in vielen Geschichten vor.

Bei den Gwitch'in wird erzählt, dass ihre Leute einst den Wolf baten, ihnen bei der Suche nach Karibus zu helfen. Ein Jäger folgte der Fährte eines einzelnen Wolfes, und als er ihn schließlich traf, zeigte dieser ihm durch sein Heulen an, wo die Karibus waren. So führte also der Wolf den hungrigen Jäger zu den Karibus und zu Nahrung. Eingeborene im südlichen Yukon kennen ähnliche Geschichten von einer Einheit Mensch-Wolf, die dazu führt, dass Menschen in harten Zeiten Nahrung finden. Angela Sidney, eine Seniorin der Tagish First Nation, kennt eine Geschichte, wie sich ein Mensch und ein spiritueller Wolf zusammentaten und wie daraufhin der Wolf zur überragenden spirituellen Figur ihres Clans wurde:

„Ein Jäger war zur Jagd auf Karibus ausgezogen. Seine Sippe, die Dakl'awei di, stand vor dem Verhungern. Er fand kein Wild. Lange war er auf den Fährten von Karibus unterwegs, schließlich wollte er sein Nachtlager aufschlagen. Da traf er auf das Camp eines Jungen mit gefärbtem Antlitz und einer Wolfslunte an seiner Kappe. Ein großes Feuer brannte, und der Jäger fragte den Jungen, ob er sich hier zur Ruhe legen konnte. Der Junge sagte ihm, er habe viele Karibus erbeutet und er könne sich nehmen, so viel er wolle. Sie wurden Freunde, und der Junge sagte zu dem Jäger, er gehe weiter, um noch mehr Karibus zu erbeuten. Er überließ ihm seine Schneeschuhe, seinen Bogen und die Pfeile und sagte: „Du bist Wolf, ich bin Wolf. Ich will, dass Du Wolf wirst!" Als der Jäger am Morgen aufwachte, war der fremde Junge fort, und da war weder ein Lager noch eine Feuerstelle. Das einzige, was der Jäger vorfand, war das verlassene Lager eines Wolfes. Mit einer großen Ladung Karibufleisch kehrte der Jäger zurück. Er habe viel Glück gehabt, erzählte er seiner Frau, berichtete von dem Jungen und zeigte ihr die Schneeschuhe, den Bogen und die Pfeile. Der Junge habe ihm gesagt: „Von jetzt an wirst Du glücklich sein!" So ist es gekommen, dass die Dakl'awei di eins sind mit dem Wolf. Das Volk meines Vaters ist eins mit dem Wolf."

Bei den Teslin-Tlingit wird die Geschichte eines Wolfsmenschen erzählt, der Karibukiller genannt wurde, menschliche Gestalt annahm und Karibus für einen alten Mann jagte, der dem Hungertod nahe war. Er verbrachte die Nacht im Lager des alten Mannes, ging aber unter Tränen fort, als der Alte durch ein Missgeschick seine Pfeile verbrannte. Dieser Mythos erklärt die tropfenartige Zeichnung am Kinn von Wölfen. Wie in der Geschichte vorher überlässt der Wolfsmensch dem alten Mann die Karibus, die er erbeutet hat. „Ich will sie nicht. Du wirst mich wiedersehen. Denk' daran – meine Tränen endeten über dem Kinn." In Ehrerbietung für den Wolf trägt auch der Chief der modernen Teslin-Tlingit First Nation ein schwarzes Kopftuch, so wie es dem Karibukiller nachgesagt wird, womit er ausdrückt, dass der Wolf der wichtigste Helfer seines Volkes ist.

Die Auffassung vom Wolf als Helfer ist unter den Einheimischen im Yukon weit verbreitet. Sie rührt daher, dass frühe Menschen nicht selten die Reste von Beutetieren nutzen konnten, die die Wölfe übrig gelassen hatten. Auf diese Weise erfuhren die Wölfe Anerkennung für ihre Fähigkeiten, große Beutetiere zu überwältigen – etwas, das die Menschen sich ebenfalls aneignen konnten. Jungen Hunden wurde das Gesicht mit Wolfsfett eingeschmiert, um ihre Ausdauer zu steigern. Jünglinge mussten frische Wolfshaut essen, damit sie große Strecken laufen konnten. Krieger beobachteten Wölfe und setzten deren Jagdverhalten in magische Kriegsrituale um. Kämpfer der Südlichen Tutchone First Nations* aßen vor ihren Kriegszügen rohes Fleisch von Schneeschuhhasen*, um bei sich selbst die innere Einstellung von Wölfen zu entwickeln. Krieger heulten nach einem siegreichen Gefecht wie Wölfe.

Aber die Einheimischen im Yukon hatten auch Angst vor Wölfen, und das ist bis heute so. Sie sagen, dass ein Wolf Menschen angreifen kann, wenn er hungrig ist – und es gibt Berichte darüber. Leute von den Südlichen Tutchone wissen von einem jungen Mädchen, das auf dem Weg zu einem entlegenen Camp von Wölfen getötet wurde, und von einer alten Frau, die nachts einen zugefrorenen See überqueren wollte und das selbe Schicksal erlitt. Die Kaskaleute im Südosten des Yukon erzählen, Wölfe „go crazy with hunter" und greifen Menschen im Frühjahr an, wenn Wildtiere schwer zu finden seien. Der Wolf wurde immer als Helfer gesehen – aber die Einheimischen haben sich einen gesunden Respekt vor der gefährlichen Natur dieses Raubtiers bewahrt.

Wölfe genossen auch großen Respekt für ihre Intelligenz, sie wurden für ebenso schlau gehalten wie Menschen. Die Tetlit Gwich'in glauben an Re-Inkarnation und meinen, nur der Wolf *(Zhoh)* sei geeignet, die Seele eines Mannes aufzunehmen. Einheimische im Yukon sehen sich mit Wolf und Bär auf gleicher hierarchischer Ebene. Beide, Wolf und Bär, haben besondere Kräfte, sie können die Gedanken von Menschen lesen. Es bringt Unglück, schlechte Dinge über Wolf und Bär zu sagen. Wer einen Wolf tötet, sollte die Seele des Tieres besänftigen, andernfalls muss er mit Unglück rechnen. Eingeborene durchschneiden die Sehnen des Wolfes, um ihn an einer Verfolgung zu hindern. Das erinnert uns an die Tradition der Kirgisen, die aus dem gleichen Grund die Sehnen von gefangenen Welpen durchtrennen. Wenn ein Einheimischer im Yukon einen Wolf geschossen hat, wickelt er ein Büschel Haar von seiner Beute um den Büchsenlauf, andernfalls wird er nie wieder treffen. Aus Angst vor Unglück vermeiden es die Vuntut Gwich'in, einem Wolf ins Auge zu sehen. Andererseits bringen Wölfe jenen Menschen Glück, die sie anständig behandeln. Ein Gwitch'in, der vom Wolf träumt, erkennt in dem Traum ein gutes Zeichen. Wenn mehrere Familienmitglieder einen ähnlichen Traum von Wölfen haben, werden Wölfe zu Beschützern der Familie.

Entschuldigungen gegenüber Wölfen wurden sehr ernst genommen. Da ist die Geschichte, erzählt unter den Teslin-Tlingit, von einer Frau, die einen Wolf getötet hatte. Man gab ihr auf zu sagen: „Vergib mir, Großvater. Entschuldige meinen Fehler. Ich habe Dich nur aus Versehen getötet. Ich bin Dein Enkelkind." In einer anderen Geschichte kamen Wölfe in ein Camp, nachdem eine Frau ein Wolfsfell in die Hütte gebracht hatte.

Ihre Mutter sprach mit den Wölfen und räumte ein, es sei ein Irrtum gewesen. „Sie sagte den Wölfen, dass sie die Sache bedaure und das Fell wieder herausbringen werde. Dann schien es so, als ob ein Wolf dem anderen die Angelegenheit erklärte, und schließlich hörte einer nach dem anderen auf zu heulen, und sie gingen weg."

Bis zum heutigen Tag entschuldigt man sich im Yukon gegenüber Wolf und Bär. Im Juli 1998 war ich in einem Kulturcamp von eingeborenen Jugendlichen, um über Wölfe zu sprechen. Der Redner vor mir sprach über Sicherheitsaspekte im Zusammenhang mit Wolf und Bär. Hin und wieder machte er Witze, manchmal sprach er über die beiden Tiere in ironischem, komödienhaftem Tonfall. Ich meinte, er machte seine Sache gut – bis sich zu meiner Überraschung ein älterer Mann im Publikum erhob und seine Empörung darüber ausdrückte, dass der Referent sich über Bären und Wölfe lustig machte. Er warnte die Zuhörerschaft, dass Bären und Wölfe alles hörten und dass sie nichts vergaßen. Unheil würde drohen, wenn wir uns nicht alle vor dem Geist von Wolf und Bär entschuldigten. Ganz im Stillen bat ich um Vergebung.

Die innige Verbundenheit der Eingeborenen des Yukon mit den Wölfen ist verständlich, wenn man bedenkt, dass beide eine nomadische Lebensweise pflegten. Wölfe ebenso wie prähistorische Yukoner lebten in ähnlichen Familiengruppen, ständig auf Wanderschaft, auf der Suche nach Elchen, Karibus, Wildschafen und anderen Nahrungsquellen. Weil sie häufig nach denselben Beutetieren trachteten, müssen sie sich oft begegnet sein. Die Menschen schauten den Wölfen ab, wie man sich Beutetieren annähern und sie überraschen konnte. So verbesserten sie ihre Chancen fürs eigene Überleben. In schweren Zeiten betrachteten sie Wolfsrisse als Geschenke der Wölfe, und das verstärkte noch das spirituelle Band.

Die intime Verbindung zwischen Wolf und Mensch in der Wildnis des Yukon entwickelte sich über tausende von Jahren. Die Eingeborenen des Yukon teilten ihren Lebensraum mit dem Wolf, sie entwickelten sogar eine gewisse Abhängigkeit von diesem Tier in harten Zeiten. Der Wolf erlangte mythischen Rang, er verlangte großen Respekt, denn die Menschen waren ständig mit der Gefahr konfrontiert zu verhungern, und das Überleben erforderte eine gehörige Portion Glück. Daneben entwickelten die Eingeborenen eine gesunde Furcht vor Wölfen. Sie waren bedacht darauf, Wölfe nicht zu reizen und die sensible Balance zu stören. Das war so bis zum Jahr 1897. Dann aber änderte sich alles für die Eingeborenen und für die Wölfe.

5

Das Urtier schlechthin

Yukon River – Anfang Dezember 1897

Aufmerksam beobachten die Wölfe die hohe Gestalt, die sich langsam durch den dünnen Nebel am mondbeschienenen Flussufer vorwärts bewegt. Der Mann zieht einen großen Schlitten hinter sich her. Andere Männer folgen im tiefen Schnee. Die Wölfe können den keuchenden Atem der Männer hören, so nah sind sie. Der Mann an der Spitze hält inne und ordnet sein Seilgeschirr. Als er ausspuckt, klirrt der gefrorene Speichel auf dem Eis. Auch die anderen bleiben zwischen den riesigen Flusseisblöcken stehen. Ihr Atem bildet einen dichten Eisnebel um sie herum. Ihre bärtigen Gesichter sind unter großen Fellmützen verborgen. Leise besprechen sie ihre nächsten Schritte, dann schlüpfen sie wieder in die Zuggeschirre und setzen ihren Trott flussaufwärts fort. Menschenwitterung setzt sich zwischen den Bäumen fest, als sie an den Wölfen vorbei kommen.

Die Wölfe warten ab, bis die Männer um die Flusskurve und außer Sicht geraten. Das Platschen von Wasser und aufgeregte Rufe dringen an ihr Ohr. Vorsichtig schleicht der Rüde auf die offene Eisfläche und beobachtet flussaufwärts, dort, wo sich ein Chaos aus gebrochenen und verschobenen Eisschollen aufgetürmt hat. Die Schemen der Menschen hasten zu den hohen Bäumen, die das Flussufer säumen.

Plötzlich kracht ein Baum. Das Geräusch zerreißt die kalte, dichte Luft wie ein Peitschenschlag. Erschrocken springt der Wolf zurück in den Wald zu seiner Gefährtin und den Jungen. Alle wenden und ziehen sich zwischen die Bäume zurück, für einen Augenblick verunsichert, was sie tun sollen. Aber die Fähe ist entschlossen zu einer längeren Tour. Sie kehrt zum Fluss zurück und beobachtet. Auch der Rüde bewegt sich langsam zurück auf das Eis, die anderen folgen. Vorsichtig wandern sie in enger Linie über den breiten Fluss.

Es ist das erste Mal in diesem Jahr, dass das Rudel den frisch zugefrorenen Fluss mit den Jungen des Jahres quert. Unter der Eisdecke rumpelt das rasch dahin strömende Wasser. Instinktiv setzen die Jungen ihre Pfoten in die Abdrücke der Eltern – so präzise, dass das Fährtenbild aussieht, als sei hier nur ein einzelner Wolf zwischen den Eisblöcken hindurch gezogen.

Schließlich sind die Wölfe auf der anderen Seite. Der Reihe nach verschwinden sie im dichten Ufergestrüpp. Aber der letzte Jungwolf erfasst den fliehenden Schatten eines Schneeschuhhasen, wirbelt herum und setzt nach. In wilden Zickzacksprüngen flüchtet der Hase zwischen den Eisblöcken davon, den Wolf auf den Fersen. Dann ein Krachen, ein Wasserklatschen, und der Wolf ist verschwunden.

Die Fähe übernimmt die Führung durch den tiefen Schnee. Unter dem Kronendach hoher Fichten geht es sich leichter. Das Rudel wandert flussauf, und plötzlich sind sie gegenüber den Menschen auf der anderen Seite. Ein Feuer brennt. Die Schatten der Männer tanzen vor dem dunklen Hintergrund des Waldes. Harte Geräusche und aufgeregte Rufe dringen herüber, Bäume fallen.

Die beiden Altwölfe schlüpfen unter die dichten Äste einer großen Fichte. Die Jungen verstehen, dass sie für heute genug gewandert sind. In engen Kreisen drehen sie sich auf der Stelle, richten sich ihr Nachtlager. Bald ist die ganze Familie in tiefem Schlaf. Später wird die Wölfin von leisen Stimmengeräuschen wieder wach. Der Rüde ist nicht in seinem Lager. Mit tiefer Nase folgt sie seiner Spur hinunter zum Fluss. Jetzt erst vermisst sie einen der Jungwölfe. Ergebnislos kontrolliert sie die schlafende Gruppe, dann wandert sie zurück in der Spur, die sie gekommen sind, die Nase tief im Schnee. Einer fehlt in der Spurwitterung. Als sie die Stelle erreicht, wo das Rudel ans Ufer gekommen war, ist die Witterung des Vermissten da – aber die Spur geht zurück zum Fluss. Sie folgt ihr, bis sie zu einem Loch im Eis kommt. Hier verschwindet die Witterung. Da hebt sie den Kopf und stößt ein langes Heulen aus.

Der Rüde steht am Ufer und horcht hinüber zu den Männern, der Duft von der Kochstelle steigt ihm in die Nase. Er hört die Wölfin von flussabwärts, hinter ihm antworten die hohen Stimmen der Welpen aus dem dunklen Wald. Rasch sammelt der Rüde die Jungen um sich, dann laufen sie in ihrer Spur zurück. Der Rüde erkennt die Silhouette seiner Gefährtin, den Kopf zum Himmel gerichtet, immer noch heulend. Besorgt schaut er zurück. Die Männer stehen am Ufer im Schein des Feuers, still schauen sie zu den Wölfen herüber.

Die Welpen beginnen zu winseln und suchen die Nähe der Mutter. Der Rüde schließt auf und fällt in ihr Heulen ein, die Welpen schließen sich an. Mit einem Schlag, wie auf Kommando, endet der Chor. Nur das sanfte Murmeln des Wassers unter dem Eis ist zu vernehmen. Die beiden Altwölfe laufen zurück in den Wald, legen eine neue Spur flussabwärts. Das Feuer ist mit mehr Holz gefüttert worden, der Schein ist viel heller, dunkle lange Schatten fallen auf das Eis. Tief im Wald verhält das Rudel für einen Augenblick und horcht zurück, aber nur der dumpfe Ruf eines Uhus ist aus der Ferne zu vernehmen. Die Wölfe tauchen ein ins Dunkel des Waldes.

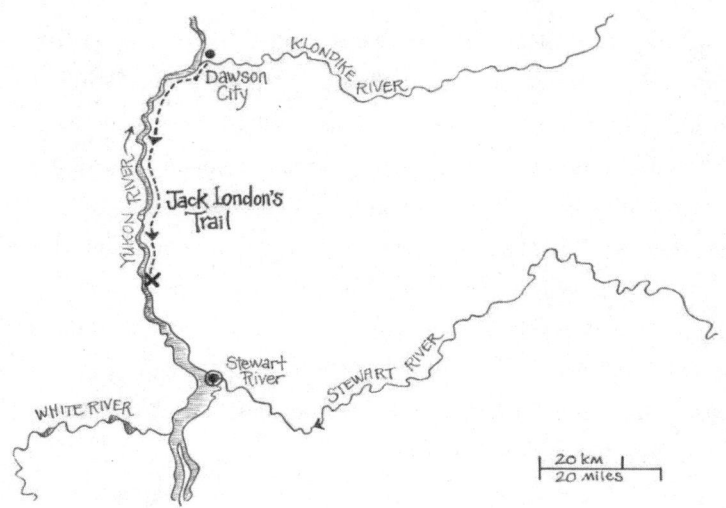

usammen mit ein paar Kameraden wanderte Jack London, ein junger Abenteurer und viel versprechender Schriftsteller, in den ersten Dezembertagen des Jahres 1897 von Dawson City den Yukon River entlang flussaufwärts. Er wollte zu seinem Goldclaim bei Stewart City. Die Kälte, minus 20 Grad Celsius, ging bis in die Knochen. Die vorausgegangenen sechs Wochen hatten die Männer in einem Camp bei Dawson City verbracht, indem sie Claims absteckten, Post empfingen und lasen, Neuigkeiten von draußen aufnahmen, Unterhaltung suchten und sich in der fremden Umgebung einrichteten, so gut es ging. London schrieb kein Tagebuch, die Erlebnisse während der kalten Wanderung am Fluss wurden niemals aufgeschrieben, aber ich kann mir vorstellen, dass die Männer Timberwölfen begegneten, wie ich es oben beschrieben habe.

Londons beste Geschichten über Hunde und Wölfe spielen alle im Klondike-Gebiet im zentralem Yukon. Es sind nicht nur großartige Erzählungen, sie machten auch Millionen Leser auf der ganzen Welt mit der Wildnis des hohen Nordens bekannt.

Wer *Call of the Wild (Ruf der Wildnis)* oder *White Fang (Wolfs-blut)* gelesen hatte, der hatte plötzlich auch eine neue Sicht von Wildnis und von Wölfen. Londons Wolfs- und Wolf-Hund-Persönlichkeiten wurden zu ganz allgemein bekannten Namen – bedeutungsschwere Namen, die die Sicht vieler Leute auf der ganzen Welt beeinflusste. Seine Erzählungen haben meine Hinwendung zur Wildnis schon früh geprägt, seine Bücher befeuerten meinen Wunsch, in den Yukon zu gehen und dort als Biologe zu arbeiten. Freilich konnte ich nicht einmal im Traum hoffen, dass ich einmal Jack Londons „primordial beast", das Urtier schlechthin, erforschen würde.

Wie viel wusste Jack London über Wölfe und über die Wildnis des Yukon? Da ist nicht viel zu erwarten. Lediglich ein Jahr verbrachte er im Klondike, er kam kaum mehr als ein paar Kilometer weg von den Ufern des Yukon. Alles andere als ein eifriger Goldgräber, schwang er nur gelegentlich mal eine Schaufel. 1897, als er in den Norden kam, war er einer unter Tausenden von Träumern, die sich über den Chilkootpass quälten, um im Klondike reich zu werden. Er erwarb einen Claim und schürfte halbherzig vor sich hin. Im langen, kalten Winter erkrankte er an Skorbut, im Frühling 1898 kehrte er zurück nach Kalifornien. Wie werden nie erfahren, ob London überhaupt jemals einen Yukonwolf gehört oder gesehen hat, aber die Details in seinen Erzählungen lassen mich das zumindest vermuten. In jenem Winter hatte er sicherlich Gelegenheit, Wölfe zu hören, er wird auch vielen Erzählungen über Wölfe gelauscht haben – manche davon weit hergeholt – wenn er Nachbarn in Stewart City besuchte. Wie auch immer: Sein kurzer Aufenthalt lieferte ihm reichlich Material für einige der erfolgreichsten Erzählungen der Populärliteratur, die je veröffentlicht wurden.

Londons Auffassung von Hunden und Wölfen wird am deutlichsten in *Call of the Wild* und *White Fang*. Seine Protagonisten waren zu Gedanken, Emotionen und Verhaltensweisen fähig, die sonst nur Menschen eigen sind. Seine Hunde benahmen sich heldenhaft und mitfühlend und repräsentierten so die milde, zivilisierte Seite des Lebens. Wilde Wölfe waren das Gegenteil – sie waren Metaphern für Schonungslosigkeit, Tod, unbarmherzige Wildnis. Er nannte Wölfe „primordial beasts" – primitive ursprüngliche Tiere, die allein mit Hilfe ihrer Instinkte überlebten in einer Welt, die durch ein einfaches Gesetz beherrscht war: „Töte oder werde getötet, friss oder werde gefressen!" Wölfe und Halbwölfe (Mischlinge) kämpften immer bis zum Tod, da gab es kein Halten, kein Nachgeben. Sie kannten keine Gnade, denn Gnade bot keinen Überlebensvorteil. Töten war notwendig und unausweichlich, um in der Wildnis zu überleben, und wenn die Umstände günstig waren, so töteten Wölfe auch Menschen. *White Fang* erwirbt schließlich die mentale Eigenschaft für Liebe, Leidenschaft und Gnade. Aber zuerst wird er schlecht behandelt, und dann muss er gezähmt werden, um zivilisiert zu werden. Für die Literaturkritiker war *White Fang* eine Metapher. London meinte damit, dass der Mensch die Wildnis zähmen müsse.

London selber maß seiner Hundegeschichte offensichtlich keine tiefere Bedeutung bei. Als *Call of the Wild* erschien, priesen Kritiker das Werk als eine gut geschriebene Fabel über den Konflikt zwischen Zivilisation und Wildnis, dargestellt durch die Handlungen und Gedanken von Buck, Londons berühmtestem Caniden-Protagonisten. London erwiderte, sein Buch sei lediglich ein gelungenes Stück und ihm sei nur daran gelegen, dass es gerne gelesen werde. Gewollt oder nicht – Londons Fiktion ist voller Symbolik.

Wenn wir Londons Schriften als eine Allegorie verstehen, so sagt er uns, dass wir von der Wildnis angezogen werden, weil wir Herausforderungen suchen. Die Erfahrungen mit dem Ursprünglichen stärken uns, wir werden erfolgreicher in unserer eigenen Gesellschaft. Es ist gut, ein Held zu werden, denn das bedeutet Erfolg. Wölfe sind das Sinnbild der unbekannten Wildnis, denn sie dulden keine Schwäche. Eine Passage aus *White Fang* beschreibt die Angst des Hundes vor dem Charakter des Wolfes:

„Er ist das Wilde – das Unbekannte, das Furchtbare, das ständig Drohende, das in der Finsternis um die Lagerfeuer der Urzeit lauerte, wo sie (die Hunde), eng ans Feuer gerückt, ihre Instinkte wieder zu schärfen versuchten, um die Furcht vor der Wildnis zu vergessen, aus der sie gekommen waren, und die sie verlassen und betrogen hatten."

In einfacher doch eleganter Prosa legt London den Gedanken nahe, Wölfe seien die Antithese der Zivilisation. Den wilden Wechseln der Wölfe zu folgen bedeutet „… zurück zu gehen in den Mutterleib der Zeit", wo die Jagd und das Überleben von einem Tag zum anderen das Ein und Alles ist, das zählt.

Londons heroische Hundegeschichten beinhalten unmögliche Reisen mit extremen Beanspruchungen, voll von Misshandlungen und Hass von Seiten böser Männer. Böses Verhalten ist Hunden oder Hund-Wolf-Mischlingen vorbehalten, die von Menschen schlecht behandelt worden sind. Wilde Wölfe dagegen töten nur um zu überleben, niemals aus schlechten Beweggründen.

Londons Wölfe repräsentieren auch das menschliche Bedürfnis nach einer rein gefühlsmäßigen, heldenhaften Verbindung mit der Natur – ein Thema, das in der Jagdliteratur um die damalige Jahrhundertwende verstärkt aufkam. Ebenso wie der passionierte Jäger Theodore Roosevelt war auch London fasziniert von der urtümlichen Neigung, die Bequemlichkeiten der Zivilisation hinter sich zu lassen und wilde Tiere in sportlicher Art zu verfolgen und zu jagen. Londons Wölfe waren die echten Jäger. In den letzten Kapiteln von *The Call of the Wild* unternimmt Buck wie magnetisch angezogen immer weitere Jagdausflüge in die Wälder, weg vom Leben in der Hütte:

„Der Durst nach Blut wurde immer stärker. Er war ein Killer, ein Wesen, das tötete, das von lebenden Wesen lebte, ohne Unterstützung, allein, nur mit seiner eigenen Kraft und Stärke, triumphierend über eine feindliche Umwelt, in der nur die starken überlebten. So entwickelte sich großer Stolz in ihm, und dieses Gefühl, wild zu sein, überfiel ihn wie eine Ansteckung.“

London scheint damit zu sagen, dass ein ethisch korrekter, ehrlicher Jäger den größten Respekt der Gesellschaft verdient.

Wenn wir Dichtung und Wahrheit in seinen Geschichten voneinander trennen wollen, sollten wir zunächst akzeptieren, dass Jack London nicht akkurate Biologie im Sinn hat, sondern Unterhaltung. Die ersten Kapitel in *White Fang* sind große Erzählung, weil sein Stil so gut ist und die Wolfsbiologie so abwegig. Es beginnt mit zwei Männern, die einen Hundeschlitten durch den Wald ziehen. Auf dem Schlitten ist ein Sarg mit einem Toten. Sie werden von einem großen Rudel von vierzig halb verhungerten Wölfen angegriffen, geführt von einem schlauen Wolf-Hund-Mischling, der die Schlittenhunde einen nach dem anderen weg lockt in einen brutalen Tod. Dann attackieren und töten die Wölfe die beiden Männer, denen die Patronen ausgehen. In dieser Erzählung ist ein bisschen Wahrheit und sehr viel Fiktion. Es gibt reichlich Berichte von Wölfen, die angekettete Hunde hinter der Hütte umgebracht haben; das passiert regelmäßig im Yukon. Aber soweit die Leute zurück denken können, ist nie ein Mensch im Yukon von Wölfen getötet worden. Eine mir bekannte Frau ist von einem einzelnen Wolf verfolgt worden, konnte ihm aber entkommen, indem sie um einen großen Felsblock herumlief. Wahrscheinlich interessierte sich der Wolf weniger für sie als für ihren Hund, doch das ist nicht bewiesen.

Stellen wir uns mal vor, London gibt sein Manuskript von *White Fang* heute an einen Verleger, der Wert auf fachliche Korrektheit legt. Die Geschichte wäre mit Sicherheit weniger unterhaltsam. Londons Megarudel von vierzig hungrigen Wölfen wäre viel kleiner. Denn wenn die Nahrung knapp wird, lösen sich Wolfsrudel in kleine Gruppen auf oder die Tiere jagen allein. Bei knapper Nahrung bleibt einem großen Rudel nicht genug, damit alle satt werden. Indem sie sich trennen, können die Wölfe mehr Raum nach Beute durchkämmen. In kleinen Rudeln ist auch die Gefahr kleiner, dass Wölfe bei Streitigkeiten um Nahrung getötet werden – eine nicht so seltene Todesursache unter Wölfen, sogar wenn sie gut ernährt sind. Eine fachlich bereinigte Version von *White Fang* würde natürlich auch auf einen Hybriden verzichten, der den Angriff leitet. Ein Hybride hat keine Ahnung von den komplexen sozialen Verhaltensmustern, die ein Überleben überhaupt ermöglichen, und er hat niemals die Autorität, eine Gruppe seiner wilden Verwandten zu führen. Die korrekte Story hätte bestenfalls ein paar hungrige Wölfe zu bieten, die den Männern eine kurze Zeit lang folgen, ihnen, während sie schlafen, den einen oder anderen Hund stehlen, und dann weiterziehen auf der Suche nach weniger gefährlicher Beute. Das wäre ein korrekte, allerdings kaum eine spannende Geschichte.

Der Verleger würde auch Londons Versuch in Frage stellen, den riesigen Bernhardiner-Husky-Mischling Buck in *The Call of the Wild* zu einem Wolf zu machen. Buck hätte große Schwierigkeiten, um ein Mitglied in einem Wolfsrudel zu werden oder gar eine Führungsrolle zu übernehmen. Londons Buck ist nichts anderes als ein Hund aus Menschenumgebung. Die Wölfe hätten ihn umgebracht, bevor er je Zeit gefunden hätte, die komplexen sozialen Verhaltensweisen innerhalb eines Wolfsrudels zu verstehen.

Buck hätte auch physische Probleme gehabt. Mit fast siebzig Kilogramm war er deutlich schwerer als ein durchschnittlicher Wolf. Wenn sie nicht gerade schlafen, sind Wölfe unterwegs, immer in Bewegung. Sie laufen auf großen, breiten Pfoten, die sie auf dem tiefen Schnee tragen. Sie haben einen schmalen Köperquerschnitt und hohe Läufe, gute Voraussetzungen also, um in tiefem Schnee mit geringem Energieaufwand hintereinander in der Spur zu laufen. Bucks breite Brust und sein hohes Gewicht hätten ihn im tiefen Schnee schwer behindert, nach wenigen Kilometern in der Spur des Rudels wäre er erschöpft gewesen. Nach kaum mehr als einem Tag hätte er den Kontakt zum Rudel verloren, dem Hungertod preis gegeben. Im Yukonwinter hätte er keine Chance gegen Elch oder Karibu gehabt. Die einzige Möglichkeit zu überleben hätte darin bestanden, einen Menschen zum Freund zu gewinnen, der sich um ihn gekümmert hätte. Das ist die biologische Realität.

Dennoch hat London in seiner Erzählung bei einigen biologischen Einzelheiten ins Schwarze getroffen. So ist die Schilderung, wie Buck einen verletzten Elchbullen tötet, glaubhaft. Ich habe mehrmals beobachtet, wie einzelne Wölfe tagelang einen Elch verfolgten und bedrängten, bis sie ihn tödlich verwundeten. Wie man das macht, findet Buck heraus, indem er ein paar Wochen lang Erdhörnchen jagt. Ein Wolf lernt das, indem er seinen Eltern zuschaut, wie sie wieder und wieder große Beutetiere erlegen. Bis er zwei Jahre alt geworden ist und das Rudel verlässt, hat er mehr als hundertmal aus bester Zuschauerposition beobachtet, wie ein Beutetier überwältigt wird. Diese Lektionen sind von entscheidender Bedeutung für einen Wolf. Ohne solches Training vermute ich, dass Buck von den Hufen eines Elchs erschlagen worden wäre – es sei denn, er hätte sich wieder den Erdhörnchen zugewandt.

London beschreibt recht gut das Leben von *White Fang* als neugeborener Welpe und die Chronologie seiner Entwicklung an der Höhle. Er verliert seine Geschwister kurz nach der Geburt, sie verhungern. London liegt richtig, wenn er den Hungertod der Welpen mit dem Tod des Vatertieres in Verbindung bringt. Solange eine Wölfin wegen ihrer kleinen Welpen an die Wurfhöhle gebunden ist, ist sie auf den Rüden angewiesen, um satt zu werden und ihre Welpen zu stillen. Der Tod des Rüden hat in der Regel den Tod der Welpen zur Folge. Fast achtzig Prozent der Welpen im Yukon sterben in ihrem ersten Lebensjahr an Hunger und Unfällen oder durch andere Raubtiere.

Dank Schriftstellern wie London sehen wir heute den Wolf als die Verkörperung von Wildnis schlechthin. Wo Wölfe fehlen, fehlt auch ein entscheidender Faktor, der andere Wildtierpopulationen in Schach und natürliche Ökosysteme in einer dynamischen Balance hält. Ein gutes Beispiel dafür ist das Unternehmen Mitte der 1990er Jahre, Wölfe im Nationalpark Yellowstone im Westen der USA wieder anzusiedeln. Ohne Wölfe war Yellowstone für viele Menschen unvollständig. Mit seiner Klondike-Erzählung legte London das Fundament für die Ansicht, dass Wölfe in einer echten Wildnis eine essentielle Rolle spielen.

In der Verwendung des Wolfs als Allegorie für Wildnis war Robert Service fast ebenso einflussreich wie London. Service hat einige der populärsten Gedichte englischer Sprache verfasst.

Und ebenso wie London lebte er während des Klondike Goldrush im Yukon. *The Land God Forgot* ist eine der anregendsten Wildniserzählungen, die ich kenne, es war das Lieblingsgedicht meiner Mutter. Es beschreibt die Schönheit, Niedergeschlagenheit und Verzweiflung in einem Land, das in der winterlichen Finsternis versinkt und in dem die Hoffnung erstirbt. In den beiden letzten Strophen führt Service den Wolf ein: als Metapher für kommende Einsamkeit und Hoffnungslosigkeit:

So gaunt against the gibbous moon,
piercing the silence velvet-piled,
a lone wolf howls his ancient rune,
the fell arch-spirit of the Wild.
O outcast land! O leper land!
Let the lone wolf-cry all express
the hate insensate of thy hand,
thy heart's abysmal loneliness.

Das Heulen des Wolfes verkörpert den Schrecken der Winternächte. Diese wundervolle Dichtung konnte nur einer schreiben, der das schwindende Sonnenlicht am Ende eines lichtarmen Dezembertages im Yukon selber erlebt hat. Obwohl Service nie ein Stück nur über Wölfe geschrieben hat, kommt der Wolf immer wieder, wenn auch sparsam, in seinen besten Werken vor. In *The Law of the Yukon* verwendet Service den Wolf als Parabel dafür, wie die Wildnis die Schwachen bricht:

Staggering blind through the storm-whirl,
stumbling mad through the snow,
frozen stiff in the ice-pack,
brittle and bent like a bow;
featureless, formless, forsaken,
scented by wolves in their flight,
left for the wind to make music,

through ribs that are glittering white;
gnawing the black crust of failure,
searching the pit of despair,
crooking the toe in the trigger,
trying to patter a prayer.

The Heart of the Sourdough ist Service's Ode an die
Cheechakos (Grünhörner), die Männer und Frauen, die ihren
ersten Winter im Yukon verbrachten. Die Dichtung ist aufrühre-
risch und heroisch, schließlich aber fatalistisch. Die Männer
mögen gelegentlich triumphieren, aber die Wildnis gewinnt
immer – auch über die Stärksten. Auch hier erscheint der Wolf
als Wildnissymbol. Schon in den ersten Zeilen wird der Kampf
auf Leben und Tod festgelegt:

Dort, wo die mächtigen Berge ihre Fänge dem Mond entgegen blecken ...

Das Gedicht zelebriert unser Verlangen nach Wildnis und
unser unweigerliches Versagen beim Versuch, dort zu überleben:

Then when, as wolf-dogs fight, we've fought,
the lean wolf-land and I;
fought and bled till the snows are red
under the reeling sky;
even as lean wolf-dogs go down
will I go down and die.

Dank Robert Service und Jack London ist der Yukon ein
Mythos für Wildnis geworden, und der Wolf ihr tierischer Charakter, ihr animalisches Symbol. Unabhängig voneinander schufen beide den Wolf als die Allegorie eines harten, unbarmherzi-
gen Landes, das ebenso gefährlich ist wie schön. Für Millionen
Leser und Sesselabenteurer rund um die Welt hat die mythische
Verbundenheit von Wölfen und dem Yukon überdauert, so dass
heute Touristen von überall ins Land kommen, um etwas davon

zu erfahren. Londons Erzählungen und Service's Dichtung erwecken in vielen den Wunsch, in den Yukon zu reisen. Viele Europäer kommen, um eine Wildnis zu spüren, die bei ihnen zu Hause schon vor Jahrhunderten verschwunden ist. Das Bewusstsein, dass in dieser Wildnis Wölfe leben, ist ein essentieller Teil der Erfahrung vieler Gäste aus anderen Ländern. Das ist es auch, warum ich in den Yukon gezogen bin und warum immer noch Leute hier herziehen, um hier zu leben.

Für die meisten, die in den frühen 1900er Jahren in den Yukon kamen und hier ihr Glück machen wollten, war der Wolf allerdings bloß irgend ein wildes Tier, das man wegen seines Fells jagen oder fangen konnte. Die Menschen, die nach dem Klondike *Goldrush* im Lande blieben, verteilten sich über das ganze Territorium. Sie bauten Häuser, arbeiteten irgendwas, jagten Großwild, fischten, fällten Holz und stellten Fallen, alles fürs reine Überleben. Ein guter Winterwolfsbalg war nützlich für einen Parka und andere warme Kleidung. Diese einfache Subsistenzsicht auf den Wolf änderte sich, als sich die Welt für den ersten großen Krieg rüstete. Ohne es zu wissen, standen auch die Wölfe in der Wildnis von Nordamerika vor ihrem eigenen großen Kampf. Denn nach dem Klondike *Goldrush* wurde der Yukon zu einem der berühmtesten Jagdgründe von Trophäenjägern. So traf der Wolf auf einen neuen Konkurrenten, der keinerlei Interesse daran hatte, etwas mit ihm zu teilen.

b

Eine Prämie für Pelze

Clarence Lagoon – März 1928

Es ist eisig kalt, aber er muss heute auf die Jagd gehen. Im Sommer hat er sieben Karibus geschossen und die langen Fleischstreifen auf den großen verwitterten Stämmen getrocknet, die auf dem Strand vor seinem Holzhaus liegen. Das Fleisch ist fast aufgebraucht. Zehn Karibus hätte er diesen Winter mehr erbeuten sollen, aber er hat keine gesehen. Er ist niedergeschlagen, spürt das stille Leiden seiner Frau. Seine Kinder schlafen noch in dem Haus, das er aus verwitterten

Stämmen, Planken und Hölzern gebaut hat, die am Strand ange-
trieben waren. Er weckt seine Frau. Wortlos taucht sie aus einem Knäuel von Karibufellen und schweren Wolldecken auf,
kleidet sich an und heizt den Kanonenofen. Bald ist es wohlig
warm.

Er steht auf, als es warm ist, zieht sein dünnes Karibuhemd
an und stülpt sich den Anorak über den Kopf. Der Anorak ist
alt, das Fell gebrochen und abgenutzt. Bald muss ein neuer Anorak her. Vielleicht hat er ja heute Glück und erlegt ein Karibu.
Er zieht die Lederhose über die dicke Wollunterwäsche und
schlüpft in Wollsocken und Robbenfellmukluks.

Den Ort hier in der Nähe von Alaska nennen die Weißen
Clarence Lagune. Die unsichtbare Grenze, die durch
Demarcation Point verläuft, hat ihn nie gestört. Sein
Inuitdialekt ist Uummarmiutun, aber er spricht auch Englisch
wegen der vielen Walfänger, die zwanzig Meilen entfernt auf
Herschel Island leben. Die Walfänger sind weg, aber es gibt dort
noch einen Laden und einen Polizeiposten. Einige Inuvialuit-
Familien haben sich aus dem Treibholz, das von der Mündung
des Mackenzie Rivers schließlich an der kargen Küste des
Yukon landet, Häuser gebaut. Sie leben hier, weil die Lagune im
Sommer von Felchen, Forellen und Saiblingen wimmelt, die
zum Ablaichen kommen. Außerdem gibt es jede Menge Treibholz, um Häuser zu bauen und zu heizen. In Ufernähe leben
Robben, und tausende Karibus der Porcupineherde tummeln
sich im Sommer mit ihren Kälbern auf der Ebene nahe der
Küste. Einige Meilen südlich kann man in den Bergen Beeren
sammeln. Im Sommer ein Paradies, im Winter manchmal ein
Ort zum Verhungern.

Nur die besten Trapper und Jäger leben entlang der Yukon-
Küstenebenen. Meeresstürme, die ohne Vorwarnung hereinbre-

chen, machen das Reisen gefährlich. Stürme und Orkane jagen riesige Wellen über die Strände, die Häuser in hundert Meter Entfernung überschwemmen. Hier kommen Berge und Ozean zusammen. Dies ist der Grund für das unberechenbare und harte Klima. Er war selber mal in einem solchen Sturm an der Küste gefangen, konnte aber in eine Schutzhütte fliehen, die sein Volk für diese Notfälle gebaut hatte.

Seit November war er auf Fuchsjagd, hat aber keinen einzigen erlegt. Eine Krankheit hatte sie alle hingerafft. Obwohl er von der Lagune aus in alle Richtungen sucht, findet er weder Füchse noch Vielfraße oder Karibus. Seine Hunde sind am Verhungern. Sie liegen draußen und bellen, als es heller wird. Sie erinnern ihn daran, dass er als Jäger versagt hat. Der Vorrat an getrocknetem Fisch vom letzten Sommer ist gefährlich geschrumpft. Für seine Familie und seine Hunde muss er heute unbedingt erfolgreich sein.

Der lange Schlitten ächzt und knarrt, während er über den windgepeitschten Schnee rumpelt und schlittert. Spuren sind auf der vereisten Oberfläche kaum zu sehen, aber seit seiner Kindheit sind seine Augen darauf trainiert, kleinste Zeichen im Schnee zu erkennen, die auf Lebewesen hinweisen, die vor kurzem hier vorbeizogen – der Abdruck einer Fuchspfote, die Spur eines Karibus oder das Trittsiegel eines Wolfes.

Plötzlich stoppen die Hunde und schnüffeln aufgeregt am Boden. Seine Augen folgen den Abdrücken, die die windgepeitschte Schneedecke durchbrechen und sich in der Ferne verlieren. Er kniet nieder, um die Feinheiten zu erkennen. Die Abdrücke sind kaum unterscheidbar, aber es sind viele. Es ist ein großes Wolfsrudel. Mit den Fingern spürt er den harten Abdruckrand. Sie sind nach Süden in die Berge gezogen. Zurück beim Schlitten hört er den matten Ruf eines Raben irgendwo weiter entfernt. Er zieht seine mit Vielfraßpelz gefütterte Kapuze ab und lauscht. Wieder hört er den Ruf und merkt sich den Punkt am Horizont. Raben können ihm anzeigen, dass ein Wolf ein Tier gerissen hat, es kann aber auch gar nichts bedeuten. Er lenkt die Hunde auf die Wolfsspur und folgt ihr quer über die Ebene zu den Bergen am Horizont.

Als der Schlitten über das glatte, türkisfarbene Eis rattert, verschwindet vorne am Bach ein grauer Wolf. Er hat den Schlitten bemerkt, aber das war nicht zu vermeiden. Drei Raben gleiten aufgeregt rufend den windstillen Kamm entlang. Wölfe und Raben – das bedeutet, dass Karibus in der Nähe sind. Die Nerven gespannt sucht der Jäger den Schnee entlang des Baches nach Karibuspuren ab, aber er findet keine. Vorsorglich zieht er seine 30:30 Winchester aus dem Leinenfutteral, das auf dem Schlitten festgeschnallt ist, legt eine Patrone in die Kammer und spannt den Abzug. Der Schlitten holpert lärmend über das Eis um eine Bachwindung. Da nimmt er aus dem Augenwinkel eine Bewegung wahr und entdeckt Wölfe hoch oben am Hang zu seiner Rechten. Es sind sechs. Einige Sekunden später erscheinen fünf weitere. Sie sind sechshundert Meter entfernt – zu weit für einen Schuss. Die Wölfe sind hell, fast weiß, und er wünscht, sie wären näher. Die weißen sind die wertvollsten für Parkablenden. Für zwei Felle könnte er einen Monatseinkauf im Herschel Island Store erledigen. Er schaut ihnen nach, wie sie mit ihrem wertvollen Fell über dem Gebirgskamm verschwinden.

Das aufgeregte Gezeter der Raben lenkt seinen Blick zurück zu dem Bach vor ihm. Drei Kadaver von Karibukühen liegen dort. Das Fleisch vollständig abgenagt, die Felle in Fetzen und unbrauchbar. Die Beinknochen sind aufgebrochen, das Mark rausgesogen. Zwei Schädel sind es wert, mitgenommen zu werden. Mit einer kleinen Axt trennt es sie ab und verstaut sie unter dem Leintuch auf dem Schlitten. Bei dem Geruch rasten die Hunde völlig aus. Sie heulen und bellen, hungrig in Erwartung von frischem Fleisch. Zwei fangen an, miteinander zu raufen. Er rennt hin und schlägt hart auf sie ein, um die Kampfhähne zu trennen.

Mit dem Hundegespann folgt er dem Bach aufwärts, um Karibus zu suchen. Zu dieser Jahreszeit kommen sie vom Sonnenaufgang her, über die leicht passierbaren schneefreien Bergkämme. Aber seit dem letzten Sommer hat niemand Karibus in diesen Bergen gesehen. In seinen fünfunddreißig Jahren hier kann er sich nicht an einen einzigen Winter erinnern, in dem die Karibus nicht doch endlich kamen. Auch jetzt sind Karibus hier, und es müssen noch mehr kommen – viel mehr.

Durch den flachen Schnee gleitet der Schlitten das enge Tal entlang. Bald schon verliert sich das Eis des Baches. Er fährt quer zum Berghang, immer darauf bedacht nicht umzukippen. Winterstürme haben den Schnee auf dem Bergkamm weggeblasen. Gerade rechtzeitig, bevor die Meute ins Fels- und Steingeröll gerät, stoppt er den Schlitten. Mit dem Beil treibt er einen Haken tief in den gefrorenen Untergrund, um den Schlitten zu sichern. Geduckt geht er vorsichtig weiter, die geladene Waffe im Arm. Auf dem Kamm angekommen, eröffnet sich das ausgedehnte Tal des Malcolm River. Aufmerksam sucht er das Gebiet mit den Augen nach Spuren und Tierbewegungen ab. In der weit entfernten Talmitte macht er dunkle Gestalten aus, die sich über den glitzernden Schnee bewegen. Es sind Wölfe. Er erkennt das an ihrem leichten Trab, ihrem langen Körper und der niedrigen Gestalt. Sie sind weit weg, er kann sich nicht annähern, ohne entdeckt zu werden. Sie folgen einer breiten Karibuspur vom First River kommend nach Osten. Er lässt sich auf einem Stein nieder, kramt sein kleines Fernglas aus der Jacke und stützt seine Ellenbogen auf den Knien ab. Es sind fünfzehn Wölfe – sieben schwarze und acht graue. Er sucht das ganze Tal ab, doch Karibus kann er nicht entdecken.

Was kann er tun? Die Sonne steht im Zenit, in zwei bis drei Stunden könnte er in Schussdistanz sein. Er prüft den Horizont nach der Wetter- und Windentwicklung. Wolkenloser Himmel, der Wind kommt von Süden, von den Wölfen her. Es ist gerade genug Zeit, wenn alles klappt. Also bereitet er sein Hundegespann für die Verfolgung vor.

Plötzlich hört er ein Heulen dicht hinter sich. Im unteren Flusstal sieht er durchs Fernglas ein weiteres Rudel Wölfe. Es sind neun Tiere, die sich einige hundert Meter entfernt von einem gerade gerissenen Karibu ausruhen, einen Kilometer unterhalb seiner Position nahe dem Flussufer. Schnell stopft er das Fernglas unter die Schlittendecke und manövriert sein Gespann unterhalb des Bergkamms in Deckung. Vorsichtig schubst er den Schlitten vorwärts, immer darauf bedacht, dass die Hunde nicht beginnen zu bellen oder zu jaulen. Ein leichter Wind bläst ihm von den Wölfen her entgegen – perfekte Jagdbedingungen. Er hält sich unterhalb des Kammes, außerhalb der Sicht des Rudels. Auf halbem Weg stoppt er das Gespann. Er öffnet die Leinenhülle des Schlittens und zieht ein weißes Leintuch heraus. Auf Händen und Knien robbt er über die Steine und späht über den Kamm nach den Wölfen. Fünfhundert Meter unterhalb ist das Rudel. Drei Wölfe schlafen auf der offenen Fläche direkt neben dem Riss, ein weiterer auf seiner Flussseite. Der Rest des Rudels ist bergauf gezogen.

Er entfaltet das Tuch, stülpt es sich mittig über den Kopf und geht langsam bergab. Fast eine Stunde benötigt er für den Weg über den flachen Schnee bis zu einer Buschreihe am Fluss. Alle paar Meter hält er inne, um die Wölfe nicht auf sich aufmerksam zu machen. Als er sich der Talsohle nähert, kriecht er über einen Hügel mit einer Wurfhöhle, wo er unzählige Male auf seinen Reisen in diese Berge vorbei gekommen ist. Die Höhle ist frisch ausgegraben. Die Wölfe vor ihm werden hier bald Welpen aufziehen. Ein gutes Zeichen, weil dann bald auf diesen Hügeln Karibus ihre Kälber zur Welt bringen werden und es ein guter Sommer für die Jagd sein wird. Etwa zweihundert Meter ist er jetzt vom nächsten Wolf entfernt, teilweise verdeckt von einem großen Felsen. Nah genug für einen Schuss. Da erkennt er aus dem Augenwinkel, wie zwei schwarze Wölfe hinter einem kleinen Hügel auftauchen, zu dem Karibu gehen und zu fressen beginnen. Er legt das Gewehr an und nimmt den nächsten Wolf ins Visier.

Leises Gebell der Hunde durchbricht die arktische Stille. Die Wölfe hören auf zu fressen und schauen aufmerksam zum Bergkamm hinter ihm. Der eben noch schlafende Wolf erhebt sich und spitzt die Ohren. Seine jahrelange Jagderfahrung bricht durch. Er fällt in einen schnellen, kontrollierten Trab. Die beiden schwarzen Wölfe drehen sich breitseits und bieten kurz ein perfektes Ziel. Wölfe kennen den Unterschied zwischen bellenden Hunden und ihrer eigenen Art nicht, so nutzt er ihre Neugierde: Die Winchester auf einem Felsen aufgelegt, nimmt er einen Wolf ins Visier, zielt sorgfältig und drückt ab. Das Echo des Schusses hallt von den Berghängen wider. Mit einem dumpfen Geräusch trifft die Kugel, der Wolf krümmt sich am Boden zusammen. Er repetiert und feuert auf den zweiten, der ihn direkt ansieht. Gerade als er sich zur Flucht wendet, trifft ihn die Kugel im Schulterbereich. Er taumelt, stolpert und bricht leblos auf dem blauen Eis zusammen.

Der Jäger schwenkt den Lauf herum auf den flüchtenden dritten Wolf. Ein schwieriger Schuss. Mit dem Zeigefinger am Abzug wartet er ab. Vielleicht bleibt er kurz stehen, um sich umzuschauen – aber in welcher Entfernung? Vierhundert Meter entfernt hält das Tier auf der offenen Ebene an. Er zielt einen Meter über den Wolfsrücken und einen halben Meter nach links wegen des starken Südwindes und feuert. Der Wolf bäumt sich auf und fällt rückwärts in den festen Schnee. Der Jäger steht auf und schaut über die Felsen nach den anderen Tieren. Drei weit entfernte Wölfe rennen am Rand des schimmernden Flusseises entlang. Drei weitere nehmen den Weg in Richtung des linken Bergkamms und verschwinden.

Zurück auf dem Bergrücken findet er seine Hunde schlafend. Sie verfallen in wildes Gebell, als er näher kommt. Er löst den Schlitten und lenkt sein Team vorsichtig den Hang hinab zum Fluss. Vorbei an Felsbrocken und über glattes Eis erreicht er den ersten Wolf, zieht sein Jagdmesser und öffnet vorsichtig den Bauch, darauf bedacht, den mit Karibufleisch prall gefüllten Magen nicht zu beschädigen. Er durchtrennt das Zwerchfell, greift mit der Hand hoch in den Schlund und entfernt mit einem einzigen Schnitt die dampfenden Innereien. Den Kadaver füllt er mit Schnee, um ihn abzukühlen. So wird das wertvolle Fell erhalten. Beide Wölfe schafft er zum Schlitten, den er ebenfalls mit Schnee füllt. Die Plane lässt er offen, damit die Kadaver abkühlen können.

Dann überquert er den Fluss zum dritten Wolf. Es ist eine Wölfin, sie lebt noch. Die Kugel hat die Wirbelsäule getroffen. Sie hebt den Kopf in Richtung des Gewehrlaufs, unfähig aufzustehen. Die vierte Kugel trifft sie hinter dem Ohr und macht dem Leiden ein Ende. Der Jäger weidet auch dieses Tier aus, füllt es mit Schnee und hebt es auf den Schlitten. Dann reibt er sich die Hände mit trockenem Schnee ab, zieht die großen Handschuhe über und stellt sich hinten auf die Schlittenkufen.

Für den Heimweg über den Berg ist die Ladung für die Hunde zu schwer. Deshalb entscheidet er sich für die längere Route entlang des Malcolm River. Im Osten steigt die Mondsichel am Himmel auf. Ihr fahles Licht wird ihm helfen, den Weg durch die Steppe zu finden. Die Sonne ist untergegangen, als er den letzten Hügel erreicht, aber einige Reisestunden im Zwielicht bleiben ihm. Gerade als er die Hunde vom Flusseis führen will, nimmt er rechts eine Bewegung wahr.

Ein großer Karibubulle kommt direkt auf ihn zu gerannt, verfolgt von vier Wölfen zweihundert Meter hinter ihm. Der Bulle ist erschöpft, die Zunge hängt ihm weit aus dem Maul. Das Tier steuert den windgepeitschten Grat an, um die Wölfe bergauf abzuhängen. Weder der Bulle noch die Wölfe nehmen ihn wahr.

Nur Sekunden bleiben ihm. Er reißt das Gewehr aus dem Futteral und legt an. Er zielt nach links auf den Bullen, der den Fuß des Grates erreicht und den Hang erklimmt, Schnee und Gestein lostretend. Er rennt um sein Leben. Die Wölfe sind nur wenige Meter hinter ihm, als der Schuss die Stille zerreißt. Der

Schuss geht fehl. Die Wölfe werfen sich herum, brechen die Verfolgung ab und verschwinden hinab zur Ebene. Er legt das Gewehr auf dem Schlitten an, der erste Schuss ist zu tief und geht fehl, aber mit dem zweiten bringt er den letzten Wolf nieder. Die anderen rennen in die dämmrige Ebene und sind nach einigen Minuten außer Sicht.

Einige Zeit steht er da, die Fäuste in die Hüften gestemmt, und schaut den verschwindenden Wölfen nach. Er hat viel von ihnen gelernt, er bedankt sich beim Geist der Wölfe für eine erfolgreiche Jagd.

Zurück beim Schlitten schnalzt er mit der Zunge, und sein Team bringt das schwere Gefährt in Bewegung. Kurz hält er an, um den letzten Wolf auf den Schlitten zu legen. Wenn der Mond hinter Herschel Island untergeht, wird er endlich zu Hause sein. Morgen wird er dort zum Laden gehen, um die dringend benötigten Lebensmittel für seine Familie zu kaufen. Endlich ist er wieder ein erfolgreicher Jäger. Er stülpt sich seine Kapuze über und das Gespann gewinnt an Geschwindigkeit.

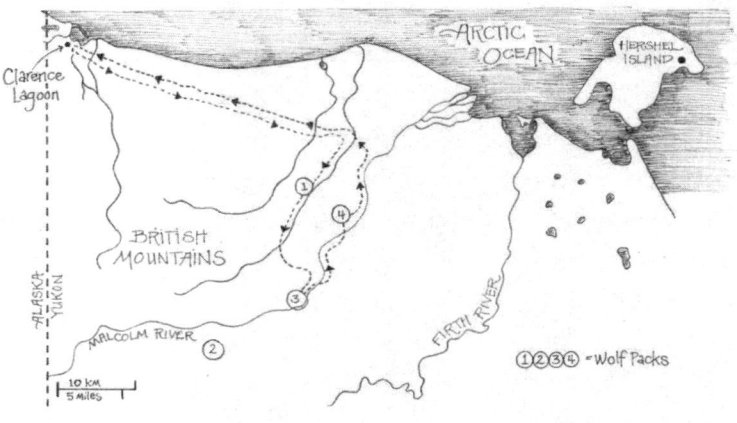

Dieser fiktiven Geschichte liegt ein Brief des Konstablers Kemp von der Royal Canadian Mounted Police (RCMP) zu Grunde, der 1928 auf Herschel Island im Norden des Yukon stationiert war. Laut Kemp waren in den Bergen südlich der Insel viele Karibus von Wölfen gerissen worden. Die lokalen Jäger der Inuvialuit (ein Stamm der Inuit) hatten den ganzen Winter lang nicht ein einziges erlegt, und auch die Ausbeute an Pelzen war mager. Kemp schreibt: „Ein Eingeborener von Clarence Lagoon berichtet, dass er bei einer Karibujagd nur ein einziges gesehen habe, dass er aber mehrere gefunden habe, die von Wölfen gerissen worden waren. Auf diesem Jagdausflug habe er nicht weniger als vierzig Wölfe gesehen." Kemp schließt seinen Brief mit der Empfehlung, Prämien für getötete Wölfe auszugeben. Der Brief unterstreicht einen drastischen Einschnitt in der Einstellung gegenüber Wölfen. In den ersten beiden Jahrzehnten des 20. Jahrhunderts wandelte sich der Wolf von einem weitgehend bedeutungslosen Raubtier zu einem ernsthaften Konkurrenten, ja sogar zu einer Bedrohung für die Lebensumstände sowohl der Eingeborenen als auch der Einwanderer. Dabei hatte sich das Verhalten der Wölfe nicht geändert. Wohl aber änderte sich die Einstellung der Menschen zum Wolf.

Vor 1900 fand der Wolf bei Entdeckern oder Naturfreunden kaum Erwähnung. Als Robert Campbell um 1840 für die Hudson Bay Company das Einzugsgebiet des Oberen Liard Rivers erforschte, waren ihm Wölfe keine Erwähnung wert. Nichts steht über Wölfe zu lesen in Frederick Schwatkas Buch *Along Alaska's Great River*, in dem er seine 2.000 Meilentour Ende des 19. Jahrhunderts den Yukon hinab beschreibt, nichts auch in Tappan Adneys *The Klondike Stampede*. Im ersten biologischen Bericht über die Region des Yukon River macht der

Autor W. H. Osgood gerade mal nebenbei eine Bemerkung über Wölfe: „Das Land entlang des Yukon ist nicht gut geeignet für Wölfe, sie werden selten gesehen." 1911 schreibt Charles Sheldon in seinem Bericht *The Wilderness of the Upper Yukon:* „Wölfe gibt es überall im Yukon, aber sie treten nur sehr lokal auf. Schwarze Wölfe sind häufig. Sie halten sich eng an Karibus, wo solche vorkommen. Ihre Gewohnheiten sind die gleichen wie die von Timberwölfen anderswo."

Der Wolf hatte also keine Bedeutung und fand wenig Interesse bei den frühen Historikern, Jägern oder Naturbeobachtern. Um 1910 hatten die meisten Goldsucher am Klondike ihren Traum vom schnellen Reichtum ausgeträumt. Von denen, die im Land blieben, versuchten viele ihr Glück als Trapper. Als Folge davon gingen die Pelztiere besonders um Dawson City drastisch zurück. Francis Congdon, ehemaliger Kommissar im Yukon, schreibt 1910 in *Fur Bearing Animals and How to Prevent their Extinction:* „Zwischen Trappern und Indianern gibt es einen wesentlichen Unterschied: Indianer lassen einen Grundbestand an Pelztieren leben, um die Arten zu erhalten – Weiße nicht."

Congdon bewies darüber hinaus auch prophetische Weitsicht über die Zukunft der Pelzindustrie im Yukon. Er meinte, die größten Gefahren seien Gift, Übernutzung und die Zunahme der Wölfe. Viele Yukoner teilten seine Sichtweise hinsichtlich der Wölfe. Trapper hassten Wölfe, weil sie Füchse und Marder aus den Fallen raubten – in der damaligen Zeit wertvolle Beute. Und als immer weniger Tiere in die Fallen gingen, wuchs natürlich die Abneigung der Trapper gegenüber den Wölfen.

Die Jäger schlossen sich der Bewegung gegen die Wölfe alsbald an. Den Rückgang von Elchen und Karibus um Dawson schrieben sie den Wölfen zu. Die Hauptursache dafür war aber ohne Zweifel eine zu starke Bejagung durch Menschen. Die beiden Wildarten bildeten die Hauptnahrungsquelle sowohl für die Einheimischen als auch für die Prospektoren und Entdecker am Oberen Yukon River. In einem einzigen Winter in den 1890ern erlegten Goldsucher dreihundert Karibus bei Fortymile. Obwohl diese Zahl hoch erscheint, so war dieser Eingriff wahrscheinlich nicht bedenklich, denn damals lebten dort nur wenige Menschen.

Aber die Invasion der Goldsucher vergrößerte 1897 die Zahl der hungrigen Mäuler enorm und dezimierte die Wildbestände im mittleren Yukon derart, dass die Folgen über Jahrzehnte andauerten. Anfangs waren Elche und Karibus noch reichlich vorhanden. Im Vertrauen auf unerschöpfliche Wildbestände brachten die Abenteurer gerade genug Ausrüstung mit, um den ersten Winter zu überstehen. Schon im folgenden Jahr machten viele kehrt, weil sie fürchten mussten zu verhungern. Die Tausenden aber, die in Dawson City aushielten, brauchten Nahrung. Sie suchten und fanden sie in der Wildnis. 1897 sollen über einhundertfünfzig Elche bei Dawson geschossen worden sein. In der ganzen Region war die Zahl sicherlich noch weit höher.

Fleischjäger erkannten die Chance, schnelles Geld zu machen. Auf der Suche nach Elchen und Karibus zogen sie weite Kreise, und alsbald waren die Bestände entlang der Flüsse Pelly, Stewart und MacMillan erschöpft. Eine Gruppe von Eingeborenen erlegte in einem einzigen Winter achtzig Elche und fünfundsechzig Karibus. In kurzer Zeit war die Ausrottung des Elches im mittleren Yukon nahe. Im Jahr 1900 verbrachte W. H. Osgood drei Monate am Yukon River, ohne einen einzigen Elch zu sehen. Nun verlegte sich der Jagddruck auf Karibus. Im

Jahr 1904 töteten Fleischjäger eintausendfünfhundert Karibus, um neuntausend Einwohner von Dawson City damit zu ernähren.

Um diese Zeit erschien ein neuer Typ von Jäger auf der Bildfläche, der ebenfalls seinen Teil zum Verschwinden der Wildbestände und zur Verfolgung der Wölfe beitrug. Angelockt von Geschichten über Rekordtrophäen von Elchen und Karibus machten sich reiche Sportjäger aus allen Teilen der Welt auf in den Yukon. Gemeinsam war ihnen eine charismatische Jagdethik mit Teddy Roosevelt als ihrem prominenten Sprachrohr. Alle suchten sie neue wildnishafte Jagdgründe. Praktisch jeder konnte den Yukon innerhalb weniger Wochen erreichen – komfortabel per Dampfschiff, Raddampfer oder Eisenbahn. Auf diese ambitionierten Jäger warteten die größten Elche der Welt, große Herden Karibus, das geheimnisvolle Dallschaf – und eine wachsende Zahl von Jagdunternehmern.

Die Sportjäger trugen alsbald ihren Teil zu dem Jagddruck bei, dem die Wildpopulationen bereits durch Fleischjagd (durch Weiße) und Subsistenzjagd (durch Eingeborene) ausgesetzt waren. Goldfunde in Chisana und Kluane zu Beginn des 20. Jahrhunderts öffneten neue Jagdgebiete für das legendäre Dallschaf, damals eine der begehrtesten Trophäenwildarten. Yukoner erkannten die Bonanza, die sich ihnen durch die Führung von ausländischen Jägern eröffnete, und die Jagdunternehmen schossen zwischen 1910 und 1920 wie die Pilze aus dem Boden. Viele erfolgreiche Trophäenjäger verfassten zu Hause Bestseller über ihre jagdlichen Abenteuer, darunter F. C. Selous *(Recent Hunting Trips in North America, 1907)* oder Charles Sheldon *(The Wilderness of the Upper Yukon, 1911)*. Die Bücher wurden ungeheuer populär bei amerikanischen Jägern, und der Yukon rangierte auf gleichem Level wie die fabelhaften Jagdgründe Afrikas.

Bald schon erkannte man auch in der Regierung, welchen Beitrag die Trophäenjagd zum Wirtschaftsaufkommen des Territoriums leisten konnte. Im Jahr 1908 wurde von nicht Einheimischen eine Jagdgebühr von einhundert Dollar erhoben – damals eine gehörige Summe. Mit dem Aufblühen der Jagdindustrie wurden die gesetzlichen Regeln allmählich restriktiver. Ab 1920 brauchten Jagdführer eine Lizenz der Regierung. Die Konkurrenz um diese begrenzten Lizenzen wurde heftig, die Regierung schloss Eingeborene vom Besitz von Jagdkonzessionen aus. Johnny Johns, eine weltberühmter eingeborener Jagdführer, gab seinen Status auf, um sein Konzessionsgebiet zu behalten.

In den frühen 1920er Jahren waren die Wildbestände auf einem steilen Abstieg. Jagdführer, Fuchsfarmer, Trapper, Subsistenzjäger, Fleischjäger, Prospektoren und Eingeborene – alle beschuldigten alle und jeden als Schuldige. Eingeborene Jäger wurden beschuldigt, unethisch zu jagen, und sie wurden kritisiert dafür, dass sie schlecht schossen und viele Tiere nur verwundeten. Auch warf man ihnen vor, Trophäen von Tieren zu verkaufen, die sie angeblich zur Nahrungsbeschaffung erlegt hatten. Prospektoren klagten Trapper dafür an, dass sie Elche als Futter für ihre Schlittenhunde schossen. Fleischjägern lastete man die geringen Bestände von Elchen und Karibus an, ebenso den Fuchsfarmen, einer der größten Industriezweige im Yukon in den 1920er Jahren. Niemand jedoch war bereit, Verantwortung zu übernehmen. Und so, als das Wild immer weniger wurde, fand sich ein Sündenbock, auf den sich alle einigen konnten. Das war der Wolf.

Um 1920 wurde den Trappern das Auslegen von Strychninködern gegen Wölfe und Koyoten genehmigt. Die

Eingeborenen opponierten heftig, weil dem Gift viele wertvolle Pelztiere zum Opfer fallen würden. Zwar wuchs der Widerstand gegen das Gift, aber die Praxis hielt sich lange. Im Jahr 1927 beklagte sich der Trapper F. Laderoute gegenüber der Regierung mit dem längsten Satz, den ich je gelesen habe:

„Soviel ich weiß, hat Mr. William Gooley durch seine Überredungskunst von der Polizei die Erlaubnis bekommen, an drei Bächen auf der linken Seite des Yukon Gift auszulegen ohne zeitliche Begrenzung und ohne eine solche Begrenzung zu nennen und weil ich auf der Insel im gegenüber liegenden Independent Creek arbeite und wertvolle Hütehunde mit mir habe die mich begleiten protestiere ich dagegen, dass er für Independent Creek diese Erlaubnis hat, und meine, dass die anderen zwei Bäche genug sind für ihn, um Gift einzusetzen, und würde man das richtig betrachten, so würde man überhaupt kein Gift an irgend einem dieser Bäche einsetzen, weil es Pelztiergebiet ist und wir wissen doch alle, dass all die anderen Pelztiere das Gift aufnehmen und sich verkriechen und nie gefunden werden und deshalb fordere ich Sie auf ihm das mitzuteilen in meinem und anderer Sinne kein Gift auszubringen und wenn Sie das tun werde ich immer für Sie beten."

Auch mit finanziellen Anreizen wurde versucht, die Fänge von Wölfen zu steigern. Von 1923 bis 1929 wurde der Trapper, der die meisten Wölfe fing, mit fünfhundert Dollar belohnt, der zweite mit dreihundert, der dritte mit zweihundert – etwa so viel, wie ein Trapper in einem ganzen Jahr einnehmen konnte. Das Prämiensystem wurde eingestellt, als man herausfand, dass einige Trapper ihre Felle zusammengelegt und sich die Prämie geteilt hatten.

In den späten 1920er Jahren gerieten die Huftierbestände auf ihren absoluten Tiefstand. Das steigerte den Druck auf die

Wölfe erst recht. Der Kommissar des Yukon Territory deckte die Regierung mit Berichten über die Ausbreitung des „Ungeziefers" *(pests)* über das gesamte Territorium ein. Die Polizei berichtete von großen Zahlen von Wölfen in verschiedenen Gebieten. Aus der Gegend vom Stewart River kam ein Gesuch um die Erlaubnis zur Anwendung von Gift, weil man „... die Elche sehr schnell an die Wölfe verliere." Besonders viele Wölfe gab es am Pelly River, wo im Jahr 1928 zwei Mann siebenunddreißig Wölfe zur Strecke brachten, wahrscheinlich mit Hilfe von Gift. Von der weit entfernten arktischen Küste kamen Klagen über viele Wölfe und fehlende Karibus. Der Kommissar war der Ansicht, eine Wolfsprämie wäre eine populäre Maßnahme. Britisch Kolumbien und Alaska waren auf der gleichen Welle. Die Zeit war reif dafür.

Irgendwie war das Ganze unvermeidlich. Um 1928 lag das Einkommen aus Pelzen im Yukon bei 600.000 Dollar, so hoch wie das Einkommen für Gold. Die Unterstützung der Pelzindustrie war ebenso bedeutend wie die für das Goldaufkommen oder für die Jagdunternehmer. Im Juli 1929 erließ das Yukon Territorial Council Prämien von dreißig Dollar für Wölfe und fünfzehn Dollar für Koyoten. 25.000 Dollar wurden dafür im Jahreshaushalt vorgesehen. Man hoffte, die Prämien würden den Eingriff in die Wolfs- und Koyotenpopulation erhöhen, aber die Enttäuschung folgte auf dem Fuße. Ganze dreiundvierzig Wölfe und vierundzwanzig Koyoten wurden vorgelegt. Etwas mehr als 2.000 Dollar wurden ausgezahlt – nicht einmal zehn Prozent der veranschlagten Summe.

Der Grund war rein bürokratischer Natur; denn die erforderliche Prozedur für eine Prämie war überaus umständlich. Es musste ein perfekt präparierter Balg vorgelegt werden, ohne Fleisch- oder Fettreste. Ein Ohr wurde markiert, um

Doppelmeldungen zu verhindern. Außerdem war Auskunft zu geben, wer den Wolf getötet hatte und wo, das Datum, das Geschlecht des Tieres, und ob der Ansuchende „Indianer, Mischling, Eskimo oder Weißer" war. Für viele Yukoner war der ganze Aufwand die paar Dollar nicht wert. Vor allem aber ging den freiheitsgewohnten Yukonern diese intime Befragung gegen ihren eigenen Kodex der Unabhängigkeit. Die wenigen ausgezahlten Prämien waren also das Resultat fehlenden Vertrauens in das System, nicht aber einer geringen Anzahl getöteter Wölfe und Koyoten.

Haben Wolfsprämien und Gift dazu beigetragen, den Druck auf das Großwild in den 1920er Jahren zu mindern? Anscheinend nein. Nirgends gibt es Berichte über Wildpopulationen, die sich in jenem Jahrzehnt erholten. Das ist nicht überraschend, denn die Zahl der getöteten Wölfe war bei weitem zu gering, um einen Rückgang der Wölfe zu bewirken. Wahrscheinlich lag die Populationsgröße in den 1920er Jahren auf dem gleichen Niveau wie heute – etwa fünftausend Tiere. Die jährliche Strecke überstieg in jenen Jahren niemals die Zahl von ein paar hundert – weniger als drei Prozent der Population – das ist viel zu wenig für eine Veränderung der Gesamtzahl. Wölfe sind hoch produktiv und können jährliche Verluste von mehr als dreißig Prozent ertragen, ohne dass sich das in der Population des Folgejahres bemerkbar macht. Anders war es beim Vielfraß. Wenn wir unterstellen, dass es damals etwa ebenso viele Vielfraße gab wie heute – etwa viertausend – lag der Eingriff damals bei zehn bis fünfzehn Prozent der Population. Für die relativ gering produktive Art war dies zu viel, und der Vielfraß wurde in manchen Gebieten selten.

Der wachsende öffentliche Widerstand führte 1931

schließlich zum Verbot von Gift, aber es gab reichlich billiges Strychnin im Yukon, und nicht überall ließ sich das Gesetz umsetzen. Viele Trapper verwendeten Gift noch Jahre lang. Aufsichtsorgane verschlossen die Augen, weil sie den Bann von Gift für unpopulär und unangebracht hielten. Im Jahr 1933 wurde die Prämienzahlung eingestellt, weil die Trapper nach wie vor kein Interesse daran bekundeten. Zwischen 1931 und 1933 wurden im Jahresdurchschnitt nur fünfundzwanzig Felle exportiert. Danach aber wuchs der Export dramatisch, mit durchschnittlich vierhundertsiebenunddreißig Fellen pro Jahr zwischen 1934 und 1939, der höchste Ertrag, der je im Yukon registriert wurde.

Dann kam der Zweite Weltkrieg und mit ihm die Bedrohung durch einen japanischen Angriff auf die USA, was Tausende Militärs in den Norden brachte mit dem Auftrag, eine Verbindung zwischen Alaska und dem übrigen Kontinent herzustellen. In weniger als einem Jahr baute die Armee eine unbefestigte Straße durch den Yukon. Der plötzliche Einbruch so vieler Soldaten überrumpelte den schläfrigen Yukon total. Jahrzehntelang waren die Yukoner auf sich allein gestellt gewesen. Mit dem Bau des Alaskan Highway wurde alles anders.

Das Territorial Council war der Herausforderung, Tausende ins Land gekommener hungriger Amerikaner zu ernähren, nicht gewachsen, sondern reagierte naiv und unentschlossen. Gegen den Rat der kanadischen Regierung ergänzte es das Wildstatut um den Passus, jedem Angehörigen der Vereinigten Staaten eine Jagdlizenz zum Preis für Einheimische anzubieten – für einen Dollar. Auch wenn das ohne Zweifel ein bescheidener Beitrag zur Senkung der Kriegskosten war, so kam das Council auf diese Weise durch die vielen neuen Jäger auch zu Geld. Der benachbarte U.S.-Bundesstaat Alaska führte dagegen in Sorge vor den Auswirkungen des Straßenbaus jagdliche Beschränkungen ein und etablierte Wildschutzgebiete. Mit der einzigen Ausnahme eines Schutzgebiets für die weltberühmten Dallschafe in Kluane gab es im Yukon keinerlei jagdliche Einschränkungen. Vor dem gewaltigen Ansturm von Menschen, Maschinen und Waffen, die durch den südlichen Yukon rollten, verschloss das Council schlicht die Augen.

Alsbald bildeten Elche, Karibus, Schneeziegen und Dallschafe die hauptsächlichen Fleischquellen für die Straßenbaumannschaften. So wurde die Umgebung des Alaskan Highway mit seinem Fortschritt wildleer. Da keinerlei Aufzeichnungen über die Jagdstrecken geführt wurden, wird man nie wissen, wie viel Wild erlegt wurde, um Soldaten zu ernähren, so lange sie sich auf dem Boden des Yukon befanden. Gegen Ende des Krieges hatten die Wildbestände im südlichen Yukon enorme Einbußen erlitten. Die Vergabe von Jagdlizenzen an Soldaten der U.S. Armee verbitterte viele Yukoner noch Jahre danach. Als eine Geste, den Verlusten Einhalt zu gebieten, wurden 1949 die Wolfsprämien wieder eingeführt. Der Abgeordnete George Black schrieb die folgende verbitterte Einleitung an den gerade angetretenen neuen Kommissar im Yukon J. E. Gibbens:

„Im Zuge der amerikanischen Invasion in den südlichen Yukon haben die Invasoren das jagdbare Wild, die Fische, die Vögel und die anderen Tiere praktisch ausgerottet. Wenn wir nicht Kontrolle üben und nicht gut aufpassen, wird sich das wiederholen. Ihr Vorgänger (Jeckell) behandelte sie wie Einheimische. Sie fischten und schossen und überließen ihre Beute der Verrottung."

Die Hinterlassenschaft des Missmanagements im Yukon während der 1940er Jahre blieb der Öffentlichkeit nicht verborgen. Im Jahr 1949 erschien in dem weit verbreiteten Magazin *Look* ein sehr kritischer Artikel, der die praktisch fehlende Kontrolle der Jagdgesetzgebung im Yukon aufs Korn nahm. Etwa zur gleichen Zeit entwickelte sich die gerade flügge gewordene *Yukon Fish and Game Association* zu einer politisch einflussreichen Kraft, indem sie die Wiederansiedlung von Wapiti, Bison und Weißwedelhirsch förderte, um erloschene Wildbestände wieder zu begründen und Jagdmöglichkeiten für Einheimische zu schaffen. Jagdunternehmer im Yukon beklagten jedoch den weiteren raschen Rückgang von Elch- und Karibupopulationen, und wieder war der Wolf der entscheidende Faktor. Ein neuer Sturm braute sich über den Wölfen zusammen. Mitte der 1940er Jahre forderten viele Wildschutzorganisationen in West-Kanada die Vernichtung der Wölfe, indem sie behaupteten, die Raubtiere seien schuld an drastischen Rückgängen des Wildes in den kanadischen Provinzen. Auch Politiker richteten ihr Augenmerk auf die Wölfe, angeheizt durch die einflussreich gewordene *Yukon Fish and Game Association*. Es war so einfach: Wölfe nahmen den Einheimischen und den Jagdunternehmern ihre Jagdmöglichkeiten. Eine briefliche Warnung des Abgeordneten George Black an Kommissar Gibbens schließt mit dem Satz: „Der Einsatz von Gift durch vertrauenswürdige verlässliche Leute würde viel zur Erhaltung eines wertvollen öffentlichen Gutes beitragen."

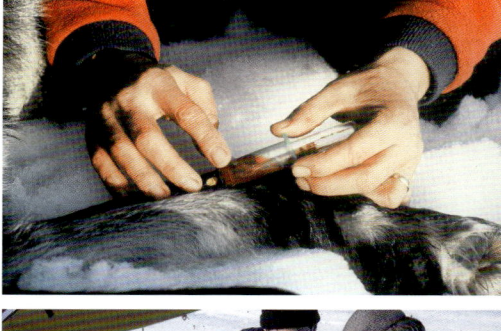

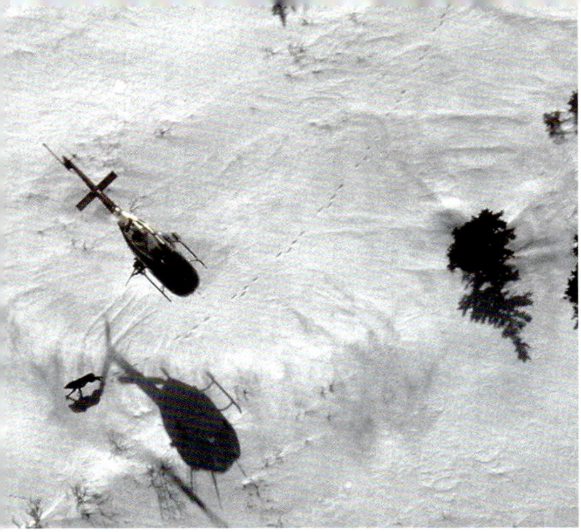

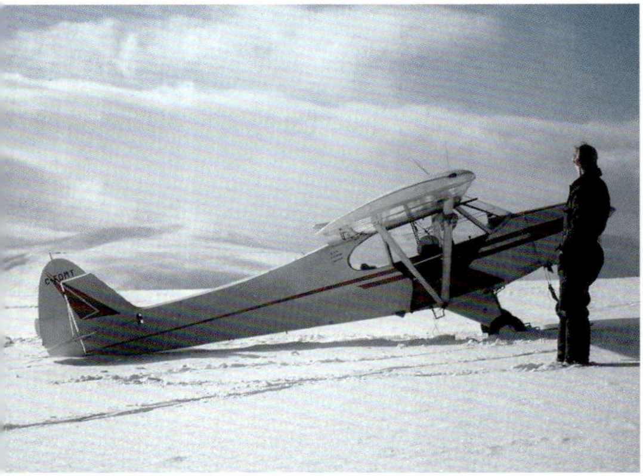

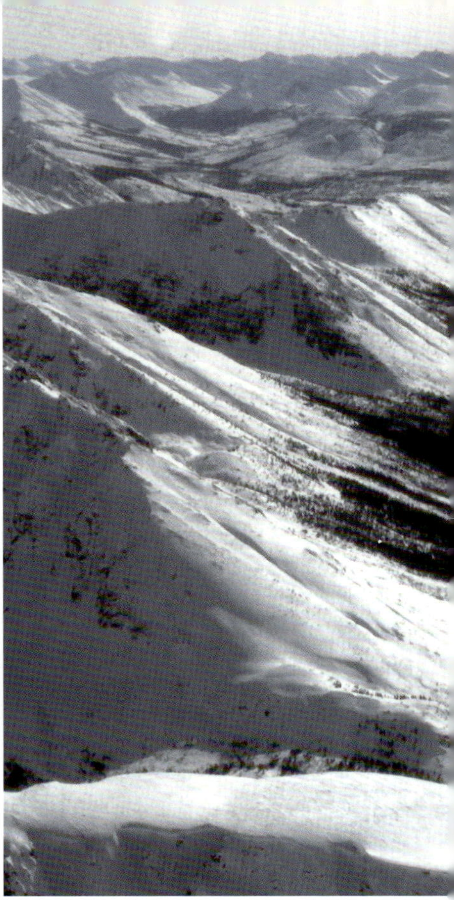

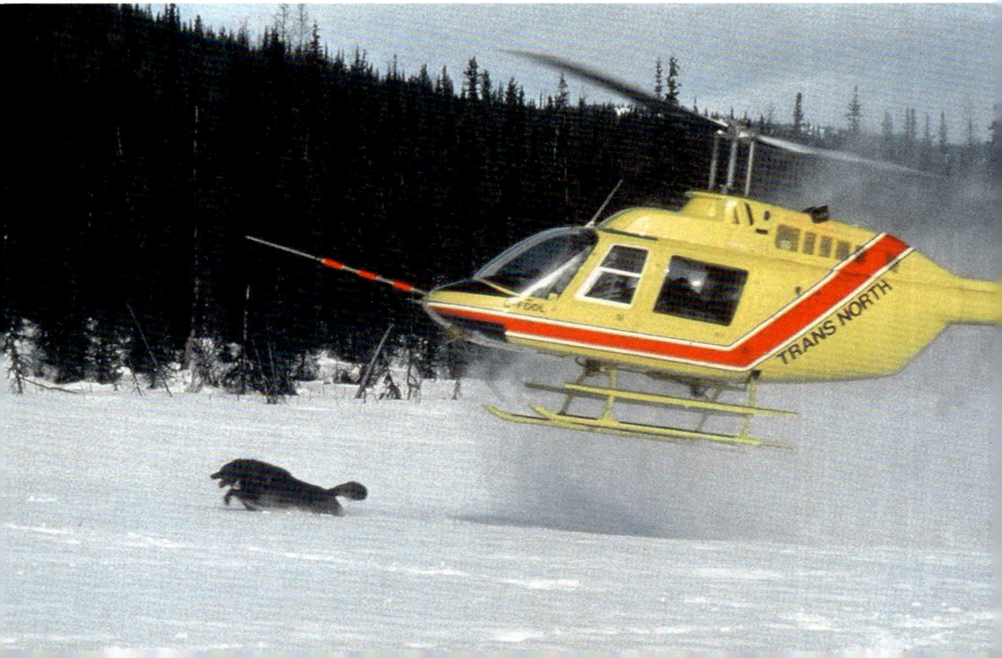
TRANS NORTH

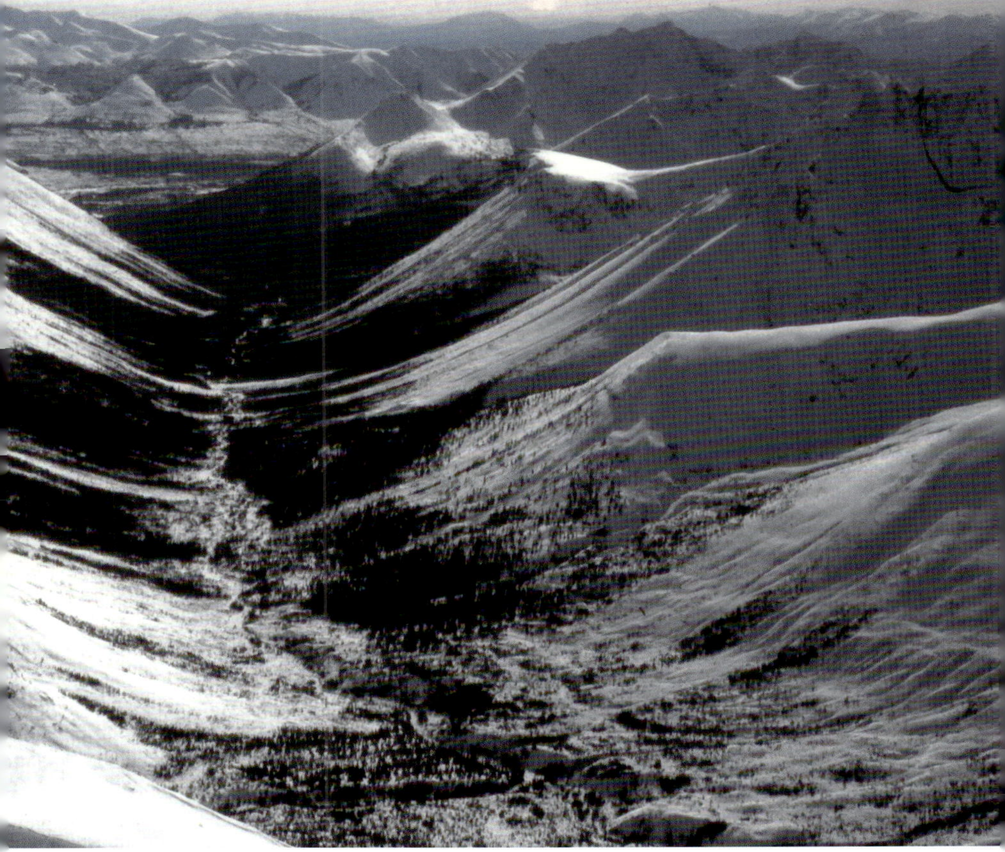

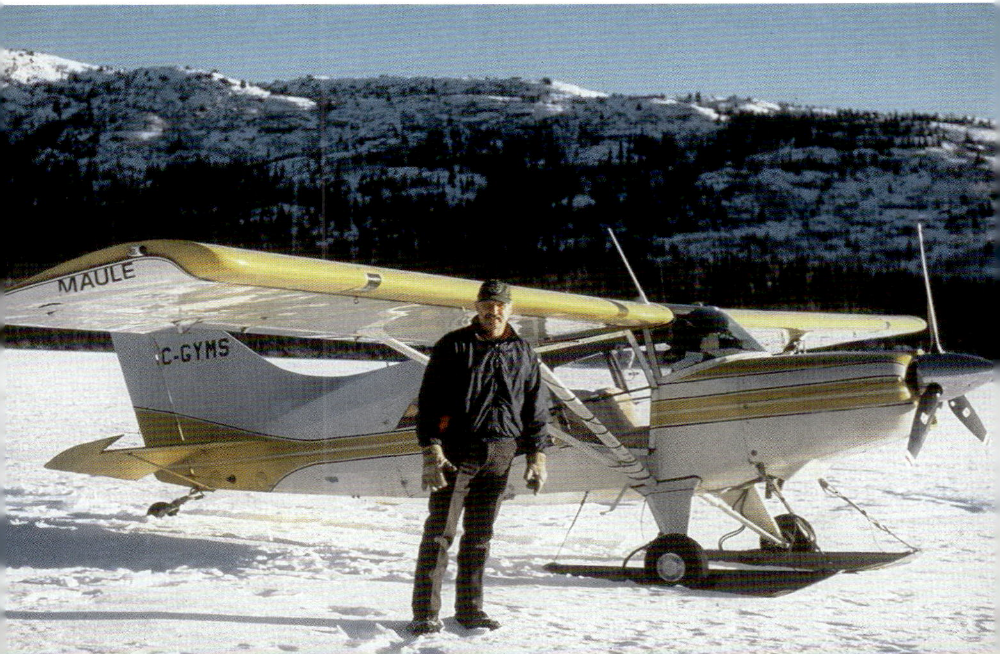
MAULE
C-GYMS

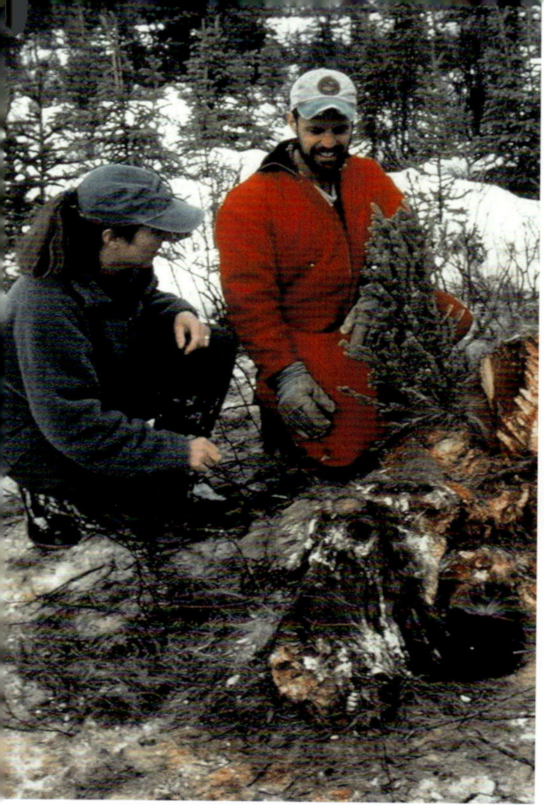
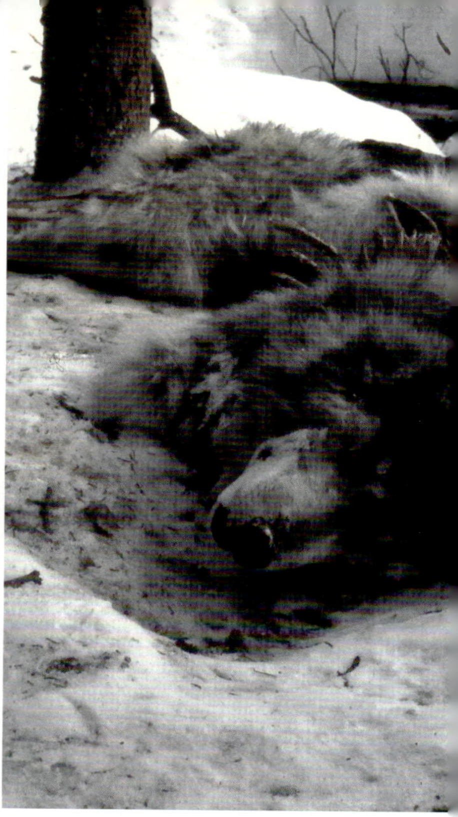
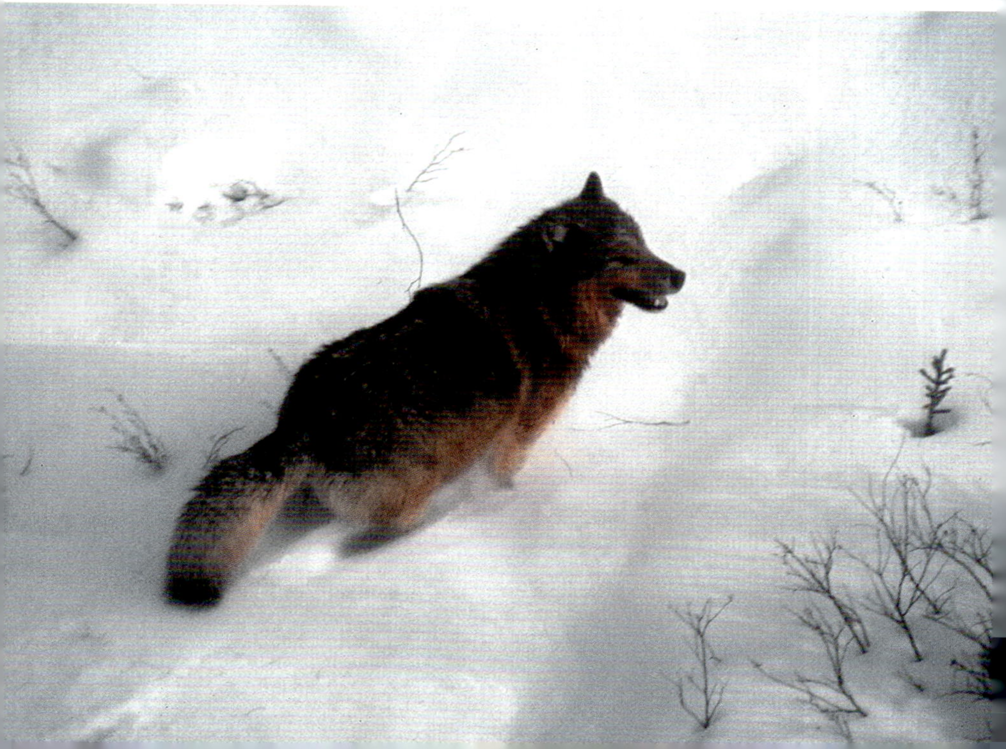

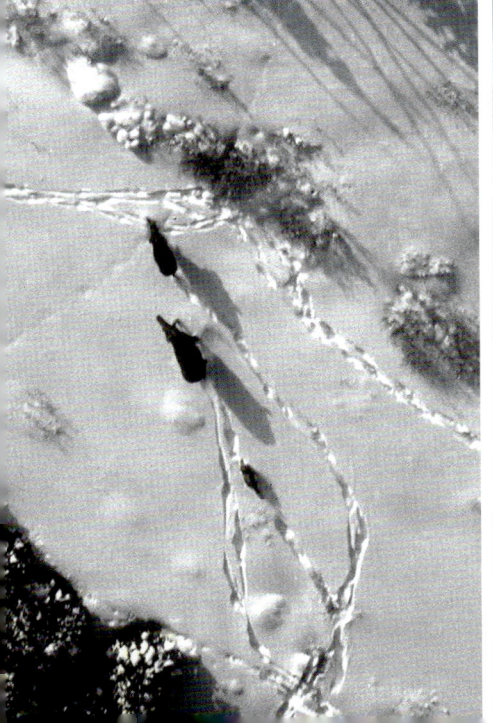

7

Gift fällt vom Himmel

Dawson City – 14. April 1954

Die Morgensonne steht hoch im Osten, aber im Flugzeug ist es bitter kalt. Anderswo ist Frühling, aber in Dawson City hat der Winter seine eisige Umklammerung noch nicht gelockert. Die Kolben der Cessna 180 hämmern laut, während das Lufttaxi zum Ende der Schotterbahn rollt. Der Pilot überprüft die Instrumente für den Start, dann dreht er den Motor hoch. Das kleine Flugzeug rollt über die Startbahn und hebt schwerfällig ab. Der Wildhüter sitzt angeschnallt hinten im Cockpit. Der rechte Vordersitz ist für die Fracht entfernt worden. Dort stapelt sich ein Berg aus Jutesäcken hüfthoch von seinen Füßen bis zur vorderen Konsole.

Als das Flugzeug auf einige tausend Fuß über dem Klondike River gestiegen ist und an Geschwindigkeit gewonnen hat, kratzt er das Eis vom Seitenfenster. Im Süden erkennt er die über den Horizont verteilten berühmten Goldgräberstätten – Discovery Creek, Indian River, Bonanza Creek, Bear Creek – von tausenden Klondike-Goldgräbern bearbeitet mit nichts anderem als mit ihren Muskeln und Schaufeln. In jüngerer Zeit fressen sich riesige Saugbagger durch diese Creeks und befördern das Untere nach oben und umgekehrt, um an das legendäre Klondike-Gold zu kommen. Das Flugzeug fliegt über eine riesige Fläche mit schneebedeckten Aufschüttungen, bevor es leicht nach Norden dreht und den stillgelegten Baggerkoloss Bear Creek Nr. 4 passiert. Die Quellgebiete des North Klondike River, wo alles begann, sind weit entfernt. Der Aufseher hält nach Lebenszeichen auf dem Fluss unter sich Ausschau, erkennt aber nur eine einzelne Elchfährte und die Spur eines Wolfes, bevor das Flugzeug das Tal verlässt. Schon bald kommt ein hoher Berggletscher in Sicht.

Als sie sich den schneebedeckten Bergen nähern, wird das Flugzeug plötzlich von starken Böen geschüttelt. Er fühlt das vertraute Schlingern des Flugzeugrumpfes, als der erste Windstoß auf die Tragflächen trifft und das Flugzeug hoch, runter und seitwärts schlingern lässt. Auf dem niedrigen Sitz schiebt er sich nach vorne, um nicht mit dem Kopf gegen die Scheibe zu schlagen. Der Wind am Boden treibt Schnee über die scharfen Grate. Ein dichter Schleier legt sich über den Berghang. Die Cessna dreht eine enge Kurve aufwärts und folgt den Konturen des schroffen Berges. Der Wildhüter kniet nieder, um den Abwurf vorzubereiten. Er schaut zum Piloten, der zustimmend nickt.

Daraufhin entsichert er die rechte Tür. Bei dem gefährlichen Wind muss er sich beeilen. Er überprüft die Verzurrung zwischen den Papier- und Ködersäcken, schüttelt jeden Sack und fühlt, wie die gefrorenen Strychnin-Pellets lose in den Säcken rollen.

Der Pilot drosselt den Motor und lässt die Maschine über dem Gletscher sinken. Der Wildhüter greift mit der linken Hand die Spitze des Jutesacks und stößt mit dem rechten Unterarm die Tür auf. Ein Schwall eiskalter Luft füllt das Cockpit. Er schnappt sich den Sack und katapultiert ihn in einer fließenden Bewegung aus dem Flugzeug. Der Sack segelt raus und verschwindet. Er zieht die Tür zu und presst sein Gesicht gerade in dem Moment an das Fenster, als unter ihm der Sack auf dem Boden aufschlägt. Die beiden Papiersäcke zerplatzen auf dem Gletscher und die Pellets verteilen sich überall. Er hockt sich ans Fenster, während die Cessna über der Abwurfstelle kreist. Der Ködersack liegt unbeschädigt auf der Seite, die Strychnin-Pellets sind überall verstreut – ein perfekter Abwurf.

Als sie die obere Wasserscheide des Blackstone River überqueren, hat das Flugzeug bereits an Höhe gewonnen. Auf dem hohen Bergplateau gibt es keinerlei Lebenszeichen außer einer Wolfsfährte, die schnell vom Schnee verweht wird. Der Wildhüter nimmt einen gelben Stift aus seiner Parka-Tasche, hebt eine folierte Karte vom Boden auf und markiert die Stelle. 64 Grad 25'N und 138 Grad 15'W. Nach vorne gebeugt, markiert er die nächste Abwurfstelle auf der Karte – Chapman Lake. Der Pilot schaut auf die Karte und nickt.

Auch der zweite Abwurf gelingt perfekt. Der Ködersack hält, die beiden mit Strychnin-Pellets gefüllten Papiersäcke zerplatzen wie geplant. Die Cessna steigt noch einmal kurz auf und fliegt dann Richtung Blackstone River. Bevor er zu seinem Sitz zurückrutscht, klopft er dem Piloten auf die Schulter und streckt den Daumen hoch.

Unten am Flusstal werden Lebenszeichen erkennbar. Sie fliegen über tiefe Karibufährten und sehen im lichten Fichtenwald die ausgegrabenen Äsungskrater. Aber es sind keine Karibus zu sehen: nur Spuren von Schneehuhn, Schneeschuhhasen, Elch, Wolf und Fuchs, die sich um die mit Sträuchern bewachsene Fläche entlang des Flusses ziehen. Er hatte gehofft, größeres Wild zu sehen, aber Fehlanzeige.

Bald kreist die Cessna über der Abwurfstelle am Blackstone River. Diesmal gelingt der Abwurf nicht gut. Ein Papiersack ist vom Ködersack abgerissen, bevor er den Boden erreichte. Kreiselnd fällt er auf das Flusseis, von wo ihn der Wind in die Weiden weht. Der zweite Sack ist nicht zerplatzt. Er wurde vom Wind gegen den Ködersack gedrückt. Obwohl das Flugzeug mit Kufen ausgerüstet ist, können sie auf dem schmalen Fluss nicht landen. Daher drehen sie nach Osten zum Hart River und folgen den tiefen Karibufährten bis zur Flussmündung. Erfolgreich werfen sie Köder in der Mündung des Lomon Creek ab. Der Wildhüter studiert seine Karte – drei Abwürfe bis jetzt und noch sechs weitere, bevor sie nach Dawson City zurückkehren können.

Plötzlich hört er einen Schrei und schaut von seiner Karte auf. Der Pilot zeigt nach rechts und brüllt gegen den Motorenlärm: "Auf Deiner Seite, da vorne – Wölfe!" Die Maschine dreht hart nach rechts und er bekommt flüchtig drei Wölfe zu sehen, die" schnell über die hart gefrorene Schneedecke des Flusses rennen. Der Pilot drückt aufs Gas, wendet das Flugzeug im Uhrzeigersinn, um wieder über die Wölfe zu kommen.

"Das ist eine sehr breite Fährte, da müssen mehr als drei sein" ruft der Wildhüter. Aber die Cessna ist mit dem vollen Tank und der Ladung zu schwer, um eng kreisen zu können. Nach einigen Minuten werden die Wölfe langsamer und beginnen zu traben. Der Wildhüter prüft seine Karte und stellt fest, dass Worm Lake nicht weit flussaufwärts liegt. Er lehnt sich nach vorne, zeigt dem Piloten die Karte und deutet stumm auf den See. Einige Minuten später werfen sie Köder auf seine gefrorene Oberfläche. Der Wildhüter markiert die Stelle auf seiner Karte mit 64 Grad 36'N und 136 Grad 16'W.

Auf ihrem Weiterflug nach Süden passieren sie die Mündung des Peel River in Richtung des Einzugsgebietes des Stewart River. Aus einem kleinen Rucksack nimmt der Wildhüter ein Lunchpaket und gießt zwei Tassen heißen Kaffee aus einer Thermosflasche. Eine Tasse reicht er dem Piloten. Zwanzig Minuten später werfen sie einen Köder an einem Engpass des McQuesten Lake ab. Danach passieren sie die Dawson Road auf ihrem Flug zu den Reid Lakes. Dort sind eigentlich immer Wolfszeichen, aber heute durchbrechen keine Wolfsspuren die dünne Schneedecke auf dem See. Sie halten sich nordwestlich der Dawson Road und werfen die restlichen Köder ab, bevor die Cessna 180 heim nach Dawson fliegt.

Froh darüber, wieder festen Boden unter den Füßen zu haben, geht der Wildhüter zu seinem Fahrzeug. Er spürt einen Hauch von Flugkrankheit. Nachdem er mehrere Jutesäcke zum

Flugzeug geschleift hat, fühlt er sich besser. Inzwischen tankt der Pilot die Maschine auf. Er blickt auf die Uhr. Die Sonne wird heute nicht vor 22 Uhr untergehen – noch acht Stunden Zeit. Falls das Wetter beständig bleibt, kann er seinen Auftrag beenden. Ein weiteres Mal ist das Flugzeug startbereit. Diesmal halten sie sich westlich in der Gegend des Sixtiemile River, um vier Ködersäcke abzuwerfen. Aufgeschlagene Äsungsstellen und Fährten sind im Fichtenwald zu erkennen. Ständig halten sie Ausschau nach Wild, aber sie sehen nur ein paar nach Norden ziehende Karibus.

Als das Flugzeug nach Dawson City zurückkehrt, steht die Sonne noch hoch am Himmel. Die Cessna 180 rollt über die steinige Landebahn zum Vorfeld. Beim Drehen des Schlüssels beginnt der Motor zu stottern, dann geht er aus. Der Wildhüter setzt sich auf und überprüft den Cockpitboden, ob versehentlich Giftbestandteile oder Pellets aus den Säcken gefallen sind. Er stopft die Karte in seine Mappe und setzt seine Sonnenbrille ab. Seine müden Augen reibend denkt er darüber nach, über welch große Fläche sie geflogen sind und wie wenig Anzeichen von Wölfen sie gesehen haben.

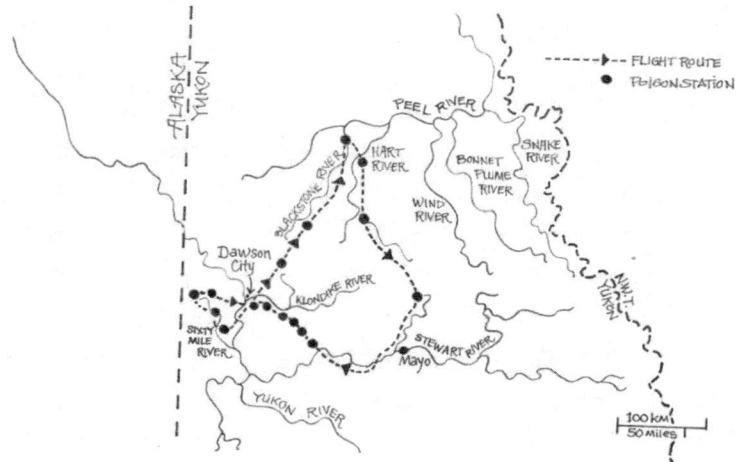

Die voran gegangene Erzählung beruht auf einem Bericht des Wildhüters von Dawson City im Jahr 1954. Zusätzlich zu den fünfzehn Ködern aus der Luft brachte er mit dem PKW noch zwei weitere in der Nähe der Stadt aus. Für eine Kontrolle der vom Flieger abgeworfenen Giftköder gab es keine Mittel, aber er überprüfte regelmäßig die entlang der Straßen ausgebrachten Köder. Einer in der Nähe des Flugplatzes erbrachte keine toten Wölfe, doch wurden viele Köder von anderen Tieren und Vögeln aufgenommen. Als ein vergifteter Rotfuchs gefunden wurde, störte das etliche Stadtbewohner. Ein Köder wurde an einem Elch deponiert, der bei Discovery Pub verendet war. Eine Woche später verschwanden dort acht Köder, und wieder eine Woche danach lag eine tote Wölfin neben dem Kadaver. Ein paar Tage später fand sich ein großer toter Rüde fünfhundert Meter entfernt davon. Der Wildhüter notierte:

„Wie viele Tiere an diesem Kadaver vergiftet worden sind, lässt sich nicht feststellen, wenn man nicht eine gründliche Untersuchung der Umgebung vornimmt; denn jeder sieht ein, dass in dem bewaldeten Gelände nicht alle Tiere gefunden werden, sie können ja nach Einnahme des Gifts noch mehr als fünfhundert Meter *(a third of a mile)* laufen."

In den 1950er Jahren war Wolfskontrolle die Hauptaktivität des gerade eingerichteten Game Departments und Vergiftungsflüge waren alltägliche Routine. Damals gab es keine Wildbiologen, die die Wildpopulationen studierten – aber die Öffentlichkeit machte sich große Sorgen um die geringen und weiter abnehmenden Wildbestände. Die Schuld daran wurde den Wölfen angelastet. Berichte von Rudeln mit vierzig, fünfzig Wölfen bei Pelly Crossing und Whitehorse genügten als Beweis.

Leiter der Giftkampagne war Them Kjar (sprich Tem Kähr). Er wurde 1949 als erster Direktor des Yukon Game and Publicity Department angestellt. Seine Anstellung erfolgte unmittelbar nach einem Artikel im Magazin *Look*, das die Regierung des Yukon wegen seiner laxen Wildgesetze scharf kritisiert hatte. In einem verzweifelten Versuch, politisch das Gesicht zu wahren und die Jagdwirtschaft zu schützen, heuerte das Territorial Council Kjar von Alberta an, wo er in Ranchgebieten Erfahrung beim Vergiften von Wölfen und Koyoten gewonnen hatte.

Kjar startete sein Giftprogramm ohne Zögern. Zunächst besorgte er Cyanidpatronen. Das sind Patronenhülsen, aus denen Gift in den Rachen eines Tiers schießt, das in einen damit präparierten Fleischköder beißt. Das Cyanidprogramm wurde alsbald eingestellt, weil der Yukon für das komplizierte Vorgehen schlicht zu riesig war. Man brauchte etwas Einfacheres. Innerhalb weniger Jahre hatte Kjar ein flächendeckendes Strychninprogramm am Laufen. Im Jahr 1954 wurden vom Flugzeug 1.400 Kilogramm Köder mit 3.500 Strychninpillen an zweiundsiebzig Orten abgeworfen. In Erwartung durchschlagender Erfolge kassierte das Territorial Council das seit 1946 bestehende Prämiensystem. Ab 1956 waren die Regierung, die Yukon Fish and Game Association, Jagdunternehmer und der Canadian Wildlife Service alle an dem Vergiftungsprogramm engagiert. Es war das aktivste Jahr der Kampagne – mit 2.700 kg ausgebrachten Ködern und 6.500 Strychninpillen an einhundertvierundfünfzig Orten.

Them Kjar kannte sich aus mit den Vor- und Nachteilen von Strychnin, und er war von zupackender Natur. Die Köder präparierte er selber – das muss ihn einen großen Teil seiner Zeit gekostet haben. Seine Leute waren ständig unterwegs auf der Suche nach Ködermaterial. Sie sammelten, schlachteten und frosteten Elche und Karibus, die auf der Straße umgekommen waren, und bereiteten tausende von Strychninködern für die Winterkampagnen vor. Das Wissen um die Zubereitung von Giftködern wurde Allgemeingut. In einem Brief an Maurice Kelly, hauptverantwortlich für die Raubtierkontrolle im U.S.-Bundesstaat Alaska, schrieb seine Sekretärin das folgende exquisite Giftrezept auf:

„Ein Köder besteht aus zwei gleichen Teilen Weizenmehl und Maismehl. Mit Wasser angerührt macht man einen Teig, feucht genug, so dass er zusammen klebt, wenn man ihn ausrollt. Eine große Handvoll Teig wird zu einer langen Walze ausgerollt, etwa ein Inch im Durchmesser, und dann mit einem scharfen Messer in etwa dreiviertel Inch dicke Scheiben geschnitten. Jede Scheibe wird dann zu einer Kugel geformt und dann zu einem platten „Cookie" abgeflacht, Durchmesser ein bis eineinhalb Inch. Die Strychnintabletten werden vorsichtig mit einer Pinzette in die Mitte des Cookies platziert. Sie werden zusammengeschoben, der Cookie zu einem gut abgeschlossenen Ball gerollt und in ein Sieb getan. Das Sieb wird in eine Pfanne getaucht, die Tierblut (von Schwein, Rind oder Wild) und Tran enthält, etwa ein Teil Tran auf neun Teile Blut. Dann legt man die Köder in eine flache Pfanne mit Paniermehl und wendet sie, bis sie völlig davon umhüllt sind. Dann friert man sie ein. Sobald sie gefroren sind, füllt man einen Papierbeutel mit jeweils dreißig Stück und bindet diesen an einen Sack mit gefrorenem Köder. Dieser wird auf dem Eis entlegener Seen abgeworfen. Die Cookies müssen bis zum Abwurf in gefrorenem Zustand bleiben, damit sie nicht zusammenkleben."

Dieses Rezept im Stile eines Kochbuchs mag Betty Crocker beeindruckt haben. Die brutale Wahrheit freilich ist die: Strychnin ist ein tödliches Gift mit äußerst qualvollen Begleitsymptomen für jedes Lebewesen, das es zu sich nimmt. Strychnin ist ein Alkaloid, das aus den Samen von *Strychnos nux vomica* gewonnen wird, einem kleinen Baum in Ostindien. Es ist eine der bittersten Substanzen überhaupt. Sein saurer Geschmack ist noch bei einer Konzentration von eins pro einer Million erkennbar.

Das Gift wirkt schnell und tödlich. Zehn Minuten nach Aufnahme wird ein Wolf sichtlich unruhig. Seine Muskeln beginnen zu zucken, sein Nacken wird steif. Kurz danach werden Kopf- und Nackenmuskeln von Krämpfen geschüttelt. Die Krämpfe dehnen sich rasch auf den ganzen Körper aus, bis das Tier vollkommen verkrampft. Die geringste Berührung genügt, um eine neue Welle von Krämpfen auszulösen. Die Krämpfe nehmen immer noch zu, bis sich der Rücken verbiegt und verdreht. Nach einigen Stunden extremer Qualen stirbt das Tier schließlich an Asphyxie (Nervenparalyse) oder schierer Erschöpfung auf Grund der Krämpfe. Im Augenblick des Verendens wird der Körper sofort leichenstarr. An Strychnin verendete Tiere liegen typischer Weise mit starr ausgestreckten Läufen auf der Seite. Vergiftung durch Strychnin ist eine sehr qualvolle Art zu sterben.

Trotz der umfassenden Kampagne per Flugzeug wurden 1956 nur vierundfünfzig tote Wölfe gefunden – ein Wolf pro drei Giftstationen, oder einer pro einhundertzwanzig Giftpellets. Kontrollflüge wurden nicht regelmäßig durchgeführt, es sind also sicherlich mehr Wölfe getötet worden – wie viele, das wird man nie wissen. Kjar verteidigte das magere Ergebnis resolut und spekulierte, dass viele Wölfe sich in den Wald geflüchtet hätten, wo sie unerkannt verendet wären. Im Juni 1956, zunehmend frustriert wegen der Kritik des Territorial Councils an den ausbleibenden Erfolgen, beklagte er sich in einem Schreiben an das Game Department von British Columbia (wo man ihm offenbar bereitwilliger Gehör schenkte als im Yukon):

„Kluge Leute im Yukon sind sehr skeptisch, was die Auswirkungen der Giftkampagne auf die Wolfspopulation betrifft. Ich habe nur eine armselige jährliche Bezahlung von zweitausend Dollar. In vielen Fällen fand ich lediglich ein paar Haarbüschel, Teile von Lunte, Läufen oder ähnlich, und nur durch großes Glück habe ich ein paar Wolfskadaver gefunden, die völlig von Schnee bedeckt waren. Viele Wölfe mit Gift im Bauch laufen noch Meilen, bis sie sterben."

Gegenüber Maurice Kelly, Alaska, beklagte sich Kjar darüber, dass er alles alleine machen müsse. Das war eindeutig unwahr und wohl eher als Klage über sein mageres Budget aufzufassen. Kjar hatte allerdings Grund genug, sich allein und frustriert zu fühlen. Er hatte nur wenig Personal, wenig finanzielle Mittel, dabei aber unverhältnismäßig hohe Erwartungen zu erfüllen, dass er große Mengen Wölfe töten würde. Kellys Antwort muss ihm bitter wie Galle aufgestoßen sein. Er teilte ihm mit, dass das jährliche Budget für die Wolfskontrolle 89.000 Dollar betrug – genug, um sechs Vollzeit- und vier Teilzeitbeschäftigte zu bezahlen. Für die Wolfskontrolle standen fünf Flugzeuge, sechs Boote und fünf LKW zur Verfügung. Und anders als die Anstrengungen im Yukon reduzierte das Kontrollprogramm von Alaska die Wölfe spürbar, im ganzen Staat.

Trotz gegenteiliger Befunde malte Kjar dennoch ein erfolgreiches Bild seines Programms, und manche stimmten ihm zu. Der Buschpilot C. F. Dalziel vom Watson Lake schrieb 1956 an Kjar, er habe zwanzig vergiftete Wölfe an Köderplätzen im Gebiet des Liard River gesehen, und fügte hinzu: „Egal, ob die Regierung meint, das Geld sei gut verwendet worden oder nicht, so weiß ich, dass das Wild, besonders Elche, deutlich zugenommen hat in den Gebieten, wo wcr Gift ausgebracht haben, sowohl im Yukon als auch in British Kolumbien, und ich meine, das war gute Arbeit.“

Kjar war kein Biologe. Er wusste nicht, wie man Unterschiede zwischen Wildtierpopulationen in giftbehandelten und unbehandelten Regionen vergleichen konnte. Ein milder Winter 1956 konnte ebenso gut zu einer höheren Überlebensrate der Elchkälber geführt haben wie ein Vergiftungsprogramm gegen Wölfe. Aber Kjar hielt unbeirrt an seiner Meinung fest, dass sich Strychnin auszahlte. Wer sollte ihn auch zur Rede stellen bei dem enormen politischen Druck, dem er ausgesetzt war?

Tatsache ist, dass Gift bei den Wölfen bzw. bei den Huftierpopulationen nur wenig bewirkte. 1956 eliminierte die Kampagne nur ein Prozent der 5.000 Wölfe im Yukon. Selbst, wenn man davon ausgeht, dass in Wirklichkeit zehnmal so viele Wölfe umkamen, hätte das nicht ausgereicht, die Population im Folgejahr zu reduzieren. Unsere Feldarbeiten im Yukon mehr als dreißig Jahre später zeigten, dass ein markanter Anstieg der Überlebensrate von Elchkälbern erst eintrat, als mehr als 75 % der Wölfe in dem betreffenden Gebiet eliminiert wurden. Die Strychninkampagne war zu weitläufig und ausgedünnt, um die Anzahl der Wölfe zu beeinflussen.

Auch die Giftkampagne von 1950 war nicht zielstrebig. Oft wurden die Köder mal eben da ausgebracht, wo Trapper, die Polizei (die Royal Canadian Mounted Police, RCMP) oder Jagdunternehmer über größere Wolfsaktivität berichtet hatten. Die Berichte wurden nie überprüft, das Gift wurde abgeworfen, wo immer es sinnvoll schien. So kritzelte beispielsweise Jimmie Joe im Februar 1957 eine Note auf die Rückseite eines nicht angenommenen Schecks der Canadian Imperial Bank of Commerce und schickte ihn an die Wildbehörde:

„Diese Notiz ist für Mr. Them Kjar. Charles Stevens ist vor zwei Wochen vom Trapping zurück gekommen und hat nicht viel gefangen weil die Wölfe so schlimm sind er sagte mir dass er mehrere Wolfsrisse gefunden hat und die Wölfe lassen die Elche liegen und rühren sie gar nicht an und er hat das Fleisch für die Hunde genommen und musste Feuer machen um die Wölfe von den Hunden fern zu halten jedes Mal wenn er die Eichhörnchenschlingen kontrollieren wollte und hat er das Wolfsrudel selber gesehen und glaubt dass keine Elche übrig bleiben werden wenn die Wölfe so weiter machen."

Die Notiz schließt mit einer Liste von Seen, an denen Gift eingesetzt werden sollte. Wenige Wochen später wurden zweihundertsiebzig Kilogramm Köder und hunderte von Strychninpellets genau dort ausgebracht, wo Jimmie Joe es empfohlen hatte.

Nach acht Jahren ging Kjar in den Ruhestand. Bis zum letzten Tag, dem 29. März 1957, waren Wölfe für ihn geradezu eine Obsession. In einem Schreiben an Frank Butler, damals Game Commissioner in British Columbia, der ihn gebeten hatte, Giftköder entlang des Alsek River in B.C. auszubringen, schrieb er, dass zehn Köder abgeworfen worden seien und dass seine Piloten viele Wolfsfährten gesehen hätten. Aber niemals hat jemand erfahren, wie viele Wölfe vergiftet worden sind oder ob dies für das Schicksal von Elchen am Alsek von Bedeutung war.

Im Juni 1957 wurde G.R. Bidlake Direktor des Game

Branch. Bidlake hatte unter Kjar gearbeitet und dabei gelernt, was man vermeiden sollte. Wenn er mehr Wölfe erledigen wollte, brauchte er eine bessere Giftkampagne. Sofort begann er mit der Sicherstellung großer Mengen von Ködermaterial. Burns Meats in Whitehorse bot ihm Pferdefleisch an für zwanzig Cent pro Pfund; Louis Brown von Mayo verkaufte ihm ein Pferd für fünfzig Dollar; von Fort John wurden geschlachtete Pferde nach Whitehorse geschafft. Bei Winterbeginn konnte Bidlake seine neue Vergiftungsaktion starten.

Kjars frustrierte Versuche, das Territorial Council von den Vorteilen der Strychninabwürfe zu überzeugen, hatte Bidlake mitbekommen. Aber Bidlake wollte tote Wölfe zählen und nicht nur argumentieren, dass tote Wölfe irgendwo versteckt unter den Bäumen lagen. Er stoppte die Giftabwürfe vom Flieger, und die umständliche Produktion der Strychninköder hörte auf. Stattdessen übernahm er die Methode der Alaskaner. Die flogen zu entlegenen Seen und Flüssen und froren große Fleischstücke, die mit Strychnin präpariert waren, im Eis ein. Bidlake rechnete damit, dass die großen Köder die Wölfe lange genug in der Nähe halten würden, bis das Gift seine Wirkung getan hatte. Zwei kleine Bäume wurden bei den Ködern eingefroren, um vorbei kommende Trapper zu warnen und um das Auffinden toter Wölfe in der Nähe zu erleichtern. An jedem Bäumchen wurde ein Schild angebracht mit der Aufschrift „Danger – Poison". Diese Giftstationen konnten gut auf tote Wölfe hin kontrolliert werden. Darüber hinaus bewies Bidlake ein gutes Gespür, indem er einen Biologen anheuerte, der die Kampagne wissenschaftlich begleitete, und indem er sich dem politischen Druck persönlich stellte.

Der erste Biologe im Yukon war Dr. William Fuller. 1956 war er frisch von einer Giftkampagne am Mackenzie River in den Northwest Territories im Yukon angekommen. Er sollte die toten Wölfe zählen und die Ergebnisse miteinander vergleichen. Die Resultate waren nicht besser als die von Kjar: einundsiebzig tote Wölfe an einhundertsiebenundzwanzig Stationen in drei Wintern.

Fuller kam zu dem Ergebnis, dass die Kampagne keinen Effekt für die Wölfe hatte; und sie war auch von keinerlei messbarem Nutzen für Karibus oder Elche. Daraus schloss er, dass es im Yukon viel weniger Wölfe gab als in den Northwest Territories. Nach seiner Auffassung war das Programm zu kostspielig. Aber Fullers Arbeit war informativ. Die meisten tot aufgefundenen Wölfe waren Jungwölfe vom aktuellen Jahr oder Jährlinge. Das jugendliche Alter deutete darauf hin, dass die Wolfspopulation zunahm. Eigentümlicher Weise meinte er, die Vergiftung sollte fortgesetzt werden, um aus den Ergebnissen Veränderungen in der Wolfspopulation feststellen zu können.

Das Territorial Council hatte freilich eine andere Sicht der Dinge. Nach fast zehn Jahren Wolfskontrolle mit unbefriedigenden Ergebnissen wurde Fullers Programm beendet, aber die Vergiftung von Wölfen ging weiter. Im Jahr 1959 wurde Fuller durch Arthur Pearson ersetzt, der später ein international anerkannter Bärenbiologe werden sollte. Unter dem politischen Druck der Jagdunternehmer setzte Pearson die Giftaktionen fort, aber mit immer weniger Nachdruck, weil ihm klar war, dass das für die Populationen des Jagdwildes nichts brachte. Von 1960 bis 1963 ging die Zahl vergifteter Wölfe von achtzig auf dreißig zurück. Ende der 1960er Jahre ließ das Verlangen der Öffentlichkeit nach Vergiftung nach.

Während der Jahrzehnte langen Giftkampagnen kritisierten Trapper ebenso wie Sprecher der First Nations die territoriale Regierung wegen der vielen Tiere, die neben den Wölfen umkamen. Tote Füchse, Vielfraße und Koyoten wurden regelmäßig bei den Giftstationen aufgefunden. Diese Arten sind zum großen Teil Aasfresser und deshalb besonders leicht zu vergiften. Andere Arten, Säugetiere ebenso wie Vögel, fielen dem Gift aber ebenso zum Opfer.

Völlig unvorbereitet sah ich im April 1985 selber die grimmigen Folgen der Strychninaktionen. Ich hatte eine Meldung von einem illegalen Giftköder am Kluane Lake erhalten und wir flogen hin. Als unser Hubschrauber mit kreisendem Rotor über einer Gruppe von Büschen verharrte, wirbelte der Luftstrom eine Wolke von winzigen Federn auf. Es sah aus, als hätte jemand da unten ein Dutzend Daunenkissen zerrissen. Als wir weiter über der Stelle kreisten, kamen unten immer mehr tote Tiere zu Tage. Wir landeten und ich arbeitete mich durch das Gestrüpp zu der Stelle. Da lag eine Grizzlybärin zusammengekrümmt unter den Bäumen, außerdem zwei Wölfe, zehn Kolkraben und sechs Elstern. Und hunderte von toten Meisen, wo ich auch hinschaute – am Boden und in den Zweigen, ihre Federn überall verstreut, wie ein Hauch frisch gefallenen Schnees. Der Täter wurde nie ermittelt, doch im Verdacht stand ein bekannter Jagdunternehmer, der ein paar Pferde an Wölfe verloren hatte.

Das Interesse an einer Kontrolle der Wölfe in den 1950er und 1960er Jahren hing mit dem festen Glauben zusammen, dass sie und niemand sonst für den Niedergang des Jagdwildes *(game)* im Yukon verantwortlich waren. Hinzu kamen echte Ängste vor Wölfen. Sie töteten Haustiere und Wildtiere und bedrohten auch Menschen. In einer kurzen Geschichte *Encounter with Wolves* erinnert sich die zwölfjährige Donna Clayson, wie sich die Leute in Haynes Junction vor einem

Wolfsrudel fürchteten, das eines Winters ins Dorf kam. Sie beschreibt, wie sie dem Rudel eines Morgens auf dem Schulweg begegnete, und sie fragt sich, wie gefährlich und unberechenbar Wölfe wirklich sein mochten:

„Selbst in der beißenden Kälte waren meine Hände nass von Schweiß, im Nacken fühlte ich, wie sich die Haare aufstellten. Langsam aber stetig bewegte ich mich zur anderen Seite des Grabens, meine Waffe ständig auf die drohende Gefahr gerichtet. Das Rudel stand mit tief gesenkten Köpfen, während ich vorbei ging. Die letzten hundert Yards schienen mir wie eine Ewigkeit. Dann wandte ich mich dem Schulgebäude zu, weg von den intensiven Blicken dieser großartigen Tiere.

In der Garderobe zog ich den Anorak und die Handschuhe aus, entlud mein Gewehr, eine starke Waffe im Kaliber .30-06, und steckte das Magazin in mein Lunchpaket. Als ich meinen Repetierer neben die anderen an die Wand lehnte, überkam mich ein Gefühl von Erleichterung und Respekt."

Die Verwendung von Gift nahm allmählich ab, und 1972 wurde Strychnin im Yukon stark eingeschränkt. Die Einstellung der Gesellschaft gegenüber Wölfen veränderte sich in Nordamerika in den 1970er Jahren. Die Umweltbewegung kam auf und der Schutz großer Raubtiere wurde zu einem internationalen Anliegen. Die öffentliche Ablehnung von Giftaktionen wuchs, besonders in den Städten, in deren Umgebung Wölfe seit langem verschwunden waren. Zur gleichen Zeit wurden Instrumente entwickelt, die es möglich machten, die Biologie von im Verborgenen lebenden wilden Tieren zu erforschen. Prototypen von Halsbandsendern kamen zu ersten Einsätzen, mit ihrer Hilfe konnten Biologen den Wölfen folgen. Besonders in Alaska und Minnesota, wo die ersten radiotelemetrischen Studien unternommen wurden, entwickelte sich in den 1970er Jahren ein neues Verständnis von der Ökologie der Wölfe. Auf der Grundlage dieser neuen Erkenntnisse konnten Biologen nun Forschungsprojekte konzipieren, mit denen sich der tatsächliche Einfluss der Wölfe auf ihre Beutetiere ermitteln ließ.

Im Wolfsmanagement entwickelte sich eine neue Ethik. Wenn jemand Wölfe reduzieren wollte mit dem Ziel, das jagdbare Wild zu vermehren, so sollte dies als ein Experiment mit vorhersagbarem Ergebnis konzipiert werden. Der erste, der ein solches Experiment in Gang setzte, war Bill Gasaway. Seine Arbeit *Interrelationships of wolves, prey, and man*, durchgeführt in Alaska, wurde 1983 veröffentlicht – im selben Jahr, da ich im Yukon als Wolfsbiologe angestellt wurde. Bill wurde mein Mentor. Er gab mir wertvolle Ratschläge, wie ich Freilandexperimente an Wölfen konzipieren sollte, um ihren Einfluss auf die Wildbestände zu ermitteln. Mit einem Team von Biologen und ausgestattet mit reichlich Halsbandsendern begann ich also die ersten Forschungen an Yukonwölfen in der letzten großen Wildnis von Nordamerika. Im nächsten Abschnitt dieses Buches beschreibe ich, welche wichtigen und überraschenden Dinge wir daraus über das Verhältnis von Wölfen zu ihren Beutetieren gelernt haben.

Ebenso beschreibe ich, wie sich meine Einstellung zur zahlenmäßigen Kontrolle von Wölfen geändert hat, indem ich die Populationen von Elchen und Waldkaribus im Yukon studieren konnte.

Teil 2 Verstehen

Die Kordilleren

tellen Sie sich ein Gebiet in Nordamerika vor, das sich seit tausenden von Jahren kaum verändert hat – eine halbe Million Quadratkilometer unwirtliche, wilde Berge, da oder dort unterbrochen von bewaldeten Tälern und wenig benutzten Straßen, die eine Handvoll kleiner Dörfer verbinden. Ein Landstrich, in dem vor hundert Jahren mehr Menschen lebten als heute. Wo Elche und Karibus zehnmal so zahlreich sind wie Menschen. Wo auf jeweils fünf Menschen ein Wolf kommt. Das ist der Yukon.

Der Yukon ist eine riesige gebirgige Wildnis. Er umfasst die nordwestliche Ecke der großen westlichen Cordillere – eine lange Kette hoher Gebirge, die durch ganz Amerika von Süden nach Norden reicht. Man kann sich kaum irgendwo im Yukon hinstellen, ohne Berge zu sehen. Es gibt Dutzende von Gebirgszügen: die Barn und die British Mountains hoch im Norden, die Ruby Range und die St. Elias Mountains im Westen, die Coast und die Cassiar Mountains im Süden, und schließlich die Selwyn Mountains, die das Territorium des Yukon im Osten begrenzen.

Und dazwischen sind noch viele andere Gebirgszüge, große und kleine.

Auf den ersten Blick sind die Berge nur Fels und Schnee, ein unmöglicher Ort für Tiere zum Leben. Schauen wir genauer hin, so finden wir selbst auf den höchsten Plateaus, Hängen und Graten Vegetation. Es gibt pflanzliches Leben, und deshalb gibt es überall auf den Bergen etwas zu fressen für Tiere. Einige Arten haben sogar ein richtig gutes Leben hier. Elche, Karibus und Dallschafe wandern die Berge rauf und runter auf der Suche nach saisonaler Nahrung, Deckung vor Raubfeinden, Schutz vor quälenden Insekten, Fluchtterrain, Wasser, Paarungs- und Aufzuchtgebieten und anderem, was sie zum Überleben brauchen. Auf den Bergen lebt eine vielfältige Tierwelt; Wölfe haben ihrerseits gelernt, davon zu leben.

Etwa fünftausend Wölfe gibt es im Yukon; es gibt sie praktisch überall. Auf der Nordkappe folgen sie den wandernden Karibus, in Kluane überqueren sie die höchsten Regionen auf der Jagd nach Dallschafen und Schneeziegen, und in den Wäldern entlang der Flüsse jagen sie Elche. Der Wolf des Yukon ist ein Bergwolf. Ich kann mir kein Wolfsterritorium vorstellen, in dem sich kein Berg befindet. Uns erscheinen viele Berge unpassierbar, aber für Wölfe bieten sie sogar gute Wandermöglichkeiten. Auf windverblasenen Geländerippen und Hängen können Wölfe ihr Streifgebiet zu jeder Jahreszeit rasch durchqueren – selbst im tiefsten Winter. Ich habe Wölfe auf solchen schneefreien Geländekanten vierzig Kilometer weit an einem einzigen Tag von einem Tal ins andere verfolgt, wo sie dann einen Elch erbeuteten. Die Wölfe des Yukon wissen, wo, wie und wann man im Gebirge Beute macht.

Von 1982 bis 2000 erforschte ich Wölfe an vielen verschiedenen Orten. Ich arbeitete zusammen mit anderen Biologen, mit

Feldassistenten, Piloten und Studenten. Meistens waren wir im Winter unterwegs – da fanden wir die Fährten, die uns zu den Wölfen führten. Ich bin hunderttausende Kilometer in fast allen Regionen des Yukon in kleinen Buschfliegern geflogen. Wenn wir ein Rudel gefunden hatten, wurde es von meinem Team im Hubschrauber gejagt und ein Tier mit dem Narkosepfeil betäubt. Ich legte den Wölfen Halsbandsender um und verbrachte dann tausende Stunden damit, ihre Streifgebiete auf Karten einzutragen, ihre Fortpflanzungsbiologie zu untersuchen, Beuteraten an Elchen, Karibus und Dallschafen zu kalkulieren und ihre Überlebensrate abzuschätzen. Ich besuchte ihre Wurfhöhlen und sammelte Losung, um mehr über ihre Sommernahrung zu erfahren. Ich zog Blutproben und stellte genetisches Material sicher, um Krankheiten und genetische Disposition zu studieren.

Ich habe auch Wölfe vom Flieger aus geschossen oder habe die Hubschrauberbesatzung herbeigerufen, um den Abschuss zu tätigen. Wir balgten die Tiere ab und untersuchten die Kadaver. Wir wogen sie, maßen Körperlänge und -höhe, Schädelbreite, Zahnlängen und -breiten. Wir schauten nach gebrochenen Rippen sowie Laufknochen und wir stellten ihr Alter fest, indem wir ihnen einen Zahn zogen und die Jahresringe des Zahnzements zählten. Wir ermittelten ihre Fettdepots, um ihre körperliche Verfassung einschätzen zu können, wir untersuchten Mägen und Därme auf Parasiten. Ich lernte alles, was man über Wölfe lernen konnte.

Ich wurde ein Experte in der Frage, wie die Populationen von Elchen, Karibus und Dallschafen auf die Kontrolle von Wölfen reagierten. Ich hatte großes Interesse daran zu verstehen, wie sich Wölfe nach drastischen Reduktionen erholten. Ich konzipierte die erste Studie, mit der Wölfe durch Empfängnisverhütung gehindert werden sollten, sich zu vermehren – als Alternative zu den Abschüssen vom Helikopter aus. Durch all diese Arbeiten lernte ich die wichtige Rolle zu verstehen, die den Wölfen bei der Gestaltung nordischer Ökosysteme zukommt. Und unausweichlich lernte ich viel über mich selbst. In dem folgenden Abschnitt dieses Buches möchte ich Sie an diesen Einsichten teilhaben lassen. Und ich hoffe, ein paar neue Erkenntnisse über diesen überaus effizienten Beutegreifer mitzuteilen und damit die Art und Weise, wie wir ihn über Jahrzehnte behandelt haben, auf den Prüfstand zu stellen.

8

Schnee

Rogue River – 15. Februar 1989

Außerhalb des Flugzeugs herrschen Temperaturen von minus 25 Grad und auch drinnen ist es kaum wärmer. Ich bin in einen dicken Daunenanorak eingepackt und trage eine windundurchlässige Hose über schweren Wollsocken und langer Unterwäsche. Meine kalten Hände balle ich in Wollhandschuhen zusammen. Meine Kopfhörer sitzen auf einer Haube, die bis über beide Ohren und die Stirn heruntergezogen ist. Ich trage Winterstiefel, die meine Füße angeblich bis minus

40 Grad warm halten sollen. Allmählich verliere ich das Gefühl in meinem linken Fuß. Ein erstes unangenehmes Anzeichen dafür, dass wir bereits länger als eine Stunde hier sind.

Vor mir sitzt Ray Harbats, der Pilot. Ich versuche mich im Fährtenlesen im Schnee. Das kleine bisschen Wärme vom Motor der PA-18 Super Cub sickert in die Kabine vor ihm. Ray trägt einen dicken Overall, der die wenige Wärme wie ein Wall von mir abschirmt. Mit meinen Knien halte ich Abstand von den kalten Seiten der Super Cup und hoffe, dass ein wenig Wärme um Ray zu mir herumkommt, aber Fehlanzeige.

Die Plexiglasfenster sind vereist von unserer Atemluft. Ich finde einen kleinen Eiskratzer und bearbeite das linke Fenster, um einen kurzen Blick auf den gefrorenen Fluss unter uns zu werfen. Dicht am Ufer ist eine frische Vielfraßspur zu erkennen. Der Vielfraß ist unter umgestürzte Bäume geschlüpft in der Hoffnung, einen Schneehasen oder ein Schneehuhn zu ergattern. Wölfe halten sich hier nicht auf. Sie bevorzugen den zugefrorenen Fluss, um sich auf ihrer Suche nach Elchen schnell bewegen zu können.

Ein Stück flussabwärts hat ein größeres Rudel einen Elch gerissen. Seit 10 Uhr heute Morgen sind wir hinter ihnen her. Die Spur hat sich am Fluss verloren und wir kreisen nun über dem Wald, um sie wiederzufinden. Flüsse sind wichtige winterliche Highways für Wölfe. Die verwehte und harte Schneedecke lässt sie schneller vorankommen als im Wald. Falls die Wölfe dort unten im Wald keinen Elch gerissen haben, werden sie bald zum Rogue River zurückkehren. Ray verlagert sich gerade von der linken zur rechten Fensterseite, um nach Spuren zu suchen, während er das Flugzeug auf einer Höhe von etwa hundert Metern hält. Wir haben eine Geschwindigkeit von ungefähr 85 km/h; gerade langsam genug, um Einzelheiten im

Schnee zu erkennen, aber auch schnell genug, um sicher in der Luft zu bleiben. Plötzlich legt sich das Flugzeug scharf nach rechts. "Da ist was!" sagt Ray. Ich wechsle zum rechten Fenster und schaue runter, während die Maschine enge Kreise zieht. Ich sehe eine Fährte entlang des Flussufers, verliere sie aber schnell im Unterholz. Als wir umdrehen, sehe ich eine Spur quer durch Büsche hindurch, dann ist die Spur wieder auf dem gefrorenen Fluss. Welchen Weg sind sie gelaufen? Gehen sie flussaufwärts oder -abwärts? Meine Stimme kratzt im Lautsprecher. "Sie nehmen den gleichen Weg wie wir. Sieh Dir die Sprungabdrücke an, wo die Wölfe vom Ufer abgesprungen sind! Da ist aufgeworfener Schnee vor den Abdrücken. Sie bewegen sich noch flussaufwärts." Auch Ray sieht die Spuren und wir fliegen hinterher.

Ständig schaue ich nach unten, um die Richtung der Spuren im Auge zu behalten. Ich denke an die unzähligen Male, da Wölfe auf ihrer Fährte zurückliefen oder eine tiefe Elchspur nutzten, und an die vielen Kilometer, die wir in die falsche Richtung geflogen sind. Weil ich schon so viele Wolfsfährten verloren habe, habe ich eine einfache Regel – ich glaube nie, dass ich den Spuren in die richtige Richtung folge. Nur so bleibe ich konzentriert bei der Spur und werde nicht überrascht.

Ich bitte Ray, ein wenig höher zu fliegen. Er zieht den Steuerknüppel zurück und hebt den Flieger ein paar hundert Meter hoch über den Fluss. Ich wechsle von genauer Spurenbetrachtung zu einer weiteren Sicht nach beiden Seiten. Jeden Moment erwarten wir, Wölfe zu sehen. Aber es sind nur Spuren, die sich am Fluss entlang ziehen.

Schließlich haben die Wölfe an einer breiten Kurve den Fluss verlassen. Ich bitte Ray, die Kurve zu schneiden, und wir kommen wieder an den Fluss. Die Wolfsspuren haben die gleiche Richtung wie wir. An dieser Stelle war der Fluss über die

Ufer getreten. Die Spuren des Rudels gehen bis ans Eis heran und teilen sich dann in einzelne Fährten auf. Erst jetzt kann ich erstmals zählen, wie viele Wölfe zusammen unterwegs sind.

"Sechs" sage ich, weiß aber, es sind mehr. Plötzlich erscheint unter uns ein Netz aus Spuren, das in alle Richtungen führt. "Ein Riss!" ruft Ray, als er den toten Elch erblickt. Er zieht den Knüppel nach links und fliegt die Maschine so, dass ich einen Blick auf den Kadaver werfen kann, bevor er hinter der Super Cub verschwindet.

Der Kadaver liegt in Ufernähe – zumindest das, was von ihm übrig ist. Das Fleisch vom Brustkorb ist fast abgezogen und die Läufe sind nahezu aufgefressen. Die Wölfe haben das Fell in Stücke gerissen, lange Elchhaare sind um den Riss herum verstreut. Ray nimmt etwas Gas weg und wir kreisen niedrig über dem Elch. Ich suche zwischen den hohen Fichten nach Wölfen. Da sind viele Spuren flussauf- und -abwärts, aber die Wölfe sind verschwunden. Wir fliegen langsamer, um den Riss näher in Augenschein zu nehmen.

"Ich glaube, es ist ein Bulle," sage ich. Ich kann die Knochenschäfte am Schädel des Bullen ausmachen, auf denen sein schweres Geweih gesessen hat, bevor er es im Dezember abgeworfen hat. Ich ziehe einen Stift aus dem Handschuh und halte die Stelle auf meiner Karte fest. Viele Spuren von Vielfraßen führen zu dem Riss hin und wieder weg. Vielfraße kommen zu Rissen erst, wenn die Wölfe diese verlassen haben, um ungewollte Konfrontationen zu vermeiden. Das Rudel ist irgendwo flussaufwärts.

Einige Kilometer flussaufwärts gibt es eine weitere vereiste Stelle, an der sich der Trail in acht einzelne Fährten aufteilt. Dort gibt es mehr Hinweise, dass wir auf dem richtigen Weg sind. Das Morgenlicht ist hell genug, dass wir Einzelheiten an den Abdrücken erkennen können. Ich kann die vier Ballenabdrücke erkennen, die alle flussaufwärts weisen. Ein Wolf ist ein kurzes Stück gerannt und ich kann Schneespritzer erkennen, die seine Pfoten auf den flachen Schnee aufgeworfen und vorwärts geworfen haben. Wir sind richtig.

Weitere zehn Minuten fliegen wir entlang der frischen Fährte. Ich schaue auf meine Karte und schätze, dass wir die Wölfe bereits seit ungefähr dreißig Kilometern verfolgen. Wir überqueren viele alte und frische Spuren von Elchen, Füchsen und Schneehasen, die ebenfalls auf dem Fluss gelaufen sind. Dann sehen wir einen weiteren toten Elch. Wir rufen beide in unsere Mikrofone und Ray zieht den Knüppel nach rechts und zieht die Super Cub zurück über den Riss.

Nach Wolfsart ist der Kadaver komplett zerlegt. Der kurze Nacken und das kleine Skelett sagt mir, dass es ein Kalb war. Ungefähr zwölf Kilometer weiter liegt auf der Flussmitte ein weiterer Riss. Wahrscheinlich ein ausgewachsenes Tier, vielleicht ein Jährling. Wir kreisen über dem Wald, aber weit und breit keine Wölfe. Weiter flussaufwärts windet sich der Trail über eine Uferböschung und verliert sich im Wald. Wir suchen die umliegenden Wiesen und Zuflüsse ab. Plötzlich sehe ich die Spuren in einer tiefen Elchfährte. Die niedrigeren Bäuche der Wölfe haben die Elchfährte verbreitert. Als ich Ray schildere, was ich gerade sehe, nickt er mit dem Kopf, aber ich frage mich, ob er tatsächlich die geringe Veränderung in der Spur erkennen kann. Ich habe Jahre dafür gebraucht.

Einige hundert Meter weiter ist die Spur zurück auf dem Fluss. In der Folge verlässt sie ihn und kehrt immer wieder dorthin zurück. Die Wölfe jagen Elche. Wir sind jetzt am Oberlauf des Rogue River, fünfzig Kilometer von der Grenze der Northwest Territories entfernt, wo der Fluss aus der Verbindung zweier großer Gebirgsbäche entsteht. Die Fährten sind auf eine große Wiese zwischen den beiden Bächen gerichtet. Plötzlich ist sie weg. Sind sie verweht worden? Wir fliegen den Rand der Ebene in der Erwartung ab, die Spur wiederzufinden. Aber da ist nichts außer weichem, unberührtem Schnee. Ich erinnere mich an meine erste Regel: nie zu glauben, auf der richtigen Spur zu sein. "Sie haben angehalten und sind in ihrer Spur zurückgelaufen. Sie sind irgendwo hinter uns".

Durch das linke Fenster erkenne ich, wo die Fährte abbiegt. Sie verläuft über den südlichen Zufluss zu einem zerklüfteten Gebirgsbecken. Überall kommen Elchfährten zum Vorschein. Wir fliegen direkt über eine Elchkuh mit ihrem Kalb und nicht weit weg sind am Bach entlang tiefe Elchfährten und Sprungspuren von Wölfen, soweit das Auge reicht. Plötzlich taucht das Wolfsrudel zwischen den Büschen auf. Fünf Meter vor ihm rennt ein Elch um sein Leben.

Ray und ich rufen aufgeregt durcheinander. "Ich zähle neun, elf, nein vierzehn....alle sind schwarz...zieh die Maschine hoch.....wir stören sie beim Jagen." Wir können nicht bleiben. Das Flugzeug beschleunigt und wir steigen über dem Gebirgsbecken auf. Zurückschauend sehe ich, wie sich die·Wölfe verteilen. Der Elch rennt immer noch am Bach entlang. Dann kann ich ihn nicht mehr sehen. Auf den hohen Berghängen sehen wir viele Elchfährten. Ray findet Aufwind und die Super Cub steigt langsam über die Grate zum Hochgebirge. Drei Gruppen von Elchkühen mit ihren Kälbern stehen im Tiefschnee tausend Meter oberhalb der Talsohle. Sie suchen hier kein Futter – sie suchen Schutz vor den Wölfen.

Wir fliegen über das Tal zurück und ich sehe die Wölfe weit unten am Bach. Sie haben sich zusammengetan und versuchen, den Elch zu stellen. Für eine genaue Zählung sind sie zu weit entfernt. Wir verlassen das Gebirgsbecken und fliegen am Rogue River entlang zurück. Als die Maschine kurz stottert, wechselt Ray auf den Tank im rechten Flügel. "Zeit, dass wir heimkommen!" sagt er. "War 'ne tolle Spurensuche, Ray. Das hat mächtig Spaß gemacht", antworte ich.

Er hat schnell gelernt und hatte jede Menge Gelegenheiten, Wölfe aufzuspüren. Das obere Stewart River-Becken ist ein an Elchen und Wölfen reiches Ökosystem. Zusammen haben wir in der letzten Woche ein dutzend oder mehr Wolfsrudel aufgespürt. Es ist das eindrucksvollste Elchgebiet, das ich je gesehen habe, mit einem fantastischen Mosaik aus großen Tälern, alten Fichtenwäldern, Flüssen und hohen Bergen. Mit meinen kalten Fingern kritzele ich mühsam "vierzehn schwarze Wölfe" auf meine Karte und füge die Elch-Sichtungen hinzu. Ich schätze die Wolfsfährte auf nahezu einhundert Kilometer Länge. Auf dem eintönigen Rückflug zum Camp merke ich auf einmal, wie kalt mir ist. Ich drücke mich in den Sitz, richte mir das Sitzkissen und stecke meine Hände samt Handschuhen in die Parkataschen. Mein Gefühl im linken Fuß habe ich komplett verloren.

Auf dem Heimflug entdecke ich acht Wölfe. Sie stehen in tiefen Karibuspuren in der Mitte des Fairweather Lake. Wir gehen tiefer, um besser zu sehen. Ich zähle einen hell cremefarbenen, drei graue und fünf schwarze. Einige Minuten kreisen wir über ihnen, ehe wir sie verlassen. Uns ist klar, dass wir wegen der vielen Karibufährten niemals herausfinden werden, woher sie kamen. Wir queren zum South Macmillan River und fliegen den Russell Creek aufwärts. Wir bleiben knapp über den Baumwipfeln und beginnen den Sinkflug zu unserem Camp am Moose Lake. Plötzlich fällt mir auf, dass ich den Motor der Super Cub nicht mehr höre. Ich schaue zu Ray, aber er scheint unbesorgt und ich denke, er hat nur das Gas weggenommen, um auf den See hinunter zu gleiten. Wir touschieren fast die Baumspitzen, als wir das Seeufer erreichen. Das Flugzeug gleitet auf den See runter, die Kufen tauchen tief in den Schnee ein. Keine hundert Meter vom Ufer entfernt hält die Maschine. Der Propeller bewegt sich nicht.

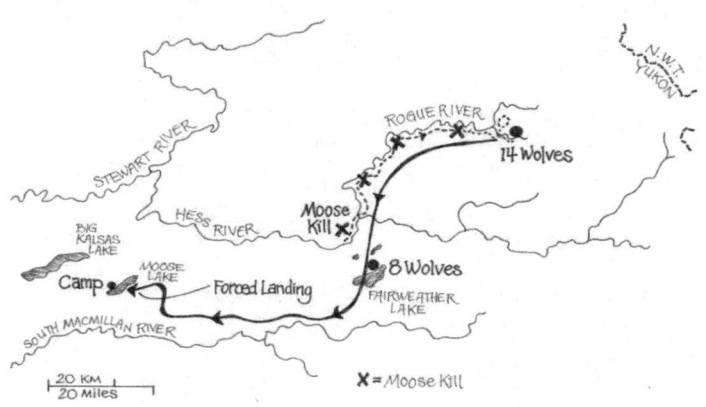

"Der Motor hat ausgesetzt!" erklärt Ray, während er sich zu mir umdreht. Mit dem rechten Tank hatten wir schon öfter Probleme, aber der Motor hatte uns bisher nicht im Stich gelassen. Ray spielt mit dem Gashebel und versucht zu zünden. Der Motor erwacht zum Leben. Unsere Piste liegt einige Kilometer entfernt an der anderen Seite vom Moose Lake. "Lassen wir's mit dem Fliegen", schlage ich Ray vor und er nickt zustimmend. Also gleitet das Flugzeug im tiefen Schnee auf Kufen über den See. Wir parken in der Nähe des Benzindepots. Es ist mittags, und der Rauch aus dem Kamin der Hütte sagt mir, dass mir bald wieder warm sein wird.

lan Baer ist der Feldassistent bei den Wolfsprojekten im Yukon. Achtzehn Jahre lang hat er mit mir zusammen gearbeitet. Unter winterlichen Bedingungen haben wir Wolfszählungen in sechzehn Gebieten auf insgesamt 750.000 km² durchgeführt. Manche Gebiete haben wir mehrmals durchgearbeitet, darunter dreizehn Jahre lang die 25.000 km² von Finlayson, sechs Jahre die 12.000 km² im Küstengebirge, und neun Jahre lang die 20.000 km² von Aishihik. In allen Regionen des Yukon haben wir Wölfe gezählt.

Dabei haben wir ein paar interessante Dinge über Wölfe herausgefunden und darüber, was ihre Zahl bestimmt. Zu allererst steht die Wolfsdichte in engem Zusammenhang mit Elchen. Die wenigsten Wölfe gibt es im nördlichen Yukon, wo Elche in geringen Zahlen über die arktische Taiga verteilt sind, und in den hohen Bergen von Kluane, wo die Wölfe hauptsächlich die wendigen kleinen Dallschafe jagen. Die besten Wolfspopulationen leben im mittleren und südlichen Yukon, wo Elche und Karibus relativ zahlreich sind. Zweitens fanden wir, dass die Territorien überall im Yukon etwa gleich groß sind, dass aber die Größe der Rudel abhängig ist vom Vorkommen von Elchen. Die Rudelgröße hängt unmittelbar vom Überleben der Welpen ab. Je mehr Elche die Wölfe erbeuten können, desto größer ist die Chance für die Welpen, den ersten Winter zu überleben. Wo es wenige Elche gibt, umfasst ein Wolfsrudel meist nur vier, fünf Tiere, mit nur einem oder zwei Welpen. In guten Elchgebieten sind Rudel von zehn bis fünfzehn normal, davon sechs, sieben Welpen.

Das Auffinden und Zählen von Wölfen fiel uns in dem Maße leichter, wie wir Erfahrung gewannen, vom Flieger aus ihre Fährten von Vielfraßen, Koyoten und Füchsen zu unterscheiden. Wir lernten, ihren Fährten durch dichte Fichtenwälder voller Elch- und Karibufährten oder durch das Spurengewimmel von

Dallschafen auf schneebedeckten Geländerippen zu folgen. Wir gewöhnten uns an viele ausgefallene Fährtenbilder aller möglichen Wildtiere bei unterschiedlichsten Schnee- und Lichtbedingungen, und wir bekamen Übung dabei, die Richtung der Fährten zu erkennen.

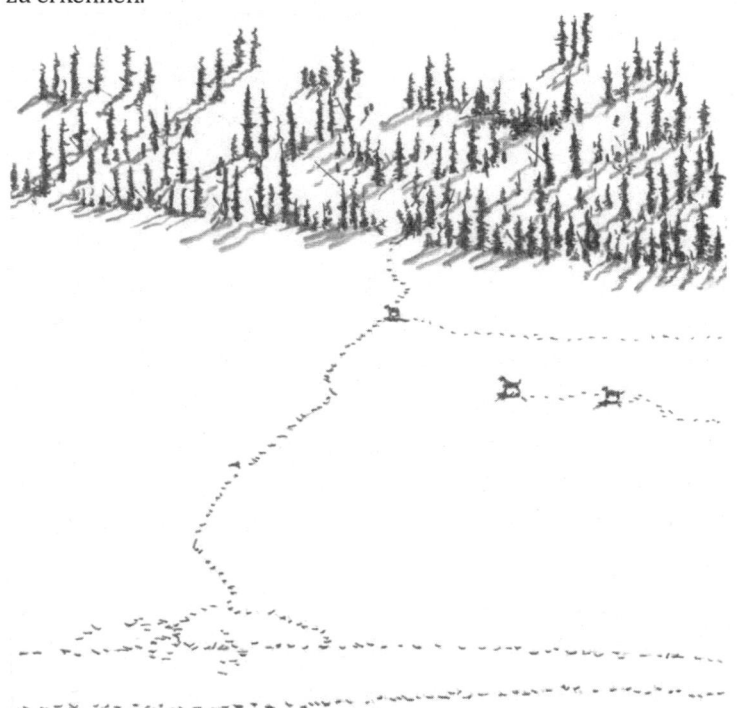

In den ersten Jahren mussten Al und ich viel Lehrgeld zahlen, und manchmal gab's auch was zu lachen. Wir folgten den Fährten von Vielfraßen über weite Strecken, bis uns die zu kurze Schrittlänge auffiel. Auf der Ketzastraße bei Ross River folgte ich einmal der Fährte eines vermeintlichen Wolfsrudels vierzig Kilometer weit, um am Ende auf ein Schlittenhundegespann zu treffen. Beide verbrachten wir viele Stunden damit, Wolfsfährten rückwärts zu folgen, bis uns älterer Schnee auf den Spuren unseren Irrtum offenbarte.

Am schwierigsten ist es, Wolfsfährten durch Karibufährten hindurch zu identifizieren. Wie die Wölfe, so wandern auch Karibus in der Spur ihrer Vorgänger, hinterlassen also enge Trails, und sie legen weite Strecken zurück, bis sie sich verteilen und äsen oder ruhen. Treffen Wölfe auf Karibufährten, so können sie ihnen sehr weit folgen, ohne inne zu halten. Für das ungeübte Auge sieht es so aus, als seien die Wölfe irgendwo verschwunden. Aber ihre Fährten sind noch da. Es braucht gute Lichtbedingungen und scharfe Augen, um zu erkennen, dass die niedriger gebauten Wölfe den Schnee mit ihren Bäuchen flachgedrückt haben.

Unter idealen Bedingungen konnte ich Wolfsfährten auch durch ein dichtes Spurengewirr von Karibus zuverlässig verfolgen. Eins meiner spannendsten Erlebnisse beim Abspüren hatte ich im April 1987 auf der Nordkalotte des Yukon. Wir fanden ein frisch getötetes Karibu und Wolfsfährten, die vom Babbage River wegführten. Die Tundra dort oben im hohen Norden ist normaler Weise windverweht, deshalb kann man Spuren nicht weit verfolgen. Aber in diesem Frühjahr war das Wetter nach einem stärkeren Schneefall ruhig. Wir folgten dem Rudel ostwärts ins Barngebirge, wo tausende Karibus der Porcupineherde auf der Wanderschaft waren. Die Fährten der Wölfe waren gut zu sehen, bis sie sich in einem großflächig von den Karibus zertrampelten Schneefeld auflösten. Die Karibus waren längst weitergezogen, und in ihren Trittsiegeln und Äsungskratern* war es unmöglich, die Wolfsfährten ausfindig zu machen. Wir umkreisten das zertrampelte Areal, bis wir die Fährten fanden, wo sie das Areal verlassen hatten. Durch die Berge flogen wir hinterher bis zum nächsten Karibuäsungsplatz. Auf diese Weise folgten wir ihnen Stück für Stück und fanden drei Karibus, die sie gerissen hatten. Dann wurde der Brennstoff knapp und wir mussten zurück zu unserem Camp in Old Crow.

Am nächsten Tag machten wir dort weiter, wo wir am Tag vorher aufgehört hatten. Die Wölfe hatten nach einiger Zeit gewendet und waren zurück zum Babbage River gewandert, wo wir begonnen hatten. Nach drei weiteren gerissenen Karibus fanden wir die Wölfe – vier schwarze, zwei graue – schlafend auf einer Geländerippe, gerade mal ein paar hundert Meter entfernt von dem ersten Riss, den wir tags zuvor entdeckt hatten. Die Wölfe waren achtzig Kilometer in einem vollen Kreis gelaufen und hatten uns eine Woche ihres Lebens als Karibujäger demonstriert.

Ein anderes denkwürdiges Erlebnis hatte ich am 20. März 1987, als ich Peter Clarkson, dem Wolfsbiologen in den Northwest Territories, beim Besendern seiner ersten Wölfe im Gebiet der Bluenose Karibuherde östlich von Inuvik half. Wir flogen in einem Jet Ranger Helikopter zu Peters Camp bei Husky Lakes. Unter uns waren hunderte von Karibufährten. Der Tag war klar, ideal zum Aufspüren. So nebenbei studierte ich die zahllosen Karibupfade, die die verschneite Tundra zerschnitten. Dann erkannte ich eine frische Wolfsfährte, die den Karibus folgte. Ich bat den Piloten, tiefer zu gehen. Er war skeptisch, dass jemand aus unserer Höhe die Fährten verschiedener Tiere ausmachen konnte. Wir kamen genau dort runter, wo ich deutlich die Trittsiegel von zwei Wölfen erkannte, die in einen zehn Meter breiten Pfad von Karibus mündeten. Wir landeten, und ich füllte ein paar Ampullen mit dem Narkotikum und steckte eine davon in die Kammer des Narkosegewehrs. Dann folgten wir dem Karibuwechsel bis zu einer Stelle, wo ihn die Wölfe in Richtung eines niedrigen Geländerückens verlassen hatten. Hier gingen die Fährten vom Gang in schnellen Trab und schließlich in große Sprünge über: Sie hatten den Helikopter kommen gehört. Sekunden später waren wir über ihnen. Ich erwischte alle beide, und so hatte Peter seine ersten beiden Wölfe besendert, bevor wir im Camp zurück waren.

Fährtenlesen vom Flieger erfordert zweierlei: ein gutes Auge und Immunität gegen Flugkrankheit. Alles andere lässt sich lernen. Ein typischer Fährtensuchtag umfasst fünf bis sechs Stunden intensives Beobachten aus einem eng kreisenden Flugzeug in geringer Höhe. Wenn man ständig die Richtung im Auge behalten und gleichzeitig die unscheinbaren Anzeichen von Wölfen am Boden beachten will, kann man sich Übelkeit nicht leisten. Glücklicher Weise kamen Al und ich mit dem unruhigen Flug der kleinen Maschinen gut zurecht, ohne schwindelig zu werden. Viele andere jedoch, die gerne mitgemacht hätten, mussten nach wenigen Stunden aufgeben, weil ihnen furchtbar schlecht wurde.

Meine Studien an Wölfen wären niemals möglich gewesen ohne die hoch interessierten und erfahrenen Piloten, die Buschflieger. Ich habe viele von ihnen eingearbeitet, darunter Ray Harbats – der Pilot in der Erzählung vorher – Hans Lammers, Jim Buerge, Rob Pyde. Das größte Pensum leisteten Tom Hudgin, Denny Denison und die beiden Brüder Derek und Cam Drinnan. Mit Tom bin ich fast zehn Jahre lang geflogen, wir verbrachten fast 3.000 Stunden zusammen in seiner PA-18 Super Cub. Das Fliegen hatte Tom im Unternehmen seines Vaters im berühmten Grand Canyon in Arizona gelernt. Schon als Tennager war er in den engen Canyons und entlang der steilen Abhänge geflogen, wo ihm heftige Windstöße und eine unberechenbare Thermik keinen Spielraum für Fehler ließen. Tom ist ein geborenes Fliegertalent, aber er arbeitete auch im Yukon ständig daran, sein Können zu erhalten. Auf den Rückflügen zu unserem Camp am Rose Lake bei Whitehorse glitt er gerne über den Gipfel des Primrose, drehte den Motor ab und ließ sich dann in einen unglaublich engen und steilen Canyon fallen. Dann brachte er die Nase der Super Cub wieder in die Horizontale und setzte das Flugzeug auf der gefrorenen Landebahn auf.

Die Super Cub schien wie ein Organ von Tom, oder Tom schien ein Teil der Super Cub zu sein. Kaum jemals musste er die Geschwindigkeit oder die Höhe kontrollieren, wenn wir hundert Meter hoch über Wolfsfährten kreisten, stiegen oder sanken. Während er auf seinem Sitz von einem Seitenfenster zum anderen rutschte, ließ er die Wolfsfährten am Boden nicht aus den Augen. Ich fragte ihn mal, woher er wusste, was die Maschine tat, weil er nie auf die Instrumente schaute. Er sagte, er fühle die Maschine mit dem Hintern. Außerdem, meinte er mit einem Anflug von Humor, sei er zu beschäftigt mit dem Fährtenlesen. Auf den tausenden Kilometern, die ich hinter ihm im Beifliegersitz gesessen bin, habe ich nicht ein einziges Mal das Gefühl einer Gefahr erlebt – obwohl sich das Fliegen meistens in geringer Höhe, bei extrem geringer Geschwindigkeit und weit weg vom Camp abspielte. Wir arbeiteten gut im Team, doch Tom brauchte mich nicht, um Wölfe zu finden. Im März 1989 verbrachte er einmal einen halben Tag allein über den dicht bewaldeten Bergen von Finlayson im östlichen Yukon. Als er landete, hatte er vier neue Wolfsrudel ausfindig gemacht. Das war ein Rekord im Yukon.

Am 29.Mai 1990 verunglückte Tom mit seiner Single Otter beim Start in Pelly Crossing. Als die große Maschine in die Bäume krachte, wurden die Kraftstoffleitungen abgerissen und das Flugzeug brannte lichterloh, noch bevor es am Boden aufschlug. Irgendwie schafften es Tom und sein Passagier aus dem Cockpit, aber beide erlitten schwere Verbrennungen. Nach dem Crash flogen wir bald wieder zusammen, aber seine verbrannten Hände waren empfindlich gegen Kälte. Ein paar Jahre später hörte er mit der Wolfsfliegerei auf. Ich bin ihm überaus dankbar für die Zeit, die wir miteinander geflogen sind. Heute fliegt er für ein kleines Unternehmen in Whitehorse.

Denny Denison flog eine Maule LR-7. Das ist ein kompakter, leichter Viersitzer, schneller als die Super Cub. Im Fliegen wie im Abspüren war er ebenso gut wie Tom. Die Maule hat eine höhere Grundgeschwindigkeit, und auch die nebeneinander angeordneten Sitze erschwerten die Sicht auf den Grund. Ich saß rechts neben Denny, daher konnte ich kaum nach links zum Fenster hinaussehen. Wenn Denny eine Wolfsfährte erkannte, lehnte er stets die Maschine nach links, um die Fährte besser durch das linke Fenster verfolgen zu können. Um ebenfalls etwas mitzubekommen, musste ich mühsam über seine Schulter schauen. Ich kam mir manchmal ziemlich unnütz vor und sagte dann: Ich bin hier der Chef – sei so gut und kreise mal anders herum. Wenn ich dann ein bisschen was gesehen hatte, wechselte Denny wieder die Richtung und machte weiter wie vorher.

Dennys Vermögen, Wolfsfährten zu erkennen und auch sofort zu wissen, in welche Richtung sie gewandert waren, war frappierend. Ich habe nie verstanden, was er sah und ich nicht sehen konnte, aber es geschah zu oft, als dass es nur Zufall sein konnte. Seine Augen waren außergewöhnlich, und ich bin überzeugt, er konnte Details besser sehen als die meisten anderen Menschen. Aber Denny war mehr als lediglich ein guter Pilot beim Abspüren. Er war lebhaft interessiert an Wölfen an sich und wusste über ihr Verhalten in der Wildnis genau so viel wie ich. 1994 war ich an der Universität und konnte die erste Woche nicht an den Feldarbeiten teilnehmen. Aber Denny kannte die Streifgebiete und die Bewegungsmuster der Rudel (in jedem war mindestens ein Tier mit Sender) ebenso gut wie ich. Ich bat ihn, ein Dutzend Rudel zu lokalisieren, bis ich hinzustoßen würde. Als ich zwei Wochen später ins Camp kam, waren die Feldarbeiten voll im Gange und ich hatte keinen Anlass, etwas zu ändern.

Sein enormes Engagement in meinem Wolfsprojekt ließ Denny hin und wieder über seine Pflichten weit hinausgehen. Im März 1984 stellten wir bei Teslin im südlichen Yukon Halsschlingen, um Wölfe lebend zu fangen. Mit wenigen Tagen Abstand kontrollierten wir die Schlingen vom Flieger aus. Eines Morgens fanden wir einen gefangenen Wolf ein paar hundert Meter neben Snafu Lake. Denny landete an der Strandlinie. Ich lud zwei Ampullen, griff mir das Narkosegewehr vom Rücksitz und steckte einen Halsbandsender in die Gerätetasche. Als wir näher kamen, sah ich, dass wir einen nervösen Welpen erwischt hatten, der sich am Ankerbaum verwickelt hatte und in Gefahr war, sich zu erdrosseln. Diese Fangschlingen haben einen eingebauten Stop, der verhindert, dass sich die Schlinge tödlich zuzieht. Trotzdem kann sich ein Wolf aufhängen, wenn die Schlinge zu hoch über dem Boden gesetzt ist. Der Welpe versuchte verzweifelt fortzukommen. Ich näherte mich vorsichtig, um ihn nicht unnötig in Panik zu versetzen, verhielt drei Meter entfernt und schoss die Ampulle in seinen Oberschenkel. Der Wolf reagierte mit einem heftigen Versuch loszukommen und verlor die Besinnung. Ich senkte das Gewehr, und schon war Denny am Wolf und versuchte, die Schlinge vom Hals zu lösen. Zusammen befreiten wir ihn, Denny ging auf die Knie und versuchte, den Wolf Mund zu Rachen zu beatmen. Zwischendurch drückte er ihm den Brustkorb mit rhythmischen Stößen zusammen. Wir wechselten uns ab, aber wir konnten den Wolf nicht retten. Es gibt nicht viele Menschen, die sich zu einer Mund-zu-Mund-Beatmung für einen anderen durchringen können; um wie viel weniger dann für einen wilden Wolf.

Denny war dabei, als wir den Fährten des größten Rudels folgten, dem ich je begegnete. Im März 1992 waren wir am Black River, einem Nebenfluss des oberen Liard. Ich sah einen breiten Trail und nahm an, es handle sich um die Fährten einer großen Gruppe von

Karibus. Der Trail führte in einen steilen Canyon, und wir folgten ein paar Kilometer. An einigen Stellen war der ganze vereiste Fluss bedeckt mit Trittsiegeln, die mir immer mehr nach Wolf aussahen. Denny dachte im Stillen dasselbe. Beide schrien wir auf, als wir einen schwarzen Wolf tot auf dem Eis liegen sahen. Der breite Wolfstrail setzte sich zwanzig Kilometer entlang des Black River Canyons fort. An mehreren Stellen konnte ich vierzig verschiedene Wolfsfährten zählen. Schließlich drehten die Wölfe ab zum Liard River. Wir wären gerne gefolgt, aber der Brennstoff wurde knapp. Zwei Wochen später beobachtete ein Trapper auf einem zugefrorenen See vor seiner Hütte neununddreißig Wölfe. Solche großen Rudel sind wahrscheinlich vorübergehende Zusammenschlüsse von zwei oder mehr Rudeln, deren erwachsene Tiere miteinander verwandt sind. Wegen der hohen natürlichen Aggressivität unter Wölfen halten sie nicht lange. Bevor ich den Trail dieses Rudels am Black River sah, war ich skeptisch gegenüber Berichten von Rudeln bis zu fünfzig Tieren, von denen in den 1950er Jahren im Gebiet der Southern Lakes die Rede war. Heute meine ich, solche Rudel hat es tatsächlich gegeben, zumindest über kurze Zeit.

Derek und Cam Drinnan waren die Eigentümer der Black Sheep Aviation und Cattle Company. Die beiden Brüder lernten die Fliegerei mit der Super Cub als Teenager bei Hudson's Hope im Norden von Britisch Kolumbien. Bevor sie in den 1980er Jahren in den Yukon kamen, arbeiteten sie als Jagdführer. Sie wussten bereits eine Menge über Wölfe und wie man sie fährtet. Derek und Cam arbeiteten mit mir in den 1990ern in der Ruby Range, einer der windigsten und schwierigsten Regionen im Yukon zum Fliegen. Im Winter kommen mächtige Stürme vom Golf von Alaska, und wenn sich das Tief über das St. Eliasgebirge schiebt, entstehen Stürme in größerer Höhe. Sie werden runtergedrückt in die Ruby Range, und dabei blasen sie den Schnee weg und löschen die Spuren und Fährten im Handumdrehen aus. Wenn wir unter diesen schwierigen Bedingungen abspürten, pflegte Derek zu sagen, es werde ropey (*rope:* Tau bzw. Seil), ein Begriff aus der Seemannssprache, der bedeutete, man solle sich mit einem Tau sichern, wenn man an Deck zu tun hatte. Das war eine zurückhaltende Andeutung, dass das Fliegen bumpy würde (man wurde manchmal trotz Sicherheitsgurt bis an die niedrige Decke der Kabine geworfen – ein guter Grund übrigens, den Schutzhelm nie abzusetzen!). Cam und Derek mussten außerordentliche Vorsicht walten lassen, wenn Fährten verfolgt wurden, die sich unvermittelt an einem windexponierten Geländerücken in Nichts auflösten. Oft mussten wir ein und dasselbe Gebirgstal immer wieder aufs Neue absuchen, bis wir Wölfe fanden. Einige Rudel haben wir überhaupt nicht gefunden, trotz mehrjährigen intensiven Fliegens. Derek geriet zweimal in schwerste Turbulenzen. Beide Male wurde seine Super Cub in der Luft auf den Kopf gestellt, und nur mit größter Mühe und all seiner Erfahrung konnte er sich retten.

Mit der Zeit wurden wir im Abspüren immer besser. In den ersten Jahren fanden wir etwa zwanzig Prozent der Rudel, die wir gefährtet hatten. Am Ende fanden wir fast alle, auch wenn wir manchmal einen ganzen Tag oder mehrere dazu brauchten. Ich gab nur sehr ungern auf, es sei denn, die Bedingungen waren nach starkem Wind, der die Fährten weggeblasen hatte, hoffnungslos oder in dichten Waldbeständen voller Elch- und Karibufährten. Die richtige Entscheidung zu treffen, ob man weitermachen oder aufgeben sollte, war eine Sache mehrjähriger Erfahrung. Und wenn wir sie dann gefunden hatten, brauchten wir eine Methode, um weiter in Kontakt mit ihnen zu bleiben, wenn wir ihre Rolle in der Wildnis des Yukon verstehen wollten.

9

Fang

Tyers River – 2. März 1990

ie Turbine des Jet Rangers springt an, die Rotorblätter beginnen sich langsam über uns zu drehen. Der Motor röhrt und der Hauptrotor dreht sich schneller. Eine blendende Schneewolke umhüllt uns. Zehn Meter entfernt liegt der besenderte Wolf, langsam kommt er zurück aus der Narkose. Er hebt den Kopf, schaut mit leerem Blick in unsere Richtung. Das Telazol blockiert die Nervenbahnen zu den Muskeln, er ist noch wie benebelt. In den nächsten zwanzig Minuten wird er nicht in der

Lage sein, seine Beine zu bewegen. Aber er sieht gut aus und sollte hier vor Raben sicher sein. Ich habe keine Bedenken, ihn hier liegen zu lassen. Er legt seinen Kopf nieder, Schneegestöber deckt ihn ein, als der Helikopter sich hochschwingt, um den Hochgebirgskessel zu verlassen.

Pilot John Withams Stimme kommt über den Funk. "Alle fertig?" Alan Baer schließt das Schießfenster. "Alles klar", antwortet er. Der Jet Ranger hebt aus dem Tiefschnee ab und fliegt langsam den Bergkamm entlang. Sekunden später überqueren wir den Kamm und sehen das Tal des Tyers Rivers unter uns. Irgendwo da unten ist der andere Wolf.

Ich greife in den Narkosekoffer zwischen meinen Beinen, nehme drei Narkosespritzen heraus und schraube die mit Widerhaken bewehrten Nadeln von den Spritzenzylindern ab. Im Koffer finde ich das Telazol und eine Spritze. Ich stoße die Nadel durch den Gummistopfen des Fläschchens und ziehe neun Milliliter der trüben Flüssigkeit in die Spritze auf. In jede Ampulle gebe ich dann drei Milliliter, schraube die Pfeilspitzen wieder auf und streiche etwas Vaseline auf jede Nadelöffnung, damit das Mittel nicht ausläuft. Alan nimmt die Ampullen über meine Schulter entgegen.

Während wir ihren Partner mit einem Halsbandsender ausgerüstet haben, hat die Wölfin einen Vorsprung von 45 Minuten gewonnen. Nach sieben Jahren intensiver Kontrolle aus der Luft ist dies das erste Jahr, in dem die Finlayson-Wolfspopulation sich wieder ungehindert entwickeln kann. Das Herzstück für den Wiederaufbau ist die Einwanderung von Wölfen. Mit der Besenderung von Wolfspaaren wollen wir klären, wie sich neue Tiere verhalten, fortpflanzen und ein Gebiet wie Finlayson neu besiedeln.

Der Schnee ist tief, sie kommt nur langsam voran und hinterlässt eine tiefe Spur, die sich gut verfolgen lässt. Einige Minuten später können wir sie sehen. Sie rennt bergab, hält sich aber an der

Waldgrenze. Ich beobachte ihren leichtfüßigen Trab und erkenne die eindeutigen Merkmale für ein Weibchen. Sie ist schmaler gebaut und ihr Hals ist schlanker als der ihres Partners, der noch oben auf dem Berg schläft. Elegant und effizient trabt sie durch den Tiefschnee.

John war beim Besendern von mehr als hundert Wölfen dabei, er benötigt keine Anweisungen. Er fliegt an der schwarzen Wölfin vorbei, schwebt einige hundert Meter vor ihr und verhindert so ihre Flucht in das bewaldete Tal. Sie schwenkt um und bewegt sich in Richtung des Berges zurück in ihrer tiefen Spur – genau dahin wollen wir sie haben. Als Alan das Fenster zum Schuss öffnet, strömt ein Schwall kalter Luft ins Cockpit. Lauter als der Wind schallt seine Stimme durch das Mikrofon.

"Fertig....sie ist recht zierlich, ich werde nur einen Pfeil benutzen," ruft er. Er hält das Gewehr im Cockpit und schützt den Verschluss mit seiner behandschuhten Hand, damit die Droge nicht einfriert. Von der rechten Hand hat er den Handschuh ausgezogen, sein Finger ruht am Abzug.

Die Wölfin bleibt stehen und wendet sich zu dem dröhnend näher kommenden Helikopter. Fünf Meter von uns entfernt beginnt sie plötzlich, bergauf zu laufen. Bis eben wäre es ein Schuss aus dem Lehrbuch gewesen. John zieht die Helikopternase leicht nach links, um Alan ein gutes Schussfeld auf den fliehenden Wolf zu eröffnen. Alan lehnt sich aus dem Fenster, das Gewehr an der rechten Schulter. Die Wölfin befindet sich genau unter dem Rotor, wo der Schuss nicht durch Turbulenzen beeinflusst würde. Doch gerade als Alan schießen will, dreht die Wölfin und rennt direkt vor den Helikopter, um danach darunter zu verschwinden.

"Verdammt, unmöglich zu schießen", schreit Alan in das knisternde Mikrofon. Sie ist unter uns und will in den Wald. John kippt den Jet Ranger seitlich zum Berg ab. Dann zieht er die Maschine hoch in einen Schwebeflug. Die Wölfin rennt direkt auf uns zu, mittlerweile ohne Angst vor der lauten Maschine. Wir können nicht verhindern, dass sie wieder und wieder im bewaldeten Terrain verschwindet. Sie ist schlau und wird sich nicht ein zweites Mal bergauf treiben lassen. Ich beginne nach Lichtungen Ausschau zu halten, wo wir einen Schuss anbringen können.

Umsichtig bewegt sie sich durch den Wald, bis sie den Talgrund erreicht. Ich kann erkennen, dass sie müde wird, während sie durch den dichten Wald läuft. Sie überquert eine kleine Lichtung, nur um sofort wieder unter einer riesigen Fichte zu verschwinden. Wir schweben über ihr und warten auf eine Bewegung. Aber auch eine Minute später ist nichts von ihr zu sehen. John drückt die Maschine vorsichtig runter und neben den großen Baum, um Schnee aufzuwirbeln, damit sie herauskommt. Der Luftzug der Rotorblätter fegt den Schnee von den Zweigen. Während John den Helikopter über die Baumwipfel steigen lässt, suche ich die flüchtende Wölfin. Aber ich sehe sie nicht. John kreist ein ums andere Mal über der großen Fichte, dann umkreisen wir die benachbarten Bäume, aber nirgendwo auch nur eine Spur. Sie ist offensichtlich noch immer unter dem Baum.

"Kannst Du landen?", frage ich John. "Ich steige aus und versuche, sie aufzuscheuchen." Einige hundert Meter entfernt ist eine kleine Lichtung. John schätzt die Fläche zwischen den großen Bäumen ab. Beruhigt, dass genügend Platz für die Rotoren vorhanden ist, lässt er die Maschine zwischen die Bäume sinken und setzt sie im tiefen Schnee auf. Alan gibt mir das Gewehr und die Pfeile. "Ich geb' Dir Deckung!" sagt er grinsend, während er seinen Revolver aus der Jacke kramt. Zu diesem Scherz nicke ich nur und nehme die Kopfhörer ab.

Vorsichtig klettere ich unter den rotierenden Blättern heraus, verlagere beim Aussteigen mein Gewicht, damit der Helikopter, dessen Rotoren unter Volllast drehen, nicht kippt. Sein Bauch liegt auf dem Tiefschnee auf. An der Rückseite der Maschine öffne ich das Staufach und nehme ein Paar Schneeschuhe heraus. Neben der Maschine knieend, schütze ich mein Gesicht, während der Helikopter startet. Ich lege die Schneeschuhe an und kämpfe mich durch den tiefen Schnee vorwärts. Bis zu den Hüften sinke ich ein. Schon nach fünfzig Metern bin ich außer Atem.

Während der Helikopter über mir kreist, komme ich dem Baum allmählich näher. Jede Sekunde rechne ich damit, dass die Wölfin aufspringt und wegrennt. Vorsichtig spähe ich durch die tief hängenden Äste, aber nichts bewegt sich. Ich schaue zum Helikopter, schüttle den Kopf und zucke mit den Schultern. Der Helikopter bewegt sich in größeren Kreisen über die nähere Umgebung. Ich biege die schweren Äste weg und schaue vorsichtig nach. Ihre frischen Abdrücke verschwinden in einem Schneeloch neben dem Baumstamm. Ich halte inne und gehe ein paar Meter zurück. Sie ist genau hier. Mein Herz rast, während ich den Revolver in seinem Holster unterm Arm überprüfe. Ich versuche in das Loch

hinabzuspähen in der Erwartung, dass die Wölfin mich anstarrt.
Näher dran, sehe ich Äste vor mir, die zu einem umgestürzten
Baum gehören. Sie versteckt sich unter dem Stamm. Ich kniee
nieder, um irgendein Geräusch zu erlauschen, kann aber nichts
hören.

Was tun? Ich lehne das Gewehr gegen den Baum, lege die
Schneeschuhe ab und nehme einen als Schaufel. Dann beginne ich
im lockeren Schnee rund um das Loch zu graben. In wenigen Minuten bin ich zwei Meter tief und habe den liegenden Stamm erreicht. Die Wölfin steckt in einem Schneetunnel, aus dem sie nicht
entkommen kann, ohne zuerst durch die Äste kriechen zu müssen.
So bin ich sicher, denke ich – zumindest vorerst.

Der Helikopter kommt zurück und steht über mir in der
Luft. Ich krabble aus meiner Grube und deute hinunter. Alan öffnet das Fenster und schaut fragend. "Sie ist unter dem Schnee",
schreie ich hoch. Er nickt und der Helikopter fliegt zu der Stelle,
wo ich abgesetzt wurde. Ich schaufle weitere zehn Minuten, bis ich
in einem drei Meter langen und zwei Meter tiefen Graben stehe.
Allmählich lege ich den umgestürzten Baum frei.

Immer wieder halte ich inne, um zu lauschen. Irgendwo da unten kann ich ein leises Scharren hören, aber die Wölfin sehe ich
nicht. So wie der Graben wächst, wühlt sie sich weiter abwärts
entlang des Stammes. Alan erscheint über mir, keuchend und nass
geschwitzt. Den schweren Winterparka hat er abgelegt. Er späht
hinunter und fragt neckisch: "Was willst Du da ausgraben?"

"Sie sucht sich ihren Weg unter dem Stamm hindurch", ant-
worte ich und rutsche mit einem Fuß von dem dicken Stamm ab.
Alan lässt sich mit dem anderen Schneeschuh herab in den Graben.
Nach weiteren zwanzig Minuten ist der Graben vier Meter lang.
Der Wölfin bleibt immer weniger Raum zu entkommen, wir kön-
nen das nervöse Scharren unter uns hören. Weit entfernt vom Wald

kommt ein schwacher Ruf. Es ist John. "Es wird dunkel, wir müssen los!" Ich schaue zu Alan. Es ist spät nachmittags, die sinkende Sonne erzeugt lange Schatten und macht es schwer, unter den liegenden Stamm zu schauen. Alan schüttelt den Kopf. "Grab weiter", sagt er. Entschlossen rammen wir unsere Schneeschuhe in den Schnee.

Endlich sehe ich dunkles Fell, das sich ein wenig bewegt. Ich winke Alan zu und deute wortlos auf die Äste. Aus dem Graben kletternd greife ich das Gewehr. In der Jackentasche finde ich das Geschoß, lade es und ziele. Im Zwielicht bin ich mir nicht sicher, welchen Teil des Tieres ich im Visier habe. Ich ziehe ab und hoffe, dass der Pfeil nicht die Wirbelsäule trifft. Die Wölfin scharrt einige Minuten kräftig, dann ist es still. Wir stehen ganz ruhig. Das Telazol beginnt zu wirken. Alan stößt mit dem Ende seines Schneeschuhs das Tier an.

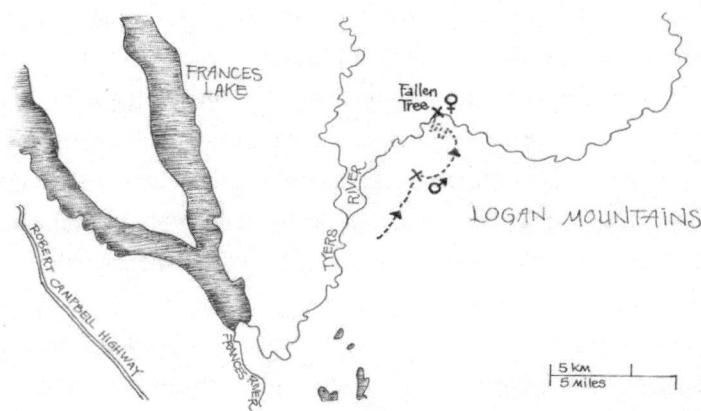

"Sie ist hinüber", flüstert er, klettert unter den Stamm und greift hinunter. Vorsichtig zieht er den schlaffen Körper durch das Geäst her zu mir. Der Pfeil hat sie direkt in den Schenkel getroffen – ein perfekter, ein perfekt glücklicher Treffer. Alan strahlt. "Ein Wahnsinnsschuss", sagt er und krabbelt aus dem Graben. Mit einem Griff zwischen die Läufe stelle ich fest, dass es sich tatsächlich um eine Fähe handelt. Vorsichtig öffne ich ihren Fang. Das Gebiss ist kaum abgenutzt und ein wenig verfärbt. Ihr Gesicht ist pechschwarz ohne ein graues Haar an der Schnauze. Ein junger ausgewachsener Wolf, vielleicht zwei Jahre alt. An die Grabenwand gestützt hebe ich die Wölfin auf meine Schultern. Alan greift herunter und zieht sie hoch. Als ich sie nicht mehr sehe, nehme ich wahr, dass das Licht zwischen den Bäumen fast verschwunden ist. Johns entfernte Rufe durchbrechen die dunkle Stille erneut. Wir werden im Dunklen nach Hause fliegen.

F ür ein intensives Studium der wilden Wölfe im Yukon war die Radiotelemetrie unentbehrlich. Um die Lebensweise der Wölfe zu verstehen, musste ich sie nicht nur häufig, sondern auf einer regulären Basis beobachten, wieder und wieder. Der erste Schritt in diesem Prozess war das Fangen von Wölfen. Es war auch der schwierigste.

Unbedingte Voraussetzung dafür war eine exakte Koordination zwischen einem außerordentlich guten Helikopterpiloten und einem Experten am Narkosegewehr hinter ihm. Aus einem fliegenden Helikopter auf einen flüchtenden Wolf zu schießen, bedeutet unvorhersehbare und plötzliche dreidimensionale Veränderungen in der Zielrichtung, und dazu ständig wechselnde Abstände zum Ziel. Dieses Ziel ist hochintelligent, es stoppt, schlägt Haken, verschwindet hinter einem Baum, oder flüchtet unter die Maschine. Ich arbeitete mit zwei Feldassistenten zusammen, Philip Merchant und Alan Baer, die mit den Jahren außergewöhnliche Experten wurden. Beide entwickelten eine unfassbare Geduld, bis sich die Schulter oder die Keulenpartie des rasch flüchtenden Wolfes so gut präsentierte, dass sie den Finger krümmen konnten.

Zu Beginn meiner Studien arbeitete ich mit Philip. Im Frühjahr 1987 verfolgten wir ein Wolfspaar am Firth River hoch oben im nördlichen Yukon. Zuerst schoss Philip den Rüden. Er rannte in eine lange Kette schmaler, steiler Hügel und tauchte immer wieder unter dicht beastete Fichten, um Deckung zu finden. Philip lehnte sich weit aus der offenen Tür, um den richtigen Moment abzupassen. Urplötzlich stoppte der Wolf. Der Pilot drehte den Helikopter auf der Stelle, gerade als der Wolf um 180 Grad wendete und seine Flucht in entgegen gesetzter Richtung fortsetzte. Philip lehnte sich zurück und schoss den Wolf einhändig aus sechs Metern Entfernung in den Rumpf. Es wäre schon ein schwieriger Schuss mit zwei Händen gewesen – doch ein geradezu unmöglicher Schuss von oben nach unten mit einer Hand.

Die Fähe war schwieriger, aber spannender. Sie bewegte sich unglaublich wendig – schlug Haken, flüchtete in riesigen Sätzen oder drehte sich weg vom dröhnenden Helikopter, während wir wohl ein halbes Dutzend Fehlversuche machten, um nur in Schussdistanz zu kommen. Schließlich landeten wir und ich stieg aus, um den Hubschrauber leichter zu machen. Minuten später sah ich ihn fünfhundert Meter entfernt schon wieder niedrig über dem Wolf fliegen. Für mich sah es so aus, als ob der Wolf an einer Leine am Helikopter hing und ständig hochsprang, um sich an den Landeskiern zu verbeißen. Dann bekam er tatsächlich mit den Vorderläufen irgendwie die Skier zu fassen. Da hing er für ein paar Sekunden, bevor er in den Schnee fiel. Unmittelbar darauf verschwanden Helikopter und Wolf aus meiner Sicht. Zehn Minuten später holte mich der Pilot. Wir flogen zu Philip, der einen Kilometer weiter über einem schlafenden Wolf kniete. Während wir ihm den Halsbandsender anlegten, berichtete Philip, wie sich er und der Wolf auf einen Meter Entfernung ins Gesicht schauten. Er hatte unmittelbar vorher geschossen und sah nun in die blanken Fangzähne seines Passagiers auf dem Landeski des Hubschraubers.

Das Immobilisieren von Wölfen aus dem Hubschrauber geschieht bei einer gefährlichen Jagd unter hoher Geschwindigkeit. Die Kunst besteht darin, das Geschehen in dem Sekundenbruchteil zwischen dem Krümmen des Zeigefingers und dem Auftreffen des Projektils auf dem flüchtigen Ziel richtig einzuschätzen. Alles geschieht viel zu schnell, um es sorgfältig zu kalkulieren. Stell' Dir vor, Du sitzt im Rücksitz eines Hubschraubers, zwei Meter über dem Boden und bei vierzig Stundenkilometer Geschwindigkeit. Von der vorbeirasenden Umgebung – Bäume, Felsen, Bodenvegetation – bekommst Du kaum ein klares Bild. Du musst Dich voll auf den Wolf fokussieren, unmittelbar vor den Spitzen der Hubschrauberkufen, und im Übrigen musst Du Dich voll auf den Piloten verlassen. Du wartest auf den winzigen Moment, da die Bedingungen am Boden, die Geschwindigkeit, der Abstand und das Ziel genau zusammenpassen. Der Wolf gerät in den Luftwirbel des Rotors. Du lehnst Dich raus und zielst in den leeren Raum vor dem Wolf, weil das Projektil langsam in einem flachen Bogen fliegen wird, um das Muskelpaket des Hinterlaufs zu treffen. Genau in diesem Augenblick kann der Wolf sich herumwerfen, und die Ampulle fliegt ins Leere.

Mit Alan Baer als Feldassistent arbeitete ich fast zwei Jahrzehnte zusammen. Er hat hunderte von Wölfen immobilisiert. Als ich ihn 1983 einstellte, war er bereits ein exzellenter Schütze. Schon als Teenager hatte er viel auf der Schießbahn geübt, und außerdem war er Jäger. Mit dem Narkosegewehr bekam es Alan zum ersten Mal im Jahr 1984 zu tun, als wir ein Rudel in den Coast Mountains südlich von Whitehorse jagten. Wir trennten einen jungen Wolf vom Rudel und drückten ihn allmählich in einen steilen Hang – ein perfekter Ort für einen ersten Schuss.

Nachteile waren aber der starke Wind und der Umstand, dass der Pilot ebenfalls ein Neuling war und sich nicht traute, tief genug zu fliegen. Und außerdem war Alan das im Vergleich zur Jagdmunition ungleich langsamere Narkoseprojektil nicht gewohnt. Als die ersten Schüsse fehl gingen, wollte ich ihm Ratschläge erteilen, hielt aber den Mund, als ich sah, dass ich ihn nur noch nervöser machte. Alan hielt entweder zu hoch oder nicht weit genug vor. Unser Vorrat an Ampullen ging rasch zur Neige, bis ich schließlich die letzte in der Hand hielt.

Das war's wohl, sagte ich, um einen lässigen Tonfall bemüht, und reichte sie ihm hinüber. Er war am Boden und fragte, ob ich übernehmen wolle. Nein, mach' nur – diesmal triffst Du! Das Projektil flog harmlos in den Schnee, und der Wolf verschwand. Noch Jahre später nannten wir das Gebiet scherzhaft schläfriger Berg.

Trotz dieser missglückten ersten Vorstellung wurde Alan ein herausragender Experte bei der Immobilisierung von Wölfen. Nach jenem ersten Tag hat er fast nie wieder vorbei geschossen. Jeden Winter narkosierte er Dutzende von Wölfen, meist mit nur einem Schuss pro Wolf. Genauso wie Philip war Alan überaus bedacht darauf, keinen Wolf zu gefährden, und er wurde nie ungeduldig, wenn ein Pilot fragte, warum er denn soeben nicht geschossen hatte. War nicht gut, war seine simple Antwort. Besser kein Wolf als ein verwundeter.

Im Februar 1993 wurde ich Zeuge, wie gut Alan geworden war. Im Rücksitz eines Buschfliegers folgte ich dem Helikopter, der seinerseits ein Rudel von acht Wölfen verfolgte. Das Rudel teilte sich in drei Gruppen, die in Linie hintereinander über einen schmalen See flüchteten. Der Hubschrauber machte sich in niedriger Höhe am Ende der letzten flüchtenden Gruppe fest, Alan lehnte sich aus der rechten Türöffnung, und dann schoss er aus jeder Gruppe einen Wolf, während der Pilot von einer Gruppe zur nächsten schwebte. Das geschah alles in weniger als einer Minute. Zehn Minuten später lagen drei Wölfe bewusstlos auf dem Eis. Freilich – Alans ebenso wie Philips hervorragende Resultate waren nicht möglich ohne ebenso hervorragende Piloten im Cockpit.

Auch beim Fangen selbst kommt es auf den richtigen Piloten an. Im Rahmen der Sicherheit wird dem Hubschrauber das Letzte abverlangt. Es sind nur feine Unterschiede zwischen sicheren und weniger sicheren Piloten. Übervorsichtige fliegen zu hoch oder zu langsam, um eng genug am Wolf zu bleiben. Die wirklich guten sind mehr als lediglich gute Piloten – sie verfügen über den richtigen Instinkt und werden gleichsam Teil ihrer Maschine. Sobald die Jagd losgegangen ist und der Hubschrauber wenige Meter über dem Boden dahin dröhnt, sind nur mutige Piloten in der Lage, dem Schützen hinter ihm die passende Gelegenheit zum Schuss zu liefern. Hindernisse wie Bäume, tote Baumstämme, hohe Büsche, Felsen und Steilhänge lassen keinen Spielraum für Fehler. In jedem Augenblick muss der Pilot sich des Raums und der Distanz zum Boden bewusst sein, in dem der Hauptrotor und der Heckrotor arbeiten.

Und dann sind da jede Menge Umweltfaktoren, die das Flugverhalten des Helikopters beeinflussen. In größerer Höhe lässt die Kraft und damit die Kontrolle der Maschine dramatisch nach. Kleine Veränderungen der Windrichtung und –geschwindigkeit wirken sich in größerer Flughöhe stärker aus. In dünner Luft in den Bergen reagiert der Hubschrauberträger und wesentlich langsamer auf den Piloten. Da die Verfolgung nur selten entlang einer idealen Linie erfolgt, machen Rücken- oder Fallwinde häufig plötzliche Manöver erforderlich. Gute Piloten besitzen für sicheres Fliegen ein außerordentliches Gefühl, ein geradezu Zenartiges Verständnis für Wind- und Höhenverhältnisse.

Um es noch komplizierter zu machen, nimm das rasch wechselnde Gebirgsgelände, die Hangneigung und die unvorhersehbaren Windverhältnisse hinzu. Richtung und Tempo des Wolfes können in einem Sekundenbruchteil wechseln, je nachdem, ob es rauf oder runter, durch Wald, über Blockfelder oder gefallene Bäume geht oder über wechselnden Schnee. Die Gefahr für die Mannschaft ist offensichtlich – aber auch der Wolf lebt gefährlich. Fliegt der Helikopter zu niedrig, trifft das Narkosegeschoss den Körper seitlich. Es kann in den Brustkorb eindringen und vitale Organe tödlich beschädigen. Wird direkt von oben geschossen, kann die Wirbelsäule getroffen werden.

Nicht alle Piloten waren gleich gut. Die wirklich guten waren leicht zu erkennen, denn sie liebten die Jagd. Eine Handvoll waren herausragende Piloten und Wolfsjäger. Zusammen mit Philip Merchant begann ich 1983 mit John Fletcher und Matt Conant in den Coast Mountains, wo wir fast täglich von heftigen Winterstürmen durchgeschüttelt wurden. Wir hatten es zu Beginn unserer Arbeit oft mit besonderes schwierigen und gefährlichen Gebirgsbedingungen zu tun. John und Matt brachten uns sicher zu den Wölfen, wir immobilisierten vierundfünfzig Tiere. Ende der 1980er Jahre kam John am Alaska Highway durch einen Stromschlag ums Leben, als er ein Verkehrszeichen reparierte. Matt fliegt bis heute. Norman Graham und Jim Hodges waren die Piloten bei einundfünfzig Wölfen, die wir im nördlichen Yukon narkotisierten. Beide verfügen über eine kühle Ruhe, was die Flüge besonders angenehm machte. Am besten kannte ich freilich die Fähigkeiten von John Witham und Doug Makkonen, mit denen ich die meisten Wölfe fing.

Die beiden flogen ganz verschieden. John war ein aggressiver Verfolger. Sein Können entwickelte er teilweise während der Wolfskontrollen, bei denen wir in den 1980er Jahren Wölfe vom

Helikopter aus erschossen. Er war hervorragend im Spurenlesen und konnte Wölfen durch dichten Wald voller Karibufährten und Äsungskratern folgen. Besonders gut war er darin, Wölfe auf Waldlichtungen so einzukreisen, dass sie beschossen werden konnten. Unerfahrene Piloten neigen dazu, die Wölfe zu hart zu verfolgen. Da geraten die Tiere leicht in Panik und flüchten in alle Richtungen, ohne dass sich eine Chance für einen sicheren Narkoseschuss ergibt. John dagegen kreiste weit weg im Hintergrund, manchmal einen ganzen Kilometer weg. Die Wölfe blieben ruhig, offensichtlich in der Annahme, sie seien den lästigen Helikopter los. Indem er bedächtig über den Bäumen hin und her manövrierte, konnte John ein Rudel über Kilometer durch dichten Nadelwald bis zu einer Lichtung oder einer offenen Wiese drücken. Dann ließ er den Hubschrauber rasch auf die überraschten Tiere herabsinken. So brachte er jedes Mal die Maschine so in Position, dass sich die Wölfe genau unter Alans Schießfenster befanden. Oft blieben Al nur ein oder zwei Sekunden, bevor John den Helikopter hochziehen musste, um nicht in die Bäume zu geraten.

John Witham flog seinen Bell 206 Jet Ranger wie eine sportliche Harley-Davidson; Doug Makkonen dagegen manövrierte sein Fluggerät wie einen sanft dahin gleitenden Cadillac. Mit ihm flog ich besonders gerne, weil ich bei ihm immer das Gefühl hatte, dass die Fangaktionen auch unter schwierigen Bedingungen einfach waren. Als Pilot ist er ein Naturtalent, mit herausragenden technischen Fertigkeiten und ebenso guten aerodynamischen Kenntnissen. Es geht das Gerücht, dass der Chefpilot nach einem Probeflug mit Doug aus dem Bell 47 kletterte und, ganz durcheinander, meinte: Der kann viel besser fliegen als ich! Bei unserem ersten Fangversuch flog Doug zu hoch über dem Wolf, und ich sagte ihm, er solle etwas tiefer gehen. Beim zweiten Anflug waren wir kaum höher als die niedrigen Büsche, und dann war da ein sanfter Schlag an den Skiern und als ich zurückschaute, sah ich einen Wolf durch den tiefen Schnee rollen. War das tief genug? fragte Doug voller Unschuld.

Besonders gut war Doug bei starkem Wind. Ich flog viele Fangaktionen in den Bergen der Ruby Range unter Bedingungen, bei denen die meisten anderen Piloten sich geweigert und einen ruhigeren Tag abgewartet hätten. Am 20. Dezember 1997 verfolgten wir ein Rudel von acht Wölfen entlang des Kaskawulsh River im Kluane Nationalpark, und schließlich fanden wir sie hoch oben auf dem Hoodoo Mountain an einem frisch gerissenen Elch. Zum Narkotisieren war es zu spät am Abend, und tags darauf war starker Wind aufgekommen. Aber Doug war zuversichtlich, dass wir einen Wolf bekommen würden. Zusammen mit Terry Skjonsberg vom Nationalpark enterten wir den Helikopter und flogen bei heftigem Gegenwind zum Hoodoo Mountain. Die Wölfe hatten sich leeseits entlang eines hohen Rückens verteilt. Ich erinnere mich, dass ich dachte, es würde schwierig sein, bei diesem Sturm überhaupt in der Luft zu bleiben – von Narkotisieren ganz zu schweigen. Terry präparierte ein Narkosegeschoss und signalisierte, dass er bereit sei. Ich schaute von oben in einen riesigen wirbelnden Turm von Schnee, der sich über dem Berg erhob, und sagte ihm, er solle ein paar zusätzliche Ampullen vorbereiten, denn es würde gleich recht heftig werden. Terry zögerte und meinte, seine Vorschriften wiesen ihn an, nur jeweils eine Ampulle bereit zu haben. Da mischte sich Doug ein und sagte: Wenn wir da runter sollen, dann solltest Du besser eine Handvoll bereit halten! Riesige Schneemengen wirbelten hoch vom Berg und entlang der Geländekanten, als wir auf die Wölfe zuflogen. Es war so gut wie *Whiteout**, als Doug erst einen, dann den nächsten und schließlich einen dritten Wolf die windgepeitschten Hänge hochtrieb, wo Terry sie perfekt niederlegte.

Nach über dreißig Jahren gilt Doug heute immer noch als einer der besten Gebirgspiloten der Welt. In den St. Elias Mountains bei Haines Junction flog er viele Rettungseinsätze, wo er in Not geratene Kletterer aus Felswänden holte, zu denen er mit seinem Jet Ranger kaum hinfliegen konnte, nicht zu reden von sicherem Manövrieren. Im Jahr 2002 wurde er mit der Robert E. Trimble Medaille für eine Serie von Rettungsflügen ausgezeichnet, bei denen die Gesetze von Schwerkraft und Physik außer Kraft gesetzt schienen. Bei schwerem Weststurm flog Doug mehrmals zu einem Höhenlager am Mount Logan, dem höchsten Berg in Kanada, und brachte die verzweifelten Bergsteiger einen nach dem anderen in Sicherheit.

Ich bin überzeugt davon, dass nirgends in der Welt bessere Hubschrauberpiloten fliegen als solche, die beim Fangen von Wölfen dabei waren. Ohne ihr außergewöhnliches Können hätte ich niemals so viele Wölfe besendern können. Zwischen 1983 und 2000 fingen meine Mannschaften dreihundertdreiundachtzig Wölfe. Nur vier davon haben die Prozedur nicht überlebt. In der Rückschau wundere ich mich immer wieder, dass wir keinen Helikopter ernsthaft beschädigt haben und kein Teammitglied jemals verletzt wurde. Es ist ein Beweis für das Können aller Beteiligten – und sicherlich auch für eine gehörige Portion Glück.

. Aber das Fangen von Wölfen war nur der Anfang. War ein Wolf immobilisiert, so bekam er einen Sender um den Hals. In dem pfundschweren Halsband war ein kleiner batteriegetriebener Sender eingebaut. Jeder Sender hatte seine eigene Frequenz, so waren die Wölfe individuell unterscheidbar. Zur Ortung der Signale benutzten wir Starrfügelflugzeuge mit einem speziellen Empfänger. Der war mit Richtantennen verbunden, die an den Tragflächen befestigt waren. Unter günstigen Bedingungen konnte ich das Piepen eines Senders auf bis zu fünfzig Kilometer Entfernung im Kopfhörer hören. Beim Näherkommen wurde das Signal stärker, so dass ich alsbald herausfand, auf welcher Seite des Fliegers sich der Wolf befinden musste. War ich über dem Wolf, konnte ich sehen, was er machte. So begann mein Verständnis für das Leben der Wölfe im Yukon.

Die Sender halfen uns bei der Beantwortung von Fragen zur Ökologie der Wölfe, die noch nie vorher studiert werden konnten. Ich wollte in erster Linie wissen, welchen Einfluss Wölfe auf die Populationen großer Huftiere hatten. Bevor wir begannen, wusste man fast nichts darüber, wie häufig Wölfe Elche, Karibus oder Dallschafe töteten. Wir wussten nicht, welche Altersklassen den Wölfen besonders ausgesetzt waren oder ob sie mehr männliche oder weibliche Tiere töteten.

Mit Hilfe der Radiosender konnten wir ermitteln, wie viele und welche Beutetiere von den Wölfen im Winter erlegt wurden. Über die Jahre folgten wir fünfundsiebzig verschiedenen Rudeln wochenlang, manchmal monatelang, Tag für Tag, wobei wir die Art, das Alter und das Geschlecht der erbeuteten Tiere aufnahmen. Erstmals überhaupt wurden Daten über den Zusammenhang von Rudelgröße und erlegter Beute gewonnen. Im Jahr 2000 hatten wir mehr Daten über die Beuterate von Wölfen als alle anderen bis dahin durchgeführten Feldstudien zusammen.

Mit der Radiotelemetrie konnten wir den Wölfen auch übers ganze Jahr auf den Fersen bleiben. Im Verlauf meiner Feldarbeiten fanden wir über hundert Wurfhöhlen, an denen wir Welpenzahl und Überlebensraten ermitteln konnten. An den Höhlen sammelte ich Losungsproben ein, um die Beutewahl im Sommer festzustellen. Ohne Sender wäre die Suche nach Wurfhöhlen vergleichbar gewesen mit der sprichwörtlichen Suche nach der Nadel im Heuhaufen.

Radiosender bildeten das einzige Werkzeug zum Studium

des Lebens der Wölfe im Yukon. Wir lernten, wie lange ein Jungwolf im Rudel verblieb; wann und wohin er abwanderte; wie sich seine soziale Stellung änderte; wann und wo und woran er starb. Jahrelang hielten wir Kontakt zu mehreren hundert Wölfen und erfuhren dabei, dass kaum einer vier Jahre alt wurde. In den meisten Fällen wurden sie von anderen Wölfen getötet. Unter den anderen Todesursachen finden sich Grizzlies, Hunger, Lawinen, Abstürze, Menschen und Elche. Das Letztere kann nicht verwundern. Wenn man etwa jede Woche einen Elch töten muss, steigt das Risiko, von diesen gefährlichen Beutetieren verletzt oder getötet zu werden, mit jedem Lebensjahr.

Die Telemetrie zeigte uns auch die Grenzen der Rudelterritorien, und sie zeigte uns die Gebiete, in denen die Wölfe vorzugsweise jagten. Ohne die Telemetrie hätte ich nie erfahren, wie sich die Wolfspopulationen nach drastischer Reduktion in drei Gebieten des Yukon erholten. Telemetrie bildete die Voraussetzung für die Dokumentation der Studentin Christie Spence über die Auswirkungen einer Sterilisation wild lebender Wölfe auf Populationszuwachs, Überlebensrate und Reproduktionsverhalten.

Christies Studie war die erste ihrer Art an frei lebenden Wölfen.

Radiotelemetrie öffnete mir die Tür zum Verständnis von Wolfsverhalten und Wolfsökologie in der unermesslichen Wildnis des Yukon. Mit der Hilfe von erfahrenen Piloten und wissenschaftlichen Assistenten konnte ich die Lebensgeschichte hunderter Wölfe im Yukon ergründen. Ich lernte viele neue Dinge darüber, wie sie ihren Lebensraum nutzten und wie sie mit Elchen, Karibus, Dallschafen, Bären und Raben umgingen.

10

Die perfekte Beute

Fourth of July Creek – 10. Februar 1994

Die Wölfin führt ihr Rudel den steilen Hügel hinauf. Direkt in der Falllinie arbeitet sie sich vorwärts, drückt ihren Körper durch den tiefen
Schnee. Auf dem Gipfel erreicht sie einen dichten Fichtenwald.
Zehn weitere Wölfe folgen dicht dahinter, emsig darauf bedacht,
in der tiefen Spur zu bleiben. Plötzlich erfasst sie die starke Witterung von Elchen und drückt ihre Nase in den harten Schnee,
um den Fährten zu folgen. Sie findet Elchlosung, noch feucht,

und schnuppert behutsam daran. Die Pillen sind locker und warm und riechen nach Kalb. Ihre Aufregung nimmt zu, ihre Rute wedelt heftiger. Die anderen Wölfe kommen zusammen, als sie die Lager der Elche im Schnee erreichen. Sie drücken ebenfalls ihre Nasen in den Schnee und schnüffeln. Alle wedeln aufgeregt mit den Schwänzen. Die Wölfin findet die frische Fährte, die aus dem Wald herausführt, und folgt ihr bis auf eine große Wiese. Hier ist die Witterung sehr viel stärker. Die Elche sind nahe. Sie stoppt, um zu lauschen, hört aber nur den leichten Wind, der durch die Zweige rauscht. Sie hebt die Rute und ihr Partner schließt zu ihr auf, während das restliche Rudel auf der Wiese erscheint.

Die Elchkuh nimmt ein Geräusch auf der Wiese wahr. Sie hört auf zu äsen, hebt langsam den Kopf und lässt ihre großen Ohren spielen. Zur Bewegungslosigkeit erstarrt, versucht sie, den Laut zu lokalisieren. Sind es Artgenossen? Aber da ist kein Geräusch knackender Zweige, sind keine Schritte schwerer Hufe durch tiefen Schnee. Sie hört gerade noch den schwachen Laut von etwas leichtem, das sich ihr und ihrem Kalb nähert. Adrenalin schießt in die Muskeln, als sie die tödliche Gefahr auf der Wiese erkennt. Ihr Kalb daneben fühlt die Angst der Mutter und steht schnell von seinem Lager auf.

Die Wölfin entdeckt die beiden Elche fünfzig Meter vor sich. Sie hält inne, setzt sich, lässt die Beute nicht aus den Augen. Das Rudel kommt hinterher, verlässt dann aber den Elchtrail und formt einen weiten Bogen vor den beiden Tieren. Das Rudel wird aufgeregt in der Erwartung der Jagd. Die Welpen setzen sich in den Schnee und warten auf das Angriffszeichen ihrer Mutter. Die wartet geduldig auf die erste Bewegung ihrer Beute.

Das Herz der Elchkuh hämmert, Adrenalin strömt durch den Körper und spannt die Muskeln. Sie wirft ihren massigen

Körper herum und läuft los. Das Kalb folgt ihr dicht auf den Fersen. Sie rennen um ihr Leben. Die Wölfin stürzt sich voran in den tiefen Schnee. Die anderen überlassen ihr die Führung, alle jagen hinter den Elchen her. Am Rand der Wiese aber verhält das Rudel, drängt sich in der Spur der flüchtenden Elche zusammen. Die Wölfin an der Spitze bekommt davon nichts mit. Während sie im Wald verschwindet, stehen die anderen nur da und beobachten.

Die Kuh lässt das Kalb vorbei, sie erreichen einen lichten Espen- und Fichtenwald. Hier liegt weniger Schnee, die Flucht ist nicht so anstrengend. Das Kalb ist bisher noch nie vor der Mutter gelaufen. Es ist verwirrt und unsicher, welche Richtung es einschlagen soll. Es wird langsamer, die Kuh schließt auf – und nimmt im selben Augenblick den Verfolger an ihrer Seite wahr.

Die Wölfin ist schnell im Schnee und kommt den Elchen rasch näher. Solche Angriffe hat sie schon viele Male unternommen. Sie weiß, dass die Kuh versuchen wird, einen Angriff auf ihr Kalb abzuwehren. Das Kalb ist das Hauptziel der Wölfin. Als sie näher kommt, dreht sich die Kuh und stellt sich der Angreiferin. Die weicht hinter eine Fichte aus, um den Hufschlägen der Kuh zu entgehen, und attackiert das Kalb, aber die Kuh ist zur Stelle, ihre Schläge verfehlen die Flanke der Wölfin nur knapp. Die Wölfin dreht und entkommt im allerletzten Augenblick, versucht aber sofort einen zweiten Angriff. Sie springt an der Kuh vorbei, wendet dann im rechten Winkel, um dem flüchtenden Kalb den Weg abzuschneiden – aber die Kuh ist schon wieder zur Stelle. Die wütende Kuh senkt den Kopf und greift ihrerseits an, aber die Wölfin entkommt durch eine Rolle zur Seite, und die Kuh läuft zurück hinter ihr Kalb.

Wenige Sekunden später ist die Wölfin schon wieder einen Meter neben der breiten Flanke der Kuh. Sie springt hoch, landet auf dem Rücken der Kuh und verbeißt sich in der Schulter. Aber die Kuh buckelt heftig, wirft ihren langen Nacken zurück und schleudert die Wölfin durch die Luft. Sie landet in einem Schneehaufen, kommt schnell auf die Beine und greift erneut das Kalb an. Die Kuh wehrt auch diesen Angriff ab, wieder springt die Wölfin auf ihren Rücken, aber ihre Fangzähne können das Fell und die Haut nicht fassen. Die Kuh schickt sie der Länge nach wieder in den Schnee.

Allmählich wird die Wölfin müde. Inzwischen ist sie vier Kilometer volles Tempo gerannt – sich drehend, wendend, die Kuh umkreisend. Aber auch das Kalb ist erschöpft. Auf der Flucht entlang eines Bergrückens ist es zwanzig Meter hinter seine Mutter zurückgefallen. Und nun macht das Kalb einen beinahe fatalen Fehler. Es bekommt nicht mit, dass seine Mutter den Grat verlässt und nach rechts in den dichten Wald steuert. Das Kalb rennt weiter. Als es die Witterung der Mutter nicht mehr wahrnimmt, hält es an. Es läuft links den Grat hinab und entfernt sich so von der Kuh. In Panik rennt es durch den dichten Fichtenwald auf der Suche nach seiner Mutter. Die Wölfin trabt nun, aber sie hat ihr Ziel noch nicht aufgegeben. Sie erklimmt den Grat und folgt der Spur der Kuh in den dichten Wald. Die Kuh hat ihr Kalb in der Entfernung rufen gehört und bewegt sich schnell in Richtung der Rufe. Einen Kilometer weiter sind beide an einem kleinen Bach wieder vereint.

Die Wölfin bricht atemlos im Schnee zusammen. Sie hört das Heulen ihres Rudels weit hinter sich. Es ist schon dunkel, als sie sich aufmacht und ihre Spur zurück aufnimmt. Die anderen Wölfe haben kehrtgemacht und bewegen sich zehn Kilometer entfernt einen Hang hinauf. Fast die ganze Nacht folgt sie deren Spur. Am frühen Morgen findet sie das Rudel, das sich zwischen den Felsblöcken eines windgepeitschten Bergrückens ausruht.

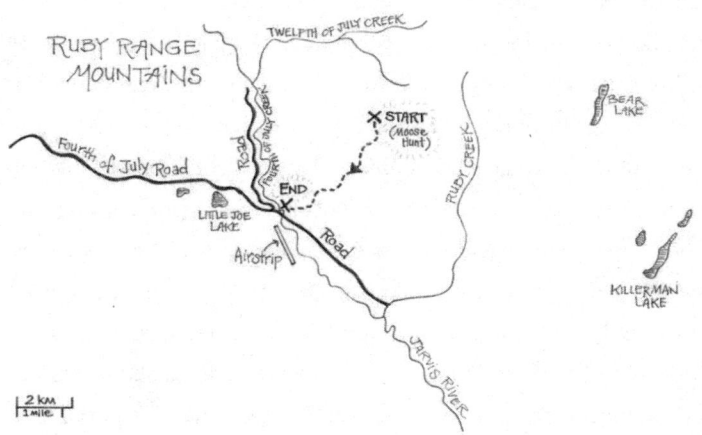

Esst Elche – zwölftausend Wölfe können sich nicht irren. So heißt es auf einem Sticker im Yukon. Auch wenn es wahrscheinlich nur fünftausend Wölfe sind, so ist die Botschaft an sich korrekt. Elche sind das tägliche Brot der Wölfe, es bildet den Treibstoff für die Größe der Wolfspopulation. Je nach der Verteilung der Elche haben die Wolfsrudel das Land sozusagen in Gebiete aufgeteilt, deren Größe in Zusammenhang mit der Verteilung der Elche steht. Dieses Angebot an Nahrung verteidigen sie gegen andere Wölfe, sie kämpfen dafür bis auf Äußerste.

Warum haben Wölfe eine solch enge Abhängigkeit von Elchen entwickelt, dass ihr gesamter Lebensstil danach ausgerichtet erscheint? Warum sind den Wölfen die Elche wichtiger als Karibus oder Dallschafe? Die Antwort ist einfach: Der Elch ist die perfekte Beute. Zwar sind Elche groß, aber Wölfe können junge oder sehr alte Tiere leicht überwältigen. Ein erlegter Elch bietet viele Mahlzeiten, deshalb lohnt es sich, ihn zu jagen. Elche leben in kleinen Streifgebieten, die von Wölfen leicht ausfindig gemacht werden. Wölfe haben herausgefunden, wie viele Elche sie brauchen, um zu überleben und sich fortzupflanzen. Die Größe ihrer Territorien wird durch die Elchdichte bestimmt, sie liegt im Durchschnitt bei eintausend Quadratkilometern. Ist die Dichte der Elche in diesem Territorium hoch, so überleben viele Welpen und die Rudel sind groß, manchmal mehr als zehn Tiere. Sind Elche selten, überleben nur wenige Welpen und die Rudel umfassen nur fünf Wölfe oder weniger.

Seit wann besteht diese Abhängigkeit der Wölfe von Elchen? Ist sie überall im Yukon gleich ausgeprägt? In den Kapiteln vorher haben wir gesehen, dass Elche vor achttausend Jahren im Holozän zunahmen, als Wälder und Gebüsch die bergige Landschaft bedeckten. Mit der Erwärmung des Klimas kam es zu immer mehr Waldbränden, die ein Mosaik von Wald und Gebüsch schufen, die den Elchen zusagen. Sie nahmen weiter zu. Heute gibt es überall im Yukon Elche, aber die höchsten Dichten finden wir im Süden mit fünfzehn bis fünfundzwanzig Tieren pro hundert Quadratkilometer. Im Norden liegt die Elchdichte* nur bei zehn bis fünfzehn auf gleicher Fläche.

Seit wann sind Elche so zahlreich, und ist die Geschichte der Elche je nach Region eine andere? Zur Klärung kombinieren wir die Erzählungen der indianischen Eingeborenen mit den schriftlichen Berichten der frühen Entdecker im 19. Jahrhundert. Anscheinend waren Elche im zentralen Yukon über lange Zeit gut vertreten, denn die Eingeborenen kannten viele Methoden, sie zu erbeuten, darunter der Fang in Schlingen mit Hilfe von Zäunen oder mit Pfeil und Bogen auf kurze Distanz. 1883 traf Frederick Schwatka eine Gruppe von Indianern am Pelly River. Sie waren auf der Elchjagd und zeigten ihm einen besonders schweren Speer, mit dem sie Elche im Wasser töteten. Andere Berichte deuten auf ein reichliches Vorkommen von Elchen im zentralen Yukon zu Beginn des 20. Jahrhunderts. Tappan Adney schreibt in seinem Buch *The Klondike Stampede:* Im Winter 1897/98 wurden rund um Dawson wahrscheinlich hundertfünfzig Elche von Indianern und Weißen getötet. Charles Sheldon, ein anderer Entdecker, berichtet ebenfalls von vielen Elchen in den frühen 1900er Jahren. Was bedeutet das alles im Zusammenhang mit den Wölfen? Der Timberwolf des Yukon gehört weltweit zu den größten seiner Art. Ich glaube, das kommt daher, weil er sich als Jäger der Elche entwickelt und diese großen Beutetiere über eine lange Zeit gejagt hat, vielleicht mehrere tausend Jahre lang.

Einheimische erzählen, dass der südliche Yukon erst zwischen 1875 und 1900 von Elchen besiedelt wurde. Vor dieser Zeit jagten sie Karibus und Dallschafe; Elche sahen sie selten. Sie hatten nicht einmal eine Bezeichnung für diese Tierart. Man hat unachtsame weiße Trapper beschuldigt, während des *Goldrushs* Waldbrände verursacht zu haben, die den geschlossenen Wald zum Vorteil der Elche veränderten – wahrscheinlicher ist jedoch, dass größere natürliche Prozesse am Werk waren. So brach vor tausend Jahren im Gebiet des White River ein Vulkan aus, der eine dicke Schicht Asche über die Berge des südlichen Yukon legte. Neuere genetische Analysen legen nahe, dass deshalb das Waldkaribu aus dem Süden verschwand, und den Elchen dürfte es ähnlich ergangen sein. Nach dem Ende der Kleinen Eiszeit um 1900 ist generell eine Klimaerwärmung im nordwestlichen Yukon zu beobachten. Es scheint, als hätten sich die Bedingungen für eine Besiedlung des südlichen Yukon für den Elch günstig entwickelt.

Frühe Entdecker finden in ihren Journalen den Elch keiner Erwähnung wert. So etwa E.J. Glave, der in den späten 1800ern als erster die ferne südwestliche Ecke des Yukon erforschte, oder Robert Campbell, der Mitte des 19. Jahrhunderts im Südosten unterwegs war. Im Einzugsbereich des Liard River waren Elche und Karibus so rar, dass sich Campbells Leute im Winter von Fisch ernähren mussten, weil sie nicht genug Wild erbeuten konnten. Fünfzig Jahre nachdem Campbell seine Träume von einem Fellhandelsposten am Liard aufgegeben hatte, fand Warburton Pike so viele Elche vor, dass er es zum besten Trophäenjagdgebiet in der ganzen Welt erklärte. Während die Elche im Süden rasch zunahmen, gingen die Waldkaribus drastisch zurück. Alte Eingeborene von Kluane erinnern sich an die Zeiten davor, als das Eis auf dem Kluane und Aishihik Lake schwarz war von Karibus. Diese großen Herden waren Teile der wandernden Fortymile Population, die anfangs des 20. Jahrhunderts mehr als eine halbe Million Tiere umfasste. Um 1960 war diese einst riesige Population durch unregulierte, hemmungslose Nachstellung von Jägern aus Alaska und dem Yukon nahezu ausgelöscht. Ebenso wie die sehr anpassungsfähigen Ureinwohner mussten sich auch die Wölfe von Karibus auf Elche umstellen. Das scheint ihnen rasch und gut gelungen zu sein.

Bei unserer Arbeit im Gelände haben wir hunderte von gerissenen Elchen gefunden, aber kaum einmal sahen wir Wölfe bei der Verfolgung oder beim Angriff. Die beschriebene Jagd im erzählenden Teil dieses Kapitels ist eine von einer Handvoll, deren Zeugen wir waren, als wir besenderten Wölfen mit dem Flugzeug folgten. Eine Handvoll – unter vielen tausend Beobachtungen. Meist fanden wir unsere Wölfe schlafend, ruhend oder wandernd – alles ziemlich langweilige Aktivitäten für einen beobachtenden Biologen. Wir sahen sie selten bei der Jagd, fanden sie aber bei unseren morgendlichen Flügen oft an frisch gerissener Beute. Die meisten Risse erfolgten in den dunklen Stunden. Obwohl ihnen die Schärfe und die Farbunterscheidung des menschlichen Auges weitgehend fehlen, sehen Wölfe außerordentlich gut im Dunkeln. Ein großer Vorteil im Yukon, wo das Tageslicht im Winter weniger als sechs Stunden im Süden und noch viel weniger im hohen Norden anhält.

Elche sind gegen Wölfe im Nachteil, denn sie sehen nachts nicht so gut. Ich fragte mich auch oft, warum viele Wölfe im Yukon schwarz* oder sehr dunkel sind. Vielleicht ist es eine evolutionäre Anpassung und ein weiterer Vorteil bei der Jagd im Dunkeln. Die Yukonwölfe haben ihre nächtlichen Jagdgewohnheiten gerade für die Elche entwickelt, und nach ihren Beuteraten zu urteilen recht erfolgreich. Dennoch ist die Auseinandersetzung mit Elchen sehr gefährlich. Wölfe müssen sehr vorsichtig sein, wenn sie diesen großen Tieren nahekommen.

Um nicht selber das Opfer zu werden, haben Wölfe verschiedene Möglichkeiten. Die erste besteht darin, den Elch zur Flucht zu zwingen. Ein fliehender Elch kann Flanken, Schultern und Hals nicht verteidigen. So kann er von den Wölfen tödlich verwundet und, wenn er schwächer wird, schließlich überwältigt werden. Ein gesunder, erfahrener Elch, der sich stellt, kann sich dagegen gut verteidigen. Seine Chancen zu überleben, sind ungleich besser, wenn er nicht flieht. Findet er seitlich Deckung gegen Angriffe von mehreren Seiten, sind seine Chancen noch größer. Bäume und Gebüsch können den Unterschied zwischen Leben und Sterben ausmachen. Ein Baum kann gegen seitliche Attacken schützen, frontale Angriffe kann er mit den gefährlichen Vorderläufen abwehren. Von den blitzschnellen Schlägen der Vorderläufe ins Gehölz getrieben, hat ein Wolf schlechte Chancen. In den Coast Mountains fanden wir einmal einen Jungwolf, der die kritische Distanz unterschritten hatte. Der Elch hatte den unerfahrenen Angreifer an einen Baumstrunk getrieben und zu Tode getrampelt.

Eine andere erfolgreiche Strategie ist extreme Geduld. Es lohnt sich, einen großen Elch nieder zu kriegen. Manchmal attackieren Wölfe einen Elch stundenlang, indem sie ihn langsam aus der Sicherheit des Waldes ins Freie manövrieren, wo sie ihn umkreisen und von allen Seiten angreifen können. Manchmal wartet ein Rudel mehrere Tage lang, bis sich ein günstiger Augenblick ergibt. Wir fanden die meisten Elchrisse an den Uferstreifen von Seen, Flüssen oder Bächen oder auf großen Lichtungen. Das Geschehen war dann im Schnee niedergeschrieben. Ein Rudel nähert sich einem Elch, der an der Kante eines gefrorenen Flusses in den Büschen äst. Die Wölfe teilen sich und schlüpfen ins Gebüsch. Sie treiben ihn aus der Deckung und zum Fluss, dann auf das harte Eis. Blutflecken sind Zeugen der ersten ernsthaften Verwundungen. Ein größerer Blutfleck bedeutet, dass der Elch den Kampf verlieren wird. Unweit davon liegt der gerissene Elch auf dem Eis. Das Fährtenbild zeigt die letzten Stunden eines unglücklichen Elches, der die Sicherheit der Bäume verlassen hatte.

Westlich des Frances Lake im Gebiet Finlayson lebte das

Tutchitua-Rudel. Beim Erbeuten von Elchen war es eins der eindrucksvollsten, das wir je beobachtet haben. Im März 1992 fand ich die elf Wölfe an einem Berghang. Sie ruhten auf der Anhöhe einer bewaldeten Geländerippe. Zwei Meter entfernt von ihnen stand eine Elchkuh, ihr Hinterteil in einer dichten Balsamtannendickung. Zehn Meter unter ihr lag ihr gerissenes Kalb. Wir sahen keine ernsthaften Verletzungen an der Kuh. Bewegungslos stand sie nur ein paar Meter entfernt von fünf schlafenden Wölfen. Als wir den Ort umkreisten, sah ich einen weiteren Elch – voller Blut und schwer verwundet – im freien alpinen Gelände, das Hinterteil an eine einzelne, lediglich zwei Meter hohe Kiefer gedrückt. Rund um die Kiefer war der blutige Schnee von Wolfsspuren zertrampelt. Ich war sicher, dass der Elch tödlich verletzt war und dass wir ihn am nächsten Tag tot auffinden würden.

Früh am folgenden Morgen war ich zurück. Keiner hatte sich von der Stelle bewegt. Die Wölfe lagen immer noch um die Kuh in der Dickung. Der verletzte Elch stand nach wie vor an die Kiefer gelehnt, und nichts ließ darauf schließen, dass er fort wollte. Neu in der Szene waren nur ein Dutzend Kolkraben, die um das inzwischen weitgehend verzehrte Kalb umher flatterten.

Als ich am dritten Tag wiederkam, hatte der verletzte Elch die Kiefer verlassen und äste an ein paar Büschen. Die Kuh stand unmittelbar neben den Resten ihres jetzt völlig gefressenen Kalbes. Die Wölfe waren fort, aber nicht weit, und sie waren tätig gewesen. Die Sendersignale kamen aus einem dichten Waldbestand nur einige Kilometer entfernt. Wir kreisten und fanden sie im Wald verteilt um eine frisch getötete Elchkuh mit ihrem Kalb. Zwei Wochen später flog ich im selben Gebiet und war neugierig, was aus dem verletzten Elch geworden war. Die Kuh lag tot auf dem Geländerücken oberhalb ihres Kalbes. Sie war nur wenige Meter entfernt von der Stelle überwältigt worden, wo sie sich vorher mit Erfolg gegen das Rudel verteidigt hatte. Der verletzte Elch hatte seine kleine Kiefer verlassen und war nirgends zu sehen.

Das Schicksal eines gejagten Elches hängt nicht nur von der Landschaft und der Vegetation ab, sondern auch von seinem Alter und seiner körperlichen Verfassung. Wir haben hunderte gerissene Elche untersucht und Daten über Geschlecht, Alter und Kondition eingesammelt. Die meisten erlegten Tiere waren entweder sehr jung oder sehr alt. In Finlayson entfiel ein Drittel aller im Winter getöteten Elche auf Kälber. Von den anderen Elchen war die Hälfte unter vier Jahre alt, die meisten anderen zwischen elf und siebzehn Jahren – sein sehr hohes Alter für Elche. Nur wenige waren zwischen fünf und zehn Jahre. Ein ähnliches Muster fanden wir in den Coast Mountains, wo Kälber und Jährlinge den größten Teil der Beute ausmachten und nur wenige Elche aus dem vitalsten Lebensabschnitt stammten. Ich verglich die Ergebnisse der Studien aus dem Yukon mit denen aus Alaska: Das Muster war das gleiche. Wölfe töteten viele Kälber und Jährlinge, wenige Tiere aus dem mittleren Lebensabschnitt und wiederum viele alte. Anscheinend können sich gesunde mittelalte Elche gut gegen Wölfe wehren.

Kälber sind besonders gefährdet, denn sie sind unerfahren und auch zu klein, um Wölfe erfolgreich abzuwehren. Das Schicksal eines Kalbes hängt entscheidend von seiner Mutter ab – und vielleicht auch von einer Portion Glück. Dennoch – wenn ein Rudel eine Kuh mit Kalb angreift, wird das Kalb in der Regel erbeutet. Eine Kuh, die im Winter ein Kalb führt, hat deshalb einen Überlebensvorteil; denn Wölfe attackieren stets die leichteste Beute, deshalb konzentrieren sie sich auf das Kalb. Wenn ihnen das Kalb genügt, kann die Kuh im folgenden Frühjahr ein neues Kalb zur Welt bringen. Wölfe erlegen aber sehr oft Kuh und Kalb zusammen, und auch Kühe mit Zwillingskälbern.

Dass Wölfe einen Elch töten, ohne ihn zu verzehren, ist sehr selten. Ich erlebte das nur zweimal. Hoch in den Coast Mountains lokalisierte ich im März 1986 das Pass Creek Rudel in einem ausgedehnten Weidengebüsch. Zwei Wölfe lagen neben einem tödlich verwundeten Elchkalb. Die Kuh stand über dem Kalb und hatte es irgendwie fertig gebracht, die Wölfe auf Abstand zu halten. Am nächsten Tag stand die Kuh am gleichen Fleck. Das Kalb war gerade noch so am Leben. Die Wölfe lagen in den gleichen Schneelagern wie tags zuvor. Neugierig über den Ausgang kam ich am dritten Tag zurück. Die Kuh stand neben ihrem verendeten Kalb, die Wölfe waren fort, ohne gefressen zu haben. Ihr Signal kam aus einem steilen Berghang ein paar Kilometer entfernt. Am Grunde einer Felswand hatten sie einen Dallschafwidder erbeutet. Ein paar Tage später flog ich erneut zu dem Kalb. Es war von einer tiefen Schneewehe bedeckt. Ein anderes Mal töteten Wölfe eine Elchkuh und verließen den Kadaver, ohne davon zu fressen. Ein paar Wochen später kam das Rudel zurück und vertilgte ihn vollständig. Die vielen hundert anderen Elche wurden kurz nach dem Töten vollständig gefressen.

Nach einem weit verbreiteten Glauben töten Wölfe hauptsächlich die kranken und schwachen, doch das ist ein Märchen. In der Tat erbeuten die Wölfe im Yukon hauptsächlich gesunde Elche. Deren physische Verfassung lässt sich durch den Gehalt an Markfett in den Röhrenknochen einschätzen. Ein Elch vor dem Verhungern hat kaum oder gar keine Fettreserven. Die meisten von Wölfen getöteten Elche hatten viel Markfett, was bedeutet, dass sie nicht am Verhungern waren. Kälber dagegen hatten wenig oder gar kein Markfett. Das liegt daran, dass Kälber ihre Energien in Körperwachstum investieren, auch im Winter, was ihre Fitness reduziert und die Chancen für Wölfe erhöht. Es ist leicht einzusehen, dass Elchkälber eine wichtige Rolle in der Winternahrung von Yukonwölfen spielen.

Wolfsrudel im Yukon kommen in allen Größen von zwei bis fünfundzwanzig Tieren vor. Was aber ist die optimale Größe, um Elche zu jagen? Auf den ersten Blick wird man meinen: je mehr, desto besser. Wir folgten vielen Rudeln von unterschiedlicher Größe und ermittelten ihre Beuterate an Elchen. In den Coast Mountains nahe Whitehorse dokumentierten wir drei Winter in Folge die täglichen Aktivitäten von vierzehn Rudeln, in den meisten Fällen über sechzig aufeinander folgende Tage. In Finlayson folgten wir fünfundvierzig Rudeln über fünf Winter, meist über zwanzig Tage am Stück. Die Ergebnisse überraschten uns.

Unter günstigen Umständen kann ein einzelner Wolf einen Elch töten, aber das ist nicht die Regel. Aber zu zweit dreht sich das Glück sofort zu Gunsten der Wölfe. Wolfspaaren steht die umfangreichste Mahlzeit an Elchfleisch pro Kopf und Tag zur Verfügung – viel mehr als einem Wolf in einem großen Rudel. Je größer das Rudel, desto mehr Wölfe müssen sich die Beute teilen. So werden die Einzelportionen immer kleiner. Nun könnte man meinen, dass größere Rudel einfach mehr Elche reißen, um das auszugleichen, aber das haben wir nicht feststellen können. Wolfspaare in Finlayson erbeuteten im Durchschnitt siebenundzwanzig Elche (oder etwa dreizehn pro Wolf) im Winter. Mittelgroße Rudel zwischen vier und neun Tieren töteten fünfunddreißig Elche, oder etwa sechs pro Wolf. Rudel von zehn bis zwanzig töteten sechsundvierzig Elche, oder etwa vier pro Wolf. Überraschend ist dabei, dass die meisten Paare aus jungen Wölfen bestanden, die jedoch bereits erfolgreich Elche jagten. Jugend bedeutete nicht, dass sie weniger erbeuteten.

Trotz ihrer geringen Erfahrung waren junge Wolfspaare in Finlayson bereits ausgezeichnete Jäger, die keine Hilfe von älteren Wölfen brauchten, um Elche zu erbeuten. In jedem Rudel sind es die beiden Altwölfe, die die Hauptarbeit beim Beuteerwerb verrichten. Wird ein Elch in offenem Gelände gestellt, attackieren die beiden Erwachsenen von verschiedenen Richtungen, ermüden und verletzen ihn und bringen ihn schließlich nieder. Die anderen Rudelmitglieder können das Geschehen beschleunigen oder einen tödlich verwundeten Elch bis zur Erschöpfung stören. Aber der gefährliche Akt des unmittelbaren Angriffs bleibt den Altwölfen. Welpen und Jährliche lernen, indem sie hunderten solcher Angriffe aus sicherem Abstand zusehen. So vermeiden sie Verletzungen oder gar den Tod, bis sie selbst erfolgreich Beute machen können.

Unsere Studien der Beuteraten eröffneten uns auch einige überraschende Einsichten, z. B. wie lange die verschiedenen Rudel bei einem gerissenen Elch blieben, bevor sie erneut zur Jagd aufbrachen. Alle Rudel verließen einen erbeuteten Elch nach zwei bis vier Tagen, egal ob es sich um zwei oder zwanzig Wölfe handelte. Wolfspaare blieben länger, aber auch nur ein oder zwei Tage. Wenn man berücksichtigt, wie viel ein Wolf im Gehege täglich fressen kann, ergeben die Zahlen keinen Sinn. In Kapitel vierzehn werden wir sehen, wie zwei Studenten herausfanden, dass kleine Rudel in Finlayson viel mehr Fleisch an Aasfresser verloren als große Rudel. Das erklärt zumindest teilweise, warum kleine und große Rudel etwa ähnlich viel Zeit bei einem Riss verweilten.

Nachdem wir einmal die Beuteraten unterschiedlich großer Rudel bestimmt hatten, konnten wir den Gesamteinfluss der Wölfe auf die Elche schätzen – oder den Anteil der Elchpopulation, der den Wölfen jeden Winter zum Opfer fiel. 1994 kannten wir die Anzahl der Elche in Finlayson, die Zusammensetzung aller Wolfsrudel und ihre Beuteraten. Auf der Grundlage dieser Informationen schätzten wir den Eingriff der Wölfe in jenem Winter auf zehn Prozent – ein starker Eingriff, wahrscheinlich gerade genug, um die Elchpopulation zahlenmäßig in Schach zu halten-. Wer den Einfluss von Wölfen auf Elche wirklich verstehen will – das machten unsere

Forschungen deutlich – der muss die Größe der Wolfsudel und ihre Beuteraten kennen. Ein Beispiel: Man stelle sich vor, in einem Gebiet leben zehn Wolfspaare, also zwanzig Wölfe. Jedes Paar erlegt siebenundzwanzig Elche – macht zusammen zweihundertsiebzig. Leben im gleichen Gebiet jedoch zehn Rudel mit jeweils zehn Tieren – also fünfmal so viele – so erlegen diese zehn Paare nicht etwa zweihundertsiebzig mal fünf ist gleich eintausenddreihundertfünfzig, sondern nur vierhundertsechzig. Die Rudelgröße ist das A und O!

Nun wissen wir also einiges über die Predationsrate von Wölfen. Was bedeutet das alles für die Elche im Yukon? Es bedeutet, dass Wölfe die Elche auf wesentlich niedrigerem Niveau halten können, als es ohne Wölfe möglich wäre. Im Yukon ist die Elchdichte von Natur aus gering, geringer als anderswo in Kanada. Ein Teil der Erklärung liegt in den subarktischen Lebensbedingungen, die weniger Nahrung für Elche produzieren. Aber Nahrung ist nicht der Hauptgrund. Der Yukon ist vollständige Wildnis. In den meisten Regionen sind die Lebensräume noch intakt und die großen Beutegreifer werden auf natürliche Weise reguliert – damit meine ich, dass ihre Populationsgrößen nur wenig vom Menschen beeinträchtigt werden. Komplette Wildnis gibt es in der Welt nicht mehr viel. Im Yukon halten Wölfe und Grizzlies die Dichte der Elche deutlich unter dem Niveau, das die Landschaft tragen könnte.

In den 1980er Jahren hat mein Kollege Doug Larsen Todesursachen von Elchen im Yukon studiert. Dazu verfolgte er das Schicksal vieler besenderter Elchkälber. Die Mehrzahl derer, die den ersten Winter nicht erreichten, wurden Opfer von Grizzlybären. In einem durchschnittlichen Jahr kamen vor Wintereinbruch zwanzig bis dreißig Kälber auf hundert Elchkühe. Nun addiere den Einfluss von Wölfen. Sie töten nicht nur Kälber, sondern Elche aller Altersklassen. Und sie verschlafen den Winter nicht wie die Bären. Sie jagen den ganzen langen Winter Elche, also wenn die Ernährungslage eingeschränkt ist und die Verfassung der Elche immer schlechter wird, was sie erst recht anfällig macht. Wölfe töten etwa ebenso viele erwachsene Elche wie Kälber, die ihren ersten Geburtstag erleben. Die Kombination von Wolf- und Bärpredation hält die Elche auf niedriger Dichte. Man denke sich die beiden Beutegreifer weg – es gäbe viel mehr Elche im Yukon.

Was passiert, wenn man Wölfe und Bären für längere Zeit ausschaltet, zeigen uns einige Beispiele aus Alaska. Mehrere Jahrzehnte lang wurden Wölfe und Bären in der Umgebung von Anchorage und Fairbanks beseitigt. In Abwesenheit dieser beiden Schlüsselraubtiere sind die Elche rund um beide Städte auf sehr hohe Dichten angestiegen, bis zu einem Elch pro Quadratkilometer. Die Dichte ist dort fast siebenmal so hoch wie die durchschnittliche Dichte im Yukon mit fünfzehn Elchen auf *hundert* Quadratkilometern. Es ist nicht überraschend, dass man viele Elche produzieren kann, wenn man die großen Beutegreifer lange genug nieder hält. Was man dabei verliert, ist das natürliche räuberische Element, das eine Wildnis kennzeichnet. Es ist Wildtier-Haltung. Ist es das, was wir im Yukon wollen?

Stell' Dir den Elch an einem Yo-Yo-Faden vor. Deine Hand bildet das Nahrungsangebot für den Elch. Lass' die Yo-Yo-Kugel fallen, so kann der Elch ansteigen bis zu Deiner Hand – das Nahrungslimit. Nun knüpfe einen Knoten an einer Stelle tief unten im Faden – das ist die Predation. Wirf die Kugel erneut, der Elch kann hoch kommen bis zum Knoten. Das ist das Limit, das durch Predation gesetzt wird. Im Yukon befinden sich die Elchbestände unter dem Predationsknoten. Sie kommen nicht auf eine Dichte, wo das Nahrungsangebot das Limit bilden könnte.

Wölfe regulieren also die Dichte der Elche, aber auch das Gegenteil trifft zu. In Kapitel acht haben wir gesehen, dass die Zahl der Wölfe von der der Elche in einem Gebiet abhängt. Die Wolfsdichte nimmt nach Norden hin ab, ebenso wie die der Elche. Diese enge Beziehung hat sich über tausende von Generationen entwickelt, die Wölfe mit dieser perfekten Beutetierart zugebracht haben. Elche haben Verhaltensweisen ausgebildet, die ihnen helfen, den Wölfen zu entkommen, und Wölfe haben Methoden gefunden, um ihre Chancen zu vergrößern. Die Beziehung zwischen Elch und Wolf im Yukon ist eine lange Geschichte. Die Wölfe, die vorher den wandernden Karibuherden gefolgt waren, hörten damit auf, als der Yukon im frühen Holozän von Elchen kolonisiert wurde. Bald schon verteilten sich die Wölfe in enger Abhängigkeit vom Vorkommen von Elchen. Sie lernten, dass sie ihre Streifgebiete gegen andere Wölfe verteidigen mussten, wenn sie dauerhaft in den Genuss dieser perfekten Nahrungsquelle kommen wollten. Gab es genug Elche, stieg die Überlebensrate der Welpen und auch der erwachsenen Wölfe, und die Rudelgröße nahm zu. Zwar sind Elche groß und daher gefährlich, aber doch nicht so schwierig zu töten, besonders die jungen und die ganz alten. Verglichen mit kleinerer Beute wie Dallschaf oder Karibu profitierte ein Rudel davon, Elche zu erbeuten, weil die Mahlzeit ungleich größer war. Das sparte Zeit, die sonst für Wandern und Jagen verwendet werden musste. Ein Blick nach Kluane macht das deutlich: In den hohen, vergletscherten Bergen leben wenige Elche und Karibus. Die Wölfe haben sich hier auf Dallschafe spezialisiert, aber die Rudel sind klein; denn Dallschafe zu jagen ist ein hartes Brot.

11

Wildschafe

Fourth of July Creek – 10. Februar 1994

Nur einen Meter ist der schwarze Wolf hinter den fliehenden Hufen. Er kann die vorbei fliegenden Grasbüschel spüren und den heißen Atem der Schafe riechen. Der Untergrund ist hart und gut für die Verfolgung, aber der Hang ist steil und voller Hindernisse. Mal springt der Wolf über schmale Felsbrocken, dann taucht er durch Sträucher hindurch oder rennt über eine Wiese. Auf den trockenen Grasbüscheln rutschen seine breiten Pfoten leicht – kein Problem aber für die harten, schmalen Hufe der Schafe, die ihn nun schnell hinter sich lassen. Einige Sekunden später erreichen sie einige Felskegel und halten an. Der einjährige Wolf läuft den Hang hoch und erreicht den Rücken des Berges.

Er ist auf einem engen Schafstrail, der sich entlang eines Gebirgsgrates durch Felsen und Wiesen mit Grasflächen windet. Die Südseite des Kammes bildet ein Grashang, der sich hundert Meter hinunterzieht. Unterhalb davon bedeckt ein Meer von Birkensträuchern den ganzen Berghang bis zur Talsohle. Die Schafe flüchten die abschüssige Nordseite entlang, verdeckt von großen Findlingen, Felsklötzen, Geröllfeldern und Schluchten, die sich über den zwei Kilometer langen Kamm ziehen. Der junge Wolf läuft den Kamm entlang, dreht dann direkt nach unten auf den steilen Hang zu, an dem er die Schafe das letzte Mal sah. Die Muttertiere sind noch dort und beobachten die dunkle Gestalt, die durch das Geröll auf sie zukommt. Als der Wolf in einer flachen Senke über ihnen verschwindet, fliehen sie auf einen hundert Meter entfernten Felsvorsprung. Der Wolf folgt ihnen durch die Senke, ohne wahrzunehmen, dass auf dem Felsvorsprung über ihm dutzende Schafe nervös hin und her laufen. Ein weiterer Wolf schließt sich an.

Ein paar hundert Meter höher versuchen drei junge Widder verzweifelt, einer jungen grauen Wölfin zu entkommen. Die Felsen entlang des Kamms bremsen ihre Jagd, bis sie besseren Untergrund erreicht und hinunter rast, um den Widdern den Fluchtweg abzuschneiden. Sie ist vierzig Meter hinter ihnen und holt auf, aber die Schafe nähern sich einer Gruppe von Felsvorsprüngen, die durch tiefe Spalten getrennt sind. Sie stoppen am Grund des ersten, springen auf einen Absatz und erklimmen mühelos die Spitze. Aber die Felsen sind zu schmal für alle, die Wölfin klettert hoch und treibt die Tiere auf den nächsten Vorsprung. Als die Widder den letzten Felsen verlassen, rennen sie zum Fuß einer steilen Klippe und verhalten in einem ausgewaschenen trockenen Bachbett. Die Klippe ist dreißig Meter hoch mit schmalen, wie in den Fels gemeißelten Absätzen. Zehn Meter weiter unten geht ein schroffer Geröllhang in ein Becken voller Felsbrocken über.

Der Grund der Klippe liegt voll mit großen Felsen, Schotter und Geröll – selbst für das trittsichere Schaf ein schwieriger Untergrund. Die Widder werden langsamer, fallen in einen eiligen Trab und hüpfen von Fels zu Fels, bis sie ein paar Meter oberhalb der Klippe einen Felsvorsprung erreichen. Einer nach dem anderen springt auf den Vorsprung und dreht sich auf dem Absatz, um die nahende Wölfin im Auge zu behalten. Die hält ein paar Meter entfernt inne. In einer Sekunde könnte sie einen von ihnen greifen. Aber sie zögert. Sie schätzt die Risiken ab, hier einen Riss zu wagen. Eine hohe Felswand befindet sich unter ihr, und der Vorsprung über ihr ist zu schmal, um einen Widder rasch zu töten. Wenn sie es schafft, sich einen zu schnappen, wird sie wahrscheinlich mit dem Tier abstürzen. Sie verlässt die Widder und trabt aufwärts durch die Felsen. Auf der Klippenspitze über den Tieren angekommen, verschwindet sie in hohen Sträuchern.

Die Widder klettern auf dieselbe Klippe und erreichen eine schroffe Geröllhalde nahe des Gipfels. Sie drehen sich um und schauen hinunter nach der Wölfin. Aber ganz plötzlich taucht sie zwanzig Meter über ihnen auf und stürzt sich in einem kontrollierten Fall die Halde hinab. Sie taumelt, aber sie kommt einen Meter hinter dem anführenden Widder zum Stand, gewinnt ihre Balance wieder und stürzt hinter den Tieren her, die den Steilhang hinab flüchten. Auf dem steilen Hang verliert sie erneut die Kontrolle, schliddert über das lockere Geröll, strauchelt durch die Felsen und landet in einer Staubwolke auf dem Grund des Bachbettes. Sie hat Prellungen, aber nichts gebrochen und sofort erklimmt sie den hohen Kamm erneut. Oben angekommen stößt sie auf vier andere Widder, die ebenfalls den Kamm erklimmen. Aber bergauf ist sie kein Gegner für die muskelbepackten Bergschafe. Sie verschwinden und überqueren auf der anderen Seite einen grasigen Hang. Als sie die Spitze erreicht, sind die Widder achtzig Meter entfernt. Sie folgt ihnen, kann aber bergauf nicht mit ihnen mithalten.

Die Widder teilen sich in zwei Zweiergruppen. Eine bewegt sich ostwärts, die andere nach Westen, beide unterhalb des Kammes. Sie folgt den beiden, die nach Westen fliehen und bleibt oberhalb, kann ihre Flucht nach oben verhindern. Die Widder werden langsamer, unsicher, ob sie zu den Sträuchern hinab flüchten sollen. Die Wölfin spürt einen plötzlichen Vorteil und ergreift ihn. In spitzem Winkel rennt sie den Hang hinab, der Abstand beträgt nur noch dreißig Meter. Aber die Tiere kontern, indem sie bergauf rennen. Ihr Angriffswinkel ist nicht günstig, sie kann nicht verhindern, dass die Widder den Kamm erreichen. In Sekunden sind sie über ihr. Oben angekommen treffen sie zwischen den Felsen auf eine große Gruppe unruhig durcheinander laufender Mutterschafe.

Die Wölfin atmet schwer. Sie rennt zu den Felsen, die Schafe stieben in alle Richtungen. Als sie um einen großen Felsblock kommt, überrascht sie ein junges Muttertier. Sie greift an, verfehlt aber die weiße Flanke um einige Zentimeter. Das Schaf dreht sich bergauf und flieht. Die Wölfin versucht es ein zweites Mal, aber das Schaf ist bereits außer Reichweite.

Links von ihr fliehen andere Schafe zu den hohen Felsen. Geübt springen sie von Fels zu Fels, erreichen eine Klippe und erklimmen einen Felsvorsprung. Die Wölfin gibt die Verfolgung auf und wendet sich zwei anderen Schafen zu. Diese weichen ihr mit Leichtigkeit aus, indem sie einen Felsen umrunden, bevor sie aufsteigen. Sie schaut hoch zu den Schafen, die sich fünf Meter über ihr befinden – zu hoch, um dran zu kommen. Sie läuft wieder bergab und versucht es bei zwei weiteren, aber auch die bringen sich in Sicherheit, bevor sie auf zwanzig Meter herankommt. Sie bewegt sich schnell auf den Felsen auf der Suche nach einem Tier, das sie überraschen kann.

Das Schaf, das die Wölfin soeben verpasst hat, versteckt sich hinter einem der dichteren Sträucher einige Meter entfernt vom Felsen. Sie bewegt sich in dessen Richtung, hält dann auf einem Felsen inne. Sie wittert das Schaf, kann es jedoch in dem Dickicht nicht sehen. Der Wind, der über die Felsen streicht, trägt ihr die Witterung zu. Die Wölfin konzentriert sich auf das hinter ihr liegende Felsplateau, aber sie verliert den Geruch. Sie verlässt die zwölf Schafe, die auf den Felsvorsprüngen um sie herum stehen und erklimmt den Kamm ein weiteres Mal.

Die zwei Widder, die sich nach Osten gewandt haben, sind auf vier andere getroffen. Ihre gelben Hörner erscheinen etwa hundert Meter entfernt über der Kammlinie. Sie erstarrt, aber sie haben bereits ihre Bewegung am Horizont bemerkt. Sie überlegt. Ein Schaf dreht um und rennt den Bergrücken hinauf, vorbei an

dem schwarzen Wolf, der auf einem grasbedeckten Absatz sitzt.
Das Schaf läuft den Südhang hinab.

Der Rüde hat schon vorher die Lust an der Verfolgung verloren. Ohne Interesse schaut er den Schafen nach, wie sie unten
verschwinden. Die Wölfin nähert sich ihrem Partner. Sie hechelt
und ist erschöpft. Aber immer noch kann sie nicht aufgeben.
Einige Sekunden steht sie neben dem Rüden, dann läuft sie ein
letztes Mal die Nordseite hinab. Eine große Gruppe Schafe
steigt unter ihr hinab in ein breites Tal. Als die Gruppe die kleinen Sträucher erreicht und dort eintaucht, ist sie gerade sechzig
Meter hinter ihnen. Nur Minuten später ist die Gruppe einen
Kilometer entfernt auf einem Berghang. Die Wölfin läuft rasch
durch die Sträucher und sieht die Beute verschwinden. Am Berg
angekommen, folgt sie der Spurwitterung aufwärts.

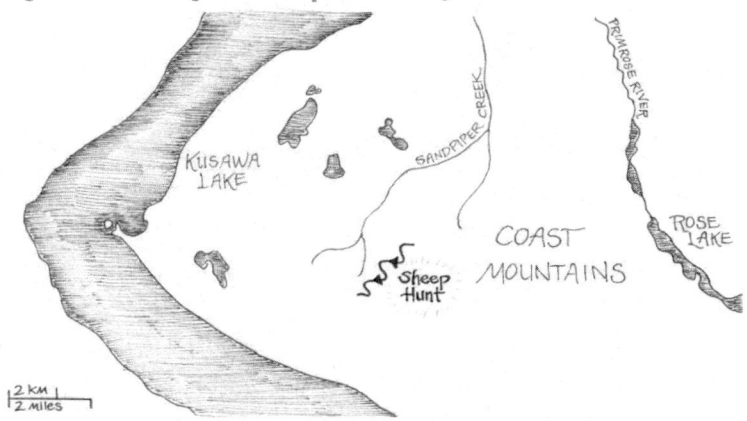

Der schwarze Rüde beobachtet ihr Verschwinden, legt sich
nieder und dreht den Rücken gegen den Wind, der vom Kamm
herunter bläst. Überall auf den Felsplateaus sind Schafe verteilt
wie weiße Wächter. Endlich kommen zwei Muttertiere von den
Felsen herunter, um am Fuß des großen Felsens das kurze Gras
zu äsen. Immer wieder werfen sie auf, vorbereitet auf die Gefahr,
die jederzeit zurück kehren kann.

Die oben beschriebene Jagd wurde von Alan Baer und Tom Hudgin aus einer Supercub beobachtet. Meine Erzählung ist auf Alans ausführlichen Bericht gegründet. Seine Beschreibung des Geländes sowie des Verhaltens von Wolf und Schaf ist außergewöhnlich, und als ich mit dem Schreiben dieses Buches begann, wusste ich: Diese Geschichte würde ich verwenden. Während der fünf Jahre, die wir in den 1980er Jahren den Wölfen in den Coast Mountains folgten, haben weder Alan noch ich jemals eine erfolgreiche Jagd auf Dallschafe erlebt. In den 1970ern beobachtete ich eine andere erfolglose Jagd, damals vom Boden aus. Ich fuhr auf dem Dempster Highway im nördlichen Yukon und sah einen Wolf nahe der Straße zwei Schafe jagen. Die Schafe brachten sich auf einem kleinen, vier Meter hohen Felsen in Sicherheit. Der Wolf versuchte hochzukommen, rutschte aber immer wieder auf dem steilen Gestein hinunter, er konnte sich kaum auf den Beinen halten. Die Schafe sprangen mit Leichtigkeit von einem Absatz zum anderen, und schließlich gab der Wolf frustriert auf. Steiles Gelände bewahrt Schafe vor Wölfen. Berge sind voll von Fluchtgelände.

In den 1980er Jahren führte Ron Sumanik im Kluane Wildschutzgebiet im südwestlichen Yukon eine zweijährige Studie an Dallschafen durch. Wir halfen ihm, Wölfe in acht Rudeln mit Sendern auszustatten. Es war in den St. Elias Mountains, einem der besten Dallschafgebiete der Welt. Rons Wölfe lebten von Schafen, weil es in diesen hohen, teilweise vergletscherten Regionen nur wenige Elche oder Karibus gibt. Ron flog hunderte von Stunden, um die Wölfe immer wieder zu lokalisieren, und oft fand er sie in der Nähe von Schafen. Er beobachtete fünf Jagden auf Schafe – keine einzige war erfolgreich. Hier zitiere ich einen Bericht aus seiner Masterarbeit 1987:

Am 21. Februar 1985 wurden vier Wölfe des Teepee Lake

Rudels beobachtet, wie sie den oberen Teil eines Berges querten. Die vier liefen getrennt voneinander. Spuren auf dem Südhang zeigten, dass sich dort viel Wolfsaktivität abgespielt hatte. Ein Wolf verließ plötzlich den Bergrücken und rannte den Südhang hinunter. Dabei löste er eine kleine Lawine aus, die vor seinen Läufen wie die Bugwelle eines Boots zu Tal schoss. Jedes Schaf im Bereich dieser Lawine wäre niedergerissen worden. Ob sich der Wolf mit der Lawine bessere Chancen ausrechnete oder ob alles nur Zufall war, weiß ich nicht. Der Wolf rannte bis fast zum Grund des Steilhangs, vorbei an zahlreichen Felsvorsprüngen. Offensichtlich wollte er Schafe überraschen und erbeuten ...

Ron war zweimal Zeuge, wie eine Wölfin versuchte, ein Schaf in steilem Felsgelände zu fangen. Beide Male lief die Wölfin oberhalb einer Gruppe von Schafen, die sich auf schmalen Felsbändern vorwärts bewegte. Mehrmals attackierte sie steil von oben und kam den Schafen jedes Mal sehr nahe. Beim ersten Versuch kam sie von den Läufen und lief sofort wieder nach oben. Beim zweiten kam sie bis auf einen Meter an einen ausgewachsenen Widder heran. Der Widder drehte sich auf dem schmalen Felsband herum und versuchte, die Wölfin mit den Hörnern abzuwehren. Wölfin und Widder standen sich Auge in Auge gegenüber, aber der Wölfin schien das Risiko zu groß. Sie kletterte zurück in die Höhe. Ich frage mich, ob die Wölfin versucht hatte, den Widder den Steilhang hinab und in den Tod zu treiben, bevor sie erkannte, dass sie selber in größerer Gefahr war.

Nach meiner Meinung sind weibliche Wölfe für die hoch komplizierte und schnelle Verfolgung von Schafen im Gebirgsterrain besser gerüstet. Erwachsene Wölfinnen sind etwa sieben Kilogramm leichter als Rüden, und sie sind schneller. Mit ihrer schlankeren Gestalt können sie schnell und behende über unebenen Grund und zwischen Felsblöcken die steilen Hänge hinab rennen. Auf schmalen Felsbändern können sie sich besser halten. Wölfinnen in den Coast Mountains hatten häufiger gebrochene Rippen als Rüden – die Quittung für die Jagd auf die Dallschafe.

Ein Wolf hat nur geringe Chancen, ein Schaf zu erbeuten. Schafe sind hoch spezialisierte Gebirgstiere. Ihr Sehvermögen ist hervorragend, ebenso ihr Gehör und ihr Witterungsvermögen. Schafe leben in großen Gruppen mit vielen wachsamen Augen, das macht einem Wolf die unbemerkte Annäherung schwer. Mit ihrer kompakten Figur bewegen sie sich hervorragend in steilem Fels. Ihre Hinterläufe sind sehr muskulös, die massive Schulter-muskulatur bringt sie leicht und schnell bergauf. Die kleinen Hufe sind bestens geeignet, auf steinigem Grund zu springen und sich auf engen Bändern zu halten. Stundenlang können sie auf un-glaublich schmalen Felsrippen stehen, ohne das Gleichgewicht zu verlieren. Sie werden in den Felsen geboren und haben gelernt, die Balance zwischen Nahrung, Sicherheit und anderen Requisi-ten zu finden, die sie zum Überleben brauchen.

Während eines Jahres nutzen Dallschafe alle Höhenstufen des Gebirges. In der Paarungszeit Anfang November sind sie auf den Unterhängen. Im Winter leben sie ebenfalls auf den Unter-hängen, in der Nähe von windgepeitschten Canyons, Klippen und Geländerippen, wo sie exponierte Gräser und Kräuter finden und Raubtieren rasch entkommen können. Im Mai klettern die weib-lichen Tiere in steiles Gelände, wo sie ihre Lämmer zur Welt brin-gen. Im Sommer schließen sich die Schafe zusammen und wan-dern in größere Höhen, wobei sie den frisch austreibenden Grä-sern und Kräutern folgen. Bei den ersten Schneefällen im Sep-tember wandern sie talwärts und der Kreislauf beginnt aufs Neue. Ein Wolf braucht viele günstige Umstände, wenn er in die-ser steilen Gebirgswelt ein Schaf fangen will.

Wölfe haben Chancen, wenn sie Schafe von oben her überraschen können und sie durch tiefen Schnee, Gestrüpp, Wald oder schwieriges Terrain unterstützt werden. Ron meint, seine Wölfe in Kluane hatten die besten Erfolgsaussichten, wenn sie die Schafe in tiefen Schnee treiben konnten. Ich glaube, er hat Recht. Auf diese Weise wurde das erste Schaf, das ich fand, von Wölfen getötet. Im Februar 1983 flog ich mit Danny Grangaard vom Alaska Departement of Fish and Game in den Bergen bei Tok, Alaska. Danny ist ein ausgezeichneter Spurenleser. Es war mein erster Trainingsflug, um zu lernen, wie man Wolfsfährten vom Flieger aus folgt. Wir flogen eine Bergkante entlang, wo Danny ein paar Tage vorher Wölfe gesehen hatte. Die Spuren zeigten, dass die Wölfe eine große Gruppe von Schafen über einen Berghang gejagt hatten. Wir schraubten uns höher und kreisten, um das verwirrende Netz von Wolfs- und Schafsfährten zu entwirren, die in alle Richtungen gingen. Am Grund eines langen Abhangs lagen die Reste eines erwachsenen Widders in einer blutgetränkten Schneewehe.

Das Spurenbild erzählte das ganze Geschehen. Die Wölfe hatten den Widder von der Felskante über eine dünne Schneedecke hinab getrieben. Der Schnee wurde immer tiefer, und Danny deutete auf eine Stelle, wo der Widder erstmals Schwierigkeiten hatte und die Wölfe ihn verwundeten. Hundert Meter tiefer war der Widder in eine Schneewehe gesprungen und von den Wölfen überwältigt worden. In weniger als einem Tag verzehrten die Wölfe alles außer den großen Hörnern und dem Rückgrat und zogen weiter.

Obwohl Schafe in steilen Klippen normaler Weise sicher sind, haben Wölfe dennoch herausgefunden, wie man sie sogar dort erbeuten kann. In den Coast Mountains fanden wir zwanzig Risse von Schafen. Viele davon hatten sich auf dem Eis von Wasserläufen in steilen Canyons oder am Grund einer steilen Felswand zugetragen. Wölfe attackierten und fingen manche Schafe, bevor sie das Eis überqueren und sich in sicheres Steilgelände retten konnten. Auf glattem Eis greifen die harten Schalen der Schafe nur schlecht, während die breiten, geschmeidigen Sohlen der Wölfe mit dem Untergrund gut zurecht kommen. In einigen Fällen hatten Wölfe die Schafe auch von Felsen auf Eis getrieben und dort gefangen.

Die Jagd auf Schafe ist gefährlich für Wölfe. Das Risiko abzustürzen ist groß. Ron fand einen stark hinkenden Wolf in der Nähe einer Felswand, wo er tags zuvor Schafe gejagt hatte. In den Coast Mountains brach sich ein Jungwolf einen Lauf, als er Schafe in felsigem Gelände jagte. Er konnte seinem Rudel nicht folgen. Wir fanden seinen ausgemergelten Kadaver ein paar Monate später zusammengerollt unter einem Baum, wo er verendet war.

Im Sommer äsen die Schafe auf hoch gelegenen alpinen Matten, weit entfernt von sicheren Felsen. Aber auch dort haben es die Wölfe nicht leicht mit ihnen. Schafe sind schnell, besonders bergauf. Wölfe sind ebenfalls schnelle, wendige Läufer mit großer Ausdauer, sie können dreißig km/h über mehrere Kilometer rennen. Aber nur wenn es ihnen gelingt, Schafe weit entfernt von Fluchtgelände zu überraschen, können sie Erfolg haben – vorausgesetzt, das Gelände ist nicht zu steil. Mit seinen langen Läufen, seinem schlanken Körperrahmen, den breiten Pfoten und der langen Lunte kann ein Wolf bei hoher Geschwindigkeit zwar im Bruchteil einer Sekunde drehen und wenden. Auf unebenem, steilem Grund jedoch finden seine breiten, weichen Sohlen nicht genug Halt. Wölfe mögen schnell bergab rennen können, aber das ist hoch riskant, sie können die Kontrolle verlieren und frei abstürzen. Hohe Geschwindigkeit geht auf Kosten von Beweglichkeit – der Schlüssel beim Niederbringen großer Beutetiere. Um all das zu kompensieren, müssen Wölfe viele Jagdversuche unternehmen, bis genügend günstige Umstände zusammentreffen.

Der Biologe Brian Slough, mit dem ich in den 1980er Jahren zusammenarbeitete, beobachtete einmal einen einzelnen Wolf in der Ruby Range, wie er ein Dallschaf tötete. Es war August. Brian war Schafe jagen und hatte einige Zeit vorher vier Widder aufgestört. Am selben Abend sah Brian einen schwarzen Wolf, der sich den Widdern in einem hoch gelegenen Talboden näherte. Als sie sich entlang der Basis einer Felswand zurückzogen, griff er an. Die Widder flüchteten den Abhang entlang, der Wolf konnte die Lücke schließen und den ältesten Widder von der Gruppe trennen. Nach fast einem Kilometer Hetze stellte er sich. Solch ein Widder wiegt etwa fünfundsiebzig Kilogramm – nicht groß genug, um einen Wolf erfolgreich abzuwehren. Der Wolf umkreiste ihn ein paar Mal, dann griff er einen Hinterlauf. Das Schaf versuchte zu flüchten, schaffte aber nur dreißig Meter, der blutige Lauf zerrissen und nutzlos. Während der Widder sich niederlegte, machte sich der Wolf über den Lauf her. Der Widder verfiel in Schockstarre, während er vom Wolf bei lebendigem Leib angefressen wurde. Nach fünfzehn Minuten war er schließlich tot.

Folgt man den Erkenntnissen aus zwei Experimenten, bei denen Wölfe zahlenmäßig kontrolliert wurden, so haben Wölfe im Yukon nur einen geringen Einfluss darauf, ob Dallschafpopulationen zu- oder abnehmen oder stabil bleiben. Norman Barichello, seinerzeit der führende Schafbiologe im Yukon, untersuchte Dallschafe in den 1980er Jahren in den Coast Mountains, wo die Wölfe aus der Luft kontrolliert (also geschossen) wurden, und verglich die Ergebnisse mit Aishihik, wo die Wölfe sich selbst überlassen waren. Beide Populationen waren stabil, und die Überlebensrate der Lämmer war gering. 1990 drehten wir den Versuch um. In Aishihik wurden die Wölfe kontrolliert, in den Coast Mountains nicht mehr. Wie in Normans

Studie fanden auch wir keinen Unterschied in der Überlebensrate der Lämmer und in der Populationsdichte der beiden verglichenen Gebiete. Solche Experimente sind die besten Belege dafür, dass Wölfe nur einen geringen Einfluss auf Dallschafpopulationen haben. Wölfe erbeuten ganz einfach nicht genug Schafe, als dass sie sich auf den Trend der Population auswirken können.

Wie aber sieht die andere Seite dieser Beziehung aus – haben Schafe Bedeutung für eine Wolfspopulation? Dazu müssen wir wieder auf Ron Sumaniks Forschungen in Kluane zurück greifen. Ron folgte den Wolfsrudeln täglich, um deren Beuterate zu schätzen. Die meisten von ihnen lebten auf hoch gelegenen alpinen Plateaus am Fuße riesiger Berggipfel und Gletscher. Dallschafe waren bei Weitem die dominierende Beutetierart.

Ron kam zu dem Schluss, dass die Wölfe große Schwierigkeiten hatten, genügend Schafe zu erbeuten und so ihre eigene Populationsgröße von Jahr zu Jahr zu halten. Weil Schafe relativ klein sind, wurden die Wölfe von einem Riss oft nicht satt. Die Territorien der Rudel waren sehr groß, die Rudel selbst waren klein. Regelmäßig wurden Territorien verlassen und andere erneut eingenommen. Rudel, die weiter entfernt von den hohen Bergen lebten, erbeuteten einen Mix von Schafen, Elchen und Karibus. Ihnen ging es in jeder Hinsicht besser. Ron schloss daraus, dass Wölfe in Kluane mehr als die Schafe brauchten, um zu überleben, Junge aufzuziehen und ihre Familien zu erhalten. Wölfe, die auf Schafe angewiesen sind, leben auf schmalem Grat. Schafe sind zu gut an das schwierige Gelände angepasst, als dass es den Wölfen leicht fallen könnte, genug Beute zu machen. Eine Wolfsfamilie muss, um satt zu werden, sehr oft ein Schaf erbeuten – wahrscheinlich fast eins jeden Tag. Das heißt, dass die Wölfe ständig auf der Jagd sein müssen – immer in Bewegung in gefährlichem

Gebirgsgelände, immer versuchen, Schafe zu überraschen, bevor sie in sicheres Fluchtterrain entkommen können. Rons Studie zeigt, dass Wölfe vieles ausprobieren, aber es geht ihnen nicht sonderlich gut bei diesen schwierigen Jagdbedingungen.

Ich war Ron sehr dankbar dafür, dass ich ihm bei der Feldarbeit helfen konnte. So lernte ich Wölfe in einem Räuber-Beute-System kennen, das vorher noch nie untersucht worden war. Das nördliche Kluane-Wildschutzgebiet ist eines der schönsten und alpinsten Gebiete in Nordamerika. Trotz der schweren Stürme und der rauen winterlichen Bedingungen legte Ron durch ungewöhnliche Ausdauer und Hartnäckigkeit eine sehr gute wissenschaftliche Arbeit vor: An einer Stelle schreibt er: All denen, die da fragen, wozu Wölfe gut sind, wünsche ich, sie hätten Gelegenheit, mit mir in einer Super Cub zu sitzen und zu sehen, was ich gesehen habe.

Dallschafe haben herausgefunden, wie man Raubtieren entkommt, indem sie die schwierigen Geländebedingungen zu ihrem Fluchtvorteil nutzen. Wölfe erbeuten Schafe, aber sie können sich auf diese kleinen, agilen Pflanzenfresser als Hauptbeute nicht verlassen. Wölfe können große Beutetiere gut in offener Jagd bergab verfolgen, aber sobald Dallschafe steiles Terrain finden, sind die Chancen für die Wölfe gering. Deshalb haben Wölfe nur geringen Einfluss auf Schafpopulationen. Wenn Wölfe wirklich gedeihen wollen, müssen sie Elche und Karibus in ihrem Streifgebiet vorfinden.

Aber da gibt es noch ein anderes großes Beutetier, das eine ganz andere Lebensweise entwickelt hat. Es wandert über weite Strecken und macht es dem Wolf ebenfalls schwer, Einfluss auf seine Populationsdynamik zu nehmen.

12

Wanderer

Spring River, Yukon Nordkalotte – 16. Juni 1987

Sie spürt ihr Kommen lange, bevor sie erscheinen. Aufgeschreckt durch ein dumpfes Dröhnen wacht sie auf und schubst ihre schlafenden Welpen von der Milchbar. Tief in der Höhle vibriert der Untergrund. Das Vibrieren wird stärker, bis der Boden um sie herum bebt. Leise schleicht sie sich von ihren schlafenden Welpen weg und robbt aus dem engen Höhlenausgang. Die arktische Sonne steht hoch am Himmel. Das helle Licht blendet sie, als sie aus der Dunkelheit kommt. Die Höhle liegt auf dem Felsvorsprung einer steilen, schroffen Höhe über einem rasch dahinströmenden Fluss. Langsam bewegt sie sich bergauf, darauf bedacht, nicht gesehen zu werden. Als sie das Plateau erreicht, trifft sie auf ein Meer von Karibus. Es sind an die tausend dicht aneinander gedrängte Tiere, die die Ebene bevölkern. Die nächsten äsen nur wenige Meter von der Kante entfernt, langsam nach vorne gestoßen von der Masse der Tiere dahinter.

Die Wölfin steht bewegungslos und beobachtet die Gruppe von Kühen mit ihren neugeborenen Kälbern. Es sind viele. Sie könnte angreifen, aber es ist nicht genügend Platz an der Steilkante. Nur ein paar Meter liegen zwischen ihr und den nächsten Tieren. Als sie die Wölfin sehen, rollen sie vor Schreck mit den Augen, drängeln, schubsen und drücken, um zu fliehen. Aber sie werden blockiert von der Welle von Karibus, die von hinten reindrückt. Ein Rückzug ist nicht möglich. So drängeln sie sich entlang der Abgrundkante, um der Wölfin zu entkommen und nicht über den Steilhang abzustürzen. Die Wölfin schaut zu, während ein dicht gedrängter Teil der Herde die Richtung ändert. Dann dreht die Herde und bewegt sich langsam weg. Eine Handvoll neugieriger Kälber nähert sich, die Nasen hochgereckt nach dem fremden Geruch. Unvermittelt bricht Chaos aus.

Einen Kilometer entfernt rennt ein Wolf einen Geländerücken entlang, um von der Rückseite in die Herde einzubrechen. Er wirft sich den Hang hinunter und greift eine kleine Karibukuh an der Kehle. Während beide den Hang hinabrollen, bricht das Genick der Kuh. Aus der anderen Richtung kommt ein weiterer Wolf. Die Karibus im Zentrum der Herde sind verstört und rempeln sich gegenseitig an bei dem Versuch, umzukehren und der unsichtbaren Gefahr zu entfliehen. Aber sie sind so dicht zusammengedrängt, dass sie nicht vorwärts kommen. Der Wolf springt kopfüber in die Herde und reißt eine weitere Kuh zu Boden. Seine Kiefer schließen sich über der Luftröhre und ersticken die Kuh. Das Kalb rennt ein paar Meter weg, hält dann inne und sieht zu, wie seine Mutter verendet.

Hunderte Karibus rennen durcheinander, viele steuern wieder auf die Wurfhöhle zu. Die Wölfin sprintet vorwärts und schneidet ihnen den Fluchtweg ab, separiert ein Kalb, das langsamer ist als die anderen. Ihre starken Kiefer greifen zu und brechen das schmale Rückgrat. Die Karibus zerstreuen sich in alle Richtungen, und die Herde löst sich auf. Aber es kommen immer mehr Wölfe. Zwei graue rennen die Böschung hinunter und schlagen eine Kuh mit ihrem Kalb.

Drei weitere Wölfe verfolgen eine große Gruppe, die sich bergauf in das Quellgebiet des Flusses flüchtet. Noch ein Wolf erscheint auf der Klippe und fängt eine Gruppe von Kühen und Kälbern ab, als sie aus einer engen Schlucht herausklettern. Die Karibus drehen sich gerade rechtzeitig, um die dunkle Gestalt auf sie zukommen zu sehen. Aber der Wolf ist zu schnell. Er stürzt sich auf den Rücken einer Kuh, doch seine langen Reißzähne rutschen von dem glatten Fell ab. Während die Karibus über die Tundra entfliehen, rollt er die Schlucht hinunter. Dennoch jagt er weiter und schließt bis auf zehn Meter zu einem Kalb auf, das verzweifelt versucht, mit den anderen mitzuhalten. Es ist stark und hält den knappen Vorsprung mehr als einen Kilometer. Als die Karibus die Bergspitze erreichen, stoßen sie unvermittelt auf eine noch größere Gruppe auf der anderen Seite. Der Wolf lässt von dem Kalb ab und wendet sich den neuen Zielen zu, die ein breites Band Birkensträucher ansteuern. Die Kühe springen über die meterhohen Sträucher, gefolgt von ihren agilen Kälbern. In diesen Sträuchern kann der Wolf nicht mithalten. Nach ein paar hundert Metern hält er an und sieht die Karibus über einen langen Kamm verschwinden.

Während sich die große Karibuherde in alle Richtungen verläuft, steht die Wölfin über dem toten Kalb. Die anderen Wölfe haben ihre Jagd beendet. Die Karibus beruhigen sich und beginnen wieder zu äsen. Allmählich bewegen sie sich hinunter zum Fluss. Das schlaffe Kalb im Fang geht sie zum Hang zurück. Sie legt sich in eine Sandkuhle und beginnt zu fressen. Bevor sie in die Dunkelheit der Wurfhöhle zurück-kehrt, schlingt sie die besten Stücke in wenigen Minuten hinunter. Gegen Abend kommt der Rest des Rudels zur Höhle. Als sich alle zum Tulagaq River am fernen Horizont aufmachen, ist auch die große Karibuherde wieder zusammen gekommen.

m Juli 1977 campierte ich einmal eine Nacht mit dem Karibubiologen Don Russell am Firth River nahe der Meeresküste in der Arktis. Den größten Teil des Tages hatten wir damit verbracht, mit dem Helikopter eine große Ansammlung von Karibus zu suchen – mehrere zehntausend Tiere – die einen breiten Trail durch die sumpfige Küstentundra gebrochen hatten. Da wir die Tiere nicht finden konnten, schickten wir den Piloten zurück nach Old Crow, ein paar hundert Kilometer südlich, und schlugen unser Lager auf. Gegen zwei Uhr morgens erwachte ich vom lauten Klicken tausender Karibuhufe. Sie kamen von der Küste und wanderten landeinwärts. Ihr Zug ging mitten durch unser Zeltlager. Es herrschte dichter Bodennebel, und die Karibus erschienen aus dem diffusen Grau wie dunkle Geistergestalten. Es war eines meiner eindrucksvollsten Erlebnisse mit Wildtieren. Zehn Jahre später begann ich mit einer Studie des wichtigsten und ebenso eindrucksvollen Antagonisten der Porcupineherde.

Wölfe, die im nördlichen Streifgebiet der Porcupineherde leben, also in der baumlosen Tundra, sind Vagabunden. Sie sind anders als die Wölfe im übrigen Yukon. Tundrawölfe haben keine festen Streifgebiete und verteidigen keine Territorien. Stattdessen folgen sie den Barren-Ground Karibus*, wohin auch immer. Im Frühjahr 1987 rüstete mein Team für eine Feldstudie im nördlichen Yukon einunddreißig Wölfe in einem Dutzend Rudeln mit Sendern aus. 1992 hatten wir einundfünfzig Wölfe in zwanzig Rudeln besendert. Diese zwanzig Rudel lebten in einem Gebiet von fast 50.000 Quadratkilometern, das sind etwa zehn Prozent der Fläche des Yukon. Viele dieser Wölfe folgten den Karibus in weit entfernte Überwinterungsgebiete und kehrten im Sommer zurück. In den riesigen Weiten dieser Landschaft war es immer eine besondere Herausforderung, die Wölfe überhaupt zu finden. Viele Sender waren ein Jahr lang oder noch länger still, bevor wir erneut Signale auffingen, oft hunderte Kilometer entfernt von dort, wo wir das jeweilige Tier eingefangen hatten. Für diese Wölfe war zu Hause überall, wo die Karibus umherzogen.

Während der Laufzeit unseres Projekts umfasste die Porcupineherde etwa 160.000 Tiere, wurde aber wegen hoher Kälbermortalität von Jahr zu Jahr weniger. Wegen des großen Nahrungsangebots für Wölfe gibt es für diese keinen Grund, aggressiv um Nahrung zu streiten. Das territoriale Verhalten verschwindet, weil es keine Vorteile bringt. Ich wusste von diesen wandernden Wölfen, bevor ich meine Feldstudie begann. 1986 besuchte ich Robert Arey, einen Senior der Eingeborenen, in Aklavik, North West Territories. Mich interessierte, was die Tetlit Gwitch'in* und die Inuvialuit* über die Wölfe wussten, die mit der Porcupineherde zusammenlebten. Bei dampfendem Tee und frisch gebackenem Bannock erklärte er mir, dass viele Wölfe den Karibus im Winter auf ihren Wanderungen folgen würden. Diese Tundrawölfe, meinte er, seien anders als jene vom Mackenzie Delta. Es seien besondere Wölfe, weil sie ausschließlich von Karibus lebten. Sie würden in den nahen Bergen bleiben, so lange die Karibus dort den Winter verbrachten und im Frühjahr das Gebiet mit den Karibus verlassen. Robert hatte in allen Punkten Recht, und sein tiefes Verständnis der Lebensweise von Wölfen überraschte mich nicht. Die Jäger von Aklavik erlegen Wölfe, wenn Karibus in der Nähe sind, und das haben sie so gemacht seit vielen Jahrzehnten. Wolfsfelle sind begehrt als Futter für Winterparkas. Ein großer Winterwolf kann mehr als fünfhundert Dollar einbringen.

Auf ihren Wanderungen geraten Wölfe in die Karibu-Wintergebiete bei Aklavik. Im März 1992 zählte ich fünfunddreißig Wölfe in vier Rudeln, die Karibus an einem kleinen Bergbach fünfzehn Kilometer entfernt von der Ortschaft jagten. In dem Tal waren tausende von Karibus. Wenn sich die Herden bewegten, folgten ihnen die Wölfe wie Schatten. Der Pilot Hans Lammers beobachtete die Porcupineherde während der 1970er Jahre. Er erinnert sich, siebzig Wölfe gezählt zu haben, die den Karibus über die Old Crow Ebene nach Norden folgten. Zunächst dachte ich, solche Zahlen seien gewaltig übertrieben. Heute glaube ich, dass es sich dabei um vorübergehende Zusammenschlüsse von mehreren wandernden Rudeln handelt, die dadurch möglich werden, dass sich die territoriale Lebensweise zu Gunsten des Wanderns auflöst. Die nördliche Baumgrenze bildet die Trennlinie im Verhalten der Wölfe. Die wandernden Wölfe der Tundra bewegen sich in den baumlosen Gebirgsregionen der Northern Richardson, British und Barn Mountains. Das sind 7.000 Quadratkilometer, die sie auf den Fersen der Karibus das ganze Jahr über durchstreifen. Taigawölfe leben in unmittelbarer Nähe südlich davon im dünn bewaldeten Einzugsgebiet des Porcupine River. Sie sind territorial. Sie bleiben das ganze Jahr über in ein und demselben Areal und verteidigen ihr Streifgebiet gegen andere Wölfe. Dieses Areal umfasst etwa 1.200 Quadratkilometer, und die Wölfe verhalten sich hier wie Yukonwölfe anderswo im Süden. Sie bleiben in ihren Streifgebieten, weil es hier gerade genug Elche gibt. Wenn jedoch die Porcupineherde in ihr Gebiet einwandert, wechseln sie ihre Beute sofort. Bleibt die Herde den ganzen Winter, so jagen die Wölfe in erster Linie die reichlich vorhandenen Karibus.

So ein Wanderleben scheint eine einfache Sache für einen Wolf zu sein, aber dieser Lebensstil ist voll von Risiken. Das Trail River Rudel in der Erzählung vorher ist ein gutes Beispiel dafür. 1987 hatte es seine Wurfhöhle beim Spring River im hohen Norden des Yukon. In jenem Sommer war der Spring River so etwas wie das Epizentrum des Areals, wo die Karibus kalbten. Ein Jahr später kamen die meisten Kälber weit entfernt im Westen, in Alaska zur Welt. 1988 zog das Trail River Rudel seine Welpen hundert Kilometer südlich des Spring River auf, in der Old Crow Ebene. In dem produktiven Feuchtgebiet wuchs ein halbes Dutzend Welpen heran, das mit Elchkälbern, Bisamratten und Wassergeflügel ernährt wurde – ohne ein einziges Karibu den ganzen Sommer lang.

Was aber veranlasste das Trail River Rudel, sein Aufzuchtgebiet so weit in ein völlig anderes Beutegebiet zu verlegen? Konnte die trächtige Wölfin voraussehen, dass 1988 nur wenige Karibus im Gebiet des Spring River kalben würden? Es muss nicht Vorausschau gewesen sein. Sie folgte den Karibus während des gesamten Winters und war möglicher Weise gerade in der Old Crow Ebene, als es Zeit war zu werfen. Die Porcupineherde war in jenem Jahr wegen viel Schnee verspätet und viele Kälber kamen in den Bergen gleich nördlich der Ebene zur Welt. Das war der perfekte Zeitpunkt, sich für eine Wurfhöhle zu entscheiden. Die Ebene ist auch ein günstiger Standort, um die Karibus im Herbst zu erwarten – in jener Zeit also, da die rasch heran wachsenden Welpen besonders hungrig sind. In beiden Jahren war die Wölfin zur rechten Zeit am richtigen Platz. Sie zog ihre Welpen erfolgreich auf, und in beiden Jahren führte sie ein großes Rudel.

Für die Wölfe, die die Porcupineherde begleiten, ist die richtige Wahl des Aufzuchtgebietes besonders wichtig. Falsche Wahl bedeutet keine Karibus, und das wiederum ist der sichere Tod der Welpen. Die Nordkalotte des Yukon bietet außer Karibus nichts. Fehlen sie, so verhungern die Welpen, oder sie werden von den hungrigen Altwölfen aufgefressen, bevor diese das Gebiet verlassen. Das ist das alljährliche Glücksspiel, das wandernde Wölfe mitzuspielen haben. Während meiner Feldarbeiten scheiterte mehr als die Hälfte aller Aufzuchtversuche, ein klarer Beleg dafür, wie hoch das Risiko ist, wenn man auf wandernde Karibus angewiesen ist, die im Aufzuchtsgebiet erscheinen können oder auch nicht.

Kalbten die Karibus jedes Jahr im selben Gebiet, so wäre das Leben für die Wölfe viel einfacher. Aber das tun sie nicht. Die Porcupineherde wandert hunderte von Kilometern von verschiedenen Wintergebieten, um in einer der unwirtlichsten Regionen zu kalben, die es auf dem Kontinent entlang der Alaska-Yukon-Nordkalotte gibt. Aber das genaue Gebiet wird durch das Frühjahrswetter bestimmt, wie wir im Jahr 1988 gesehen haben – und wo das genau ist, ist unvorhersehbar. Durch die weiten Wanderungen und den Wechsel des Kalbungsgebietes von Jahr zu Jahr haben Karibus einen Weg gefunden, den meisten Beutegreifern zu entgehen. Tom Bergerud, ein bekannter Karibubiologe, nennt dieses Verhalten spacing away – nennen wir es sich verdrücken.

Tom vertritt die Ansicht, dass die Wanderungen der großen Karibuherden im arktischen Kanada damit zusammenhängen, dass die Karibus auf diese Weise den Einfluss von Bären und Wölfen verringern. Seine Theorie findet ihre Bestätigung in der Überlebensrate der Kälber. Wenn es die Porcupine-Karibus wegen zu viel Schnee nicht in den hohen Norden schaffen, setzen sie ihre Kälber in den Bergen südlich davon, und dort gibt es viele Beutegreifer. In solchen Jahren verschwinden viele Kälber kurz nach der Setzzeit – viel mehr als im Vergleich zu Jahren, da sie den hohen Norden erreichen und die meisten Räuber weit hinter sich lassen.

Ein weiterer Trick, Beutegreiferdruck zu minimieren, besteht in der kurzen Setzperiode. Die Karibus setzen ihre Kälber in der ersten Juniwoche – und damit überschwemmen sie die Wölfe mit leichter Beute. Ein Wolf, der sich zu den Setzgebieten aufmacht, wacht eines Morgens mitten in einer Ansammlung von neugeborenen Kälbern auf. Für ein paar Tage ist da ein Überangebot leicht zu greifender Kälber, viel zu viele für die Wölfe – und die Grizzlies und die Steinadler. Die synchrone Setzzeit gibt den meisten Kälbern die Chance, sich rasch zu entwickeln und den Beutegreifern zu entkommen. In den ersten Tagen freilich ist das Beutemachen einfach.

In den ersten Junitagen 1979 saß ich nahe des Malcolm River mit einem Teleskop auf einem kleinen Berggipfel, umgeben von tausenden Karibus, die gerade ihre Kälber zur Welt brachten. Ein einsamer Wolf erschien im Tal und bewegte sich am Fluss entlang abwärts. Wie er die offene Tundra durchkreuzte, war er offensichtlich auf der Jagd. Bald stieß er auf ein Karibu mit einem soeben geborenen Kalb. Der Wolf näherte sich rasch, das unbeholfene Kälbchen stolperte ein paar Meter hinter der Kuh her und fiel dann zwischen die großen Grasbüschel. Der Wolf lief hin und tötete es im Nu. Kurze Zeit später erschien ein großer Grizzly unter mir. Er knabberte an Pflanzenstängeln herum, aber es war ihm anzusehen, dass er etwas anderes suchte. Wie er so dahin schritt, kam er in die Nähe einiger Karibukühe, die gerade ihre Kälber säugten. Urplötzlich griff der Bär die Gruppe an und schlug ein Kalb, erst einen Tag alt, bevor es fliehen konnte.

Ein Beutegreifer, der zu den Setzplätzen gelangt, freut sich über eine Menge solcher leicht greifbarer Kälber, doch das hält nicht lange an. Die Kälber entwickeln sich rasant und sind schon bald in der Lage, Bären und Wölfen zu entkommen. Sie stehen und trinken Milch innerhalb einer Stunde nach der Geburt, und innerhalb von vierundzwanzig Stunden folgen sie ihrer Mutter ohne Schwierigkeiten – über kurze Distanzen sogar hoch flüchtig. Nach einer Woche rennen sie fast so schnell wie die Mutter. Einen Monat alt, sind sie gewandte und schnelle Läufer, ebenso schnell wie ein Grizzly oder ein Wolf in der offenen Tundra. Im Juli 1977 beobachtete ich an der Küste in der Arktis einmal drei Wölfe, die einer Herde von etwa 10.000 Karibus mehrere Stunden lang folgten. Sie machten eine ganze Serie halbherziger Attacken, konnten aber kein Tier erbeuten. Jedes Mal rannte die dicht zusammengedrängte Herde den Wölfen davon. Die Kälber hatten keine Mühe, zu folgen und den Wölfen auszuweichen.

Im April 1991 begann ich zusammen mit Alan eine Feldstudie, um herauszufinden, wie viele Karibus der Pocupineherde von Wölfen während eines Jahres getötet wurden. Mit dem Flugzeug – Start war in Aklavik – folgten wir den täglichen Wanderungen von sieben besenderten Wolfsrudeln drei Wochen lang. Während dieses Zeitraums erbeuteten sie dreiundzwanzig Karibus. Daraus kalkulierten wir, dass ein Wolf im Winter alle zwölf Tage ein Karibu erlegte. Diese Tötungsrate war etwa die gleiche, wie sie im Westen – in Alaska – und im Osten – in den Northwest Territories – gefunden worden war. Als wir die Tötungsrate kannten, bat ich Don Russell, den Karibubiologen von der Kanadischen Wildschutzbehörde, um Hilfe beim nächsten Schritt. Don wusste mehr als jeder andere Bescheid über die saisonale räumliche Verteilung der Herde. Für jede Saison schätzte er die Größe des Areals, in dem sich die Herde aufhielt, und wir schätzten die Zahl der Wölfe, die die Karibus begleiteten. Wir kamen zu dem Ergebnis, dass Wölfe pro Jahr etwa 7.600 erwachsene Karibus töteten. Das entspricht etwa vier bis fünf Prozent der Population. Etwa achtzig Prozent davon wurden im Herbst und Winter erlegt, wenn das von den Karibus eingenommene Areal am größten war und somit viele Karibus den Wölfen ausgesetzt waren. Dennoch waren die Wölfe nicht der entscheidende Faktor bei der Begrenzung der Population. *(Die Zahlen in der kanadischen Originalausgabe sind nicht korrekt. Dort wird der Aderlass an die Wölfe mit einem Drittel der adulten Karibus beziffert. Anm. des Übersetzers).*

Seit 1992 ist die Porcupineherde geschrumpft, heute liegt sie wahrscheinlich bei weniger als 100.000 Tieren. Nehmen wir einmal an, die Wölfe eliminieren weiterhin Karibus mit derselben Tötungsrate. Der Eingriff liegt dann zunächst bei knapp acht Prozent der 100.000 Tiere. Je stärker die Zahl der Karibus abnimmt, umso größer würde der Einfluss der Wölfe. Sie würden den Rückgang der Herde zunehmend beschleunigen.

Im Jahr 2009 wurde ich von der Managementgruppe der Porcupineherde eingeladen, meine Erfahrungen mit wandernden Wölfen vorzutragen und mich zu der Frage zu äußern, wie der Eingriff der Wölfe die Herde beeinflusste. Die Gruppe stand unter großem Druck, eine Kontrolle der Wölfe ins Auge zu fassen, um die Karibus zu vermehren. Als ich gefragt wurde, ob ich ein groß angelegtes Kontrollprogramm empfehlen würde, sagte ich nein. Ich erklärte, dass das Streifgebiet der Herde riesig sei und die Bedingungen jedes Jahr unvorhersehbar. Die Herde kann im Yukon überwintern, aber ebenso gut in Alaska oder in den Northwest Territories – und wo sie schließlich ankommen, ist oft genug eine große Überraschung für die Biologen. Würde die Managementgruppe eine Wolfskontrolle in einem bestimmten Wintergebiet empfehlen, weiß kein Mensch, ob sie im nächsten Winter überhaupt dorthin kommen werden. Ich riet der Gruppe, das System unbeeinflusst und der Natur ihren Lauf zu lassen. Wölfe haben die Porcupineherde über tausende von Jahren begleitet, aber sie haben sie nicht ausgerottet. Es gibt andere Möglichkeiten, der Herde zu helfen.

Im Jahr 2010 wurde für die Herde ein Managementplan erstellt. Für nicht-einheimische Jäger galten vorher gewisse jagdliche Beschränkungen; sie durften nur männliche Karibus erlegen. Der neue Plan empfiehlt erstmals Einschränkungen der gesamten Jagd und im gesamten Streifgebiet der Herde auch für die einheimischen Jäger der First Nations. Fällt die Herde unter 80.000 Tiere, so werden die Beschränkungen für die Einheimischen wesentlich verschärft. Während ich dies niederschreibe, werden die Karibus zum ersten Mal seit mehr als zehn Jahren gezählt. Die Zahlen sind noch nicht ausgewertet. Es ist gut möglich, dass die Herde nahe an der magischen Zahl 80.000 ist. Ist dies der Fall, so befindet sich das gegenwärtige Management der Porcupineherde am Scheideweg. Die ethische Klippe wird sein, ob die First Nations bereit sind, jagdliche Einschränkungen für ihre eigenen Leute zu beschließen, ohne gleichzeitig eine Kontrolle der Wölfe zu fordern. Wölfe im gesamten riesigen, 250.000 Quadratkilometer großen Streifgebiet der Porcupineherde zu töten, wäre ein logistisches, ethisches und politisches Unternehmen von einem kaum vorstellbaren Ausmaß. Die Maßstäbe sind enorm, es ginge um viele hundert Wölfe über drei politische Grenzlinien. Ganz zu schweigen von biologischen Gesichtspunkten: Solche Aktionen bringen wenig für diese wandernde Herde.

Die wandernden Barren-Ground Karibus sind ein Teil in der Reihe großer Säugetiere, die Wölfe in langer Evolution gelernt haben zu erbeuten. Wie die Dallschafe, so haben auch die wandernden Karibus Wege gefunden, Wölfen zu entkommen und damit ihren Einfluss auf die Größe der Herde zu mindern. Es besteht sehr wohl die Möglichkeit, dass die Wölfe eine immer stärkere Rolle spielen können, je kleiner die Herde wird, aber dagegen kann nur wenig unternommen werden – außer umsichtiges jagdliches Management. Großwild ist im Übrigen nicht alles, was Wölfe zum Überleben brauchen. Im Sommer erweitern die Yukonwölfe ihre Ernährungsbasis um viele Kleintiere, die in der Nähe der Wurfhöhlen leben, und einige von ihnen finden sogar reichlich Beute unter dem Eis.

13

Wasser

Alligator Lake – 18. Juni 1983

Ohne Mühe springt der starke Wolfsrüde über den schmalen Bach und beginnt, sich seinen Weg stromabwärts zu bahnen, den Kopf knapp über dem langsam fließenden Wasser. Das Gewässer windet sich durch ein großes Sumpfgebiet, umgeben von hohen Weiden und Erlen. Der Wolf scheucht einen hübschen Rohrsänger auf, der sein frühes Abendlied unterbricht. Während der Wolf vorwärts trabt, beobachtet er das Wasser aufmerksam. Zweimal springt er vom Ufer, stemmt seine kraftvollen Vorderpfoten in den Bach und schnappt ins Leere. Das Wasser fließt schnell, es bildet kleine Strudel. Der Wolf verhält und wartet, sein Körper ist gespannt zum Sprung. Mit einem lauten Klatschen springt er in einen seichten Tümpel und gräbt seine Zähne in kaltes, glattes Fleisch. Er beißt zu, bis sich die Äsche nicht mehr rührt und wandert dann mit seinem Fang langsam einige hundert Meter stromab. An einem tief ausgetretenen Wechsel verlässt er den Bach, der Pfad führt ihn zu seiner Höhle.

Der Höhleneingang befindet sich an einer südlich ausgerichteten Böschung mit Aussicht über den Bach. Der Wolf läuft am Schädel eines Dallschafwidders vorbei, die Hörner von der Sonne gedörrt und zerfallend. Er geht zum Eingang und steht ruhig da mit dem Fisch in der Schnauze. Auf einem sandigen Fleck legt er sich hin und legt den Fisch vor sich auf dem Boden ab. Einige Minuten später schlüpft die Wölfin aus der Höhle, dehnt und streckt sich. Sie nähert sich ihrem Partner, mit gesenkter Nase dem Fischgeruch entgegen. Der Rüde knurrt, sie antwortet freundlich. Behutsam stupst sie den Fisch an und dreht ihn um. Dann nimmt sie ihn auf, geht einige Meter weiter, legt sich hin und frisst den Fisch mit wenigen schnellen Bissen. Sie steht wieder auf und geht zu ihrem Partner, aber der hat nichts mehr anzubieten. Schließlich legt sie sich wieder auf ihren Platz und schläft im warmen Sonnenschein ein.

Eine Stunde später wird sie durch ein tiefes Heulen geweckt, das von der anderen Bachseite ertönt. Der Rüde bereitet sich auf die Jagd vor und beginnt seinen rituellen Rundgang um die Höhle. Er bewegt sich über die Wolfstrails, verschwindet immer wieder zwischen den weit im Feuchtgebiet verstreuten Weidenbüschen. Alle paar Minuten hält er inne und heult, dann wechselt er den Ort. Schließlich ist er außer Sicht, bahnt sich seinen Weg durch ein Netz von Teichen und Wasserläufen, bis er eine Straße erreicht. Er überquert sie, heult ein letztes Mal und macht sich auf den Weg zu den vor ihm liegenden Bergen. Er wird die ganze Sommernacht auf der Jagd sein.

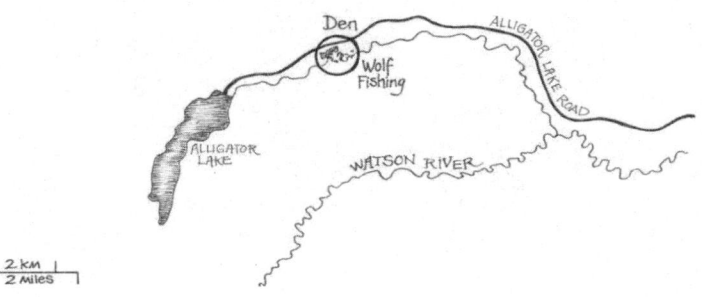

Das oben beschriebene Geschehen beobachtete ich von einer bewaldeten Senke auf einem Hügel, von wo man die Feuchtgebiete des Alligator Lake übersehen kann. Das Alligatorrudel mochte ich ganz besonders. Es war eins der ersten in meiner Laufbahn, das ich mit Sendern ausgerüstet habe. Der Rüde war ein schöner cremefarbener Wolf und der einzige, den ich je fischen sah. Mit dreizehn Jahren war er auch das älteste meiner Studienobjekte. Bevor ich ihm beim Fischen zusah, hatte ich ihn etwa zwanzig Kilometer nördlich der Wurfhöhle besendert. Er fraß gerade am Kadaver einer trächtigen Elchkuh, die ein Grizzly getötet hatte. Der Bär hatte die Gebärmutter geöffnet, das fast fertig entwickelte Kalb verzehrt und einen kleinen Haufen winziger Knochen hinterlassen. Als wir den Wolf von dem Kadaver vertrieben, hatte ich keine Ahnung, dass er schon so alt war. Er war geschickt, außerordentlich gewandt und schnell. Und fast wäre ich wegen ihm umgekommen. Ich musste auf dem Rücksitz des Helikopters ständig nach links und

rechts rutschen, um mit dem Narkosegewehr Ziel zu fassen. In der Hektik löste ich mit dem Unterarm unabsichtlich den Sicherheitsgurt, lehnte mich aus der offenen Tür zum Zielen und merkte plötzlich, dass ich nicht gesichert war. In prekärer Position stand ich mit einem Fuß auf der äußeren Aufstiegsleiste, mit dem andern in der Luft, und fünf Meter unter mir raste der Boden dahin. Hätte der Pilot die Richtung geändert, wäre ich bei dreißig Stundenkilometern in das felsige Gelände geflogen. Glücklicher Weise hielt der Pilot Kurs, irgendwie fiel ich zurück in den Sitz, und dann fingen wir den Wolf.

Wölfe können so alt werden wie Hunde, doch ihr wilder Lebensstil verkürzt ihre Lebenserwartung erheblich. Mit fünf, sechs Jahren ist ein Wolf im Yukon alt. Wegen ihrer harten räuberischen Lebensweise kommen nur wenige Wölfe über ihre beste Zeit hinaus. Der Alligatorrüde war eine seltene Ausnahme. Leider war sein Glück nur zehn Tage, nachdem ich ihn fischen gesehen hatte, zu Ende. Ein paar Kilometer entfernt von der

Wurfhöhle wurde er an der Straße, die am Alligator Lake entlang führt, geschossen.

Im Yukon paaren sich die Wölfe Ende Februar und werfen etwa sechzig Tage später, Anfang Mai. In den Wintermonaten bleibt das Rudel als Familieneinheit zusammen und durchstreift sein Territorium auf der Suche nach großen Beutetieren. Naht der Frühling, ändern sich die sozialen Beziehungen im Rudel markant. Die Wölfin ist hoch trächtig und kann nicht länger große Strecken laufen. Sie muss einen sicheren Platz finden, wo sie ihre Welpen zur Welt bringen und aufziehen kann, bis sie selber wandern können. Das Alligatorrudel hatte seine Wurfhöhle in einem Habitat, wie er typisch ist für die Yukonwölfe. Zur Aufzucht der Welpen suchen sie sich Feuchtgebiete.

Kurz nach der Geburt verlässt die Wölfin mehrere Wochen lang die Höhle kaum. Die Welpen ernährt sie mit Milch. Sie braucht Wasser in der Nähe, damit die Milch nicht versiegt, allein deshalb findet man die meisten Höhlen in der Nähe von Wasser. Ob sie die Welpen hochbringt, hängt von ihrer körperlichen Verfassung ab, und diese wiederum davon, wie viel Futter der Rüde herbeischafft. Im nördlichen borealen Nadelwald sind es die Feuchtgebiete, die den größten Reichtum an Tieren, und damit einen großen Teil der Sommernahrung für die erwachsenen Wölfe hervorbringen. In und um die Feuchtgebiete gibt es ein großes Angebot von Tieren, die leicht erbeutet werden können, darunter Elche, Biber, Bisamratten, Erdhörnchen, Mäuse, Enten und Gänse, und Fische wie Äschen, Hechte, Weißfische und Lachse. Etwa zur Wurfzeit der Welpen bringen auch die meisten anderen Tiere ihre Jungen zur Welt, und Vögel ziehen ihre Jungen auf – alles leichte Beute für Wölfe. Der Rüde kann die Wurfhöhle gegen Bären verteidigen, wenn er in der Nähe jagt. Er kann die Wölfin regelmäßig mit Nahrung versorgen, während sie die Welpen nährt. Die Jährlinge besuchen die Höhle regelmäßig, sind aber meist auf weit entfernten Beutezügen. Erstmals sind sie beim Jagen auf sich allein gestellt, ohne die Anleitung der Eltern. Früher glaubte man, sie blieben in der Nähe der Höhle, um bei der Aufzucht der Welpen zu helfen. Der wahre Grund ist ein anderer – sie hängen dort herum in der Hoffnung, eine Mahlzeit zu ergattern, die eigentlich für die Welpen gedacht war.

Am Ende des kurzen Yukonsommers sind die Welpen groß geworden und die Wölfe haben das lokale Angebot von Bibern, Bisamratten und Elchkälbern in den Feuchtgebieten aufgebraucht. Nun bringt die Wölfin ihre Welpen zu einem so genannten Rendezvousplatz – gewöhnlich eine andere Wurfhöhle oder ein offener Hügel oder eine Wiese – wo es wieder Beute gibt und wo die Altwölfe gute Rundumsicht haben, um eine nahende Bedrohung rechtzeitig zu erkennen. Die Welpen bleiben am Rendezvousplatz bis Anfang Oktober, wenn sie vollkommen mobil sind. Sie sind nun bereit, die Familie bei ihren langen winterlichen Streifzügen auf der Suche nach Beute zu begleiten.

Das bedeutendste Feuchtgebiet für Wölfe, das ich kenne, ist die Old Crow Ebene im nördlichen Yukon. Es ist vielleicht das produktivste arktische Feuchtgebiet auf der Welt überhaupt und bietet Jahr für Jahr ein sicheres Nahrungsangebot für Wölfe. Es besteht aus tausenden von flachen arktischen Seen, die in den Frühlings- und Sommermonaten von Leben nur so wimmeln. Im Frühjahr wandern tausende von Elchen aus den umliegenden Gebirgsregionen ein. Mitte Juni stehen überall Bullen, Kühe und neu geborene Kälber im flachen Wasser. Außerdem gibt es Unmengen von Bisamratten, über viele Jahrzehnte die wichtigste Nahrungsquelle der Vuntut Gwitch'in von Old Crow.

Die Wasserflächen sind voll von Enten, Gänsen und Schwänen, die von überall in Nordamerika hier her kommen, um zu brüten.

Zwischen 1987 und 1990 fanden wir sieben Rudel, die in diesem riesigen Feuchtgebiet Junge aufzogen. Wir sammelten Losung in der Nähe der Höhlen und fanden heraus, dass die Wölfe viele Elchkälber erbeuteten, dass aber Bisamratten und Wassergeflügel eine ebenso große Bedeutung bei der Nahrungsbeschaffung hatten. Im August 2006 unterzeichneten die Vuntut Gwitch'in und die Regierung des Yukon eine Vereinbarung zum dauerhaften Schutz der Old Crow Ebene. Neben den offensichtlichen Vorteilen für Elche, Bisamratten und Wasservögel schützt dieser Akt auch das wichtigste Aufzuchthabitat für Wölfe im hohen Norden.

Feuchtgebiete sind auch anderswo im Yukon von großer Bedeutung für die Welpenaufzucht. Ein schönes Beispiel dafür sind die Coast Mountains südwestlich von Whitehorse. Schaut man von oben auf diese rauen, vergletscherten Berge, so fragt man sich, was denn dort leben kann. Doch in den meisten Tälern finden sich Tümpel, Bäche und Sümpfe. Zwischen 1983 und 1988 lokalisierte ich zwölf Wurfhöhlen in diesen Bergen. Zehn davon waren in Feuchtgebieten. Ich untersuchte über sechshundert Losungen und fand drei herausragende Beutearten: Elchkälber, Bisamratten und Biber. Das sind für Wölfe im Sommer alles leichte Beutetiere.

Yukonwölfe fühlen sich auch von fischreichen Gewässern angezogen. Hechte und Äschen laichen im Frühjahr in flachen Bächen, und Wölfe nutzen diese kurzzeitigen Fischansammlungen. Die grätigen Reste von Hechten und anderen Fischen fanden wir in der Nähe von Wurfhöhlen und in der Losung. Wölfe ernähren sich auch von laichenden Lachsen, sie verlassen sich sogar auf diese Lachse während des Hochwinters. In einem meiner Forschungsprojekte hielt sich ein Rudel mehrere Wochen lang an einem kleinen Abschnitt des Klukshu River nahe Haines Junction auf. Der Fluss dort ist schmal und hohe Fichten säumen ihn, was es schwer machte zu sehen, was die Wölfe dort trieben. Die Radiosignale kamen Tag für Tag fast von derselben Stelle, weshalb ich sicher war, dass die Wölfe mehrere Elche erbeutet haben mussten, um dort so lange zu bleiben. Als sie den Klukshu River endlich hinter sich gelassen hatten, machte ich mich auf zum Fluss, um die Elchkadaver zu suchen. Nach einer Stunde wusste ich: Da gab es überhaupt keine toten Elche. Überall entlang des Flusses lagen Dutzende verrotteter Lachse, die die Wölfe aus dem Eis gekratzt und gefressen hatten. Der Klukshu River ist nur zwanzig Kilometer lang, aber er liefert tausende Kilogramm nahrhaften Lachs für die Wölfe im Winter. Wer weiß, wie viele Elche diesem Angebot von toten Fischen ihr Leben verdanken.

Auch im Kluane River im Südwesten des Yukon gibt es zur Laichzeit eine Konzentration von Chumlachsen, von der sich Wölfe ernähren. Grizzlies und Wölfe fressen sich an den Lachsen satt, aber im November friert der Fluss zu und die Bären beziehen ihr Winterlager. Wir untersuchten mehrere besenderte Wolfsrudel entlang des Flusses in den 1990er Jahren. Die Lachse bildeten für Wölfe, Koyoten und Füchse eine wichtige Nahrungsquelle während des gesamten Winters.

Und dann ist da noch Hopkins Lake. Ein kleiner See in Yukons Südwesten, etwa vierzig Kilometer vom Alaska Highway die Aishihik-Straße nordwärts. Der See ist hoch produktiv, mit Aalen, Karpfen, Hechten und Weißfischen. Der Zu- und Abfluss in bzw. aus dem See ist eingeschränkt, deshalb ist das Wasser arm an Sauerstoff. Im Spätwinter ist dieser von den Fischen unter dem Eis nahezu aufgebraucht. Der See wird zum Grab.

Aber die Fische haben eine Methode gefunden, etwas Sauerstoff in die Kiemen zu bekommen. In einem flachen Teil des Sees schwimmen sie in Kreisen und erodieren auf diese Weise das Eis von unten, und so entstehen Luftlöcher, wo sie sauerstoffreiches Wasser erreichen. Die Fische sind dicht gepackt in diesen Löchern – und bilden Nahrung für andere.

Während einer Wolfsaktion sah ich einmal am fernen Strand des Hopkins Lake zwei Wölfe, die auf dem Eis durch eine Ansammlung merkwürdiger dunkler Dinge liefen. Dutzende Raben flogen über ihnen. Als wir näher kamen, erkannten wir vor dem Helikopter eine makabre Szene. Da lagen tote Aale und Karpfen überall auf dem Eis herum, manche fünf Kilogramm schwer. Wir besenderten die Wölfe und landeten dann auf dem See, um herauszufinden, was geschehen war. Die Wölfe mussten eine überaus einfache Möglichkeit zum Fischen genutzt haben. Die offenen flachen Wassertümpel brodelten immer noch von großen Fischen, die nach Luft – nein, natürlich nach sauerstoffreichem Wasser schnappten. Sie waren erschöpft und leicht zu fangen. Mit bloßen Händen warf ich einen drei Kilogramm schweren Dorsch raus aufs Eis. Spuren von Vielfraßen, Füchsen und Koyoten waren überall. Sie zeigten, dass sich nicht nur das Hopkins Lake Rudel, sondern auch andere an dem gedeckten Tisch eingefunden hatten. Dieses Angebot an Fischen könnte für die lokalen Wildbestände einen substantiellen Vorteil gehabt haben. Wölfe, die tote Lachse am Klukshu River aus dem Eis kratzen oder Süßwasserfische aus dem Hopkins Lake holen, können auf Elche oder Karibus verzichten.

Wasser ist für die Wölfe im Yukon von großer Bedeutung. Säugende Wölfinnen müssen Milch produzieren, und heranwachsende Welpen müssen viel trinken. Deshalb sind Feuchtgebiete besonders wichtige Aufzuchthabitate. Ein großer Teil

der Sommernahrung von Wölfen besteht aus Vögeln und Säugetieren, die in den Feuchtgebieten leben. Gewässer bieten manchen Wölfe auch reichlich Fisch im Herbst und Winter. Für die
meisten Wölfe ist der Winter allerdings die Zeit, da sie große
Tiere im tiefen Schnee erbeuten. Ein bemerkenswerter gefie-
derter Aasverwerter hat dabei gelernt, von Wölfen zu profitieren und sogar ihre Tötungsrate zu beeinflussen.

14

Diebe

D rei Raben gleiten tief am Seeufer entlang, als sie den Kadaver auf dem Eis unter sich entdecken. Das Tier liegt auf der Seite, die Läufe ausgebreitet, der Kopf eigenartig verdreht. Die schwarzen Vögel drehen und wenden, während sie über der kleinen Bucht kreisen. Über dem toten Karibu beginnen sie laut zu kreischen, aber sie trauen dem Frieden nicht. Nach ein paar Minuten gleitet einer niedrig über den Kadaver hinweg, um nach Lebenszeichen Ausschau zu halten.

Mehr Raben erscheinen, herbeigelockt durch das kreisende Trio und seine heiseren Rufe. Bald schon krächzen und kreisen Dutzende der schwarzen Vögel über dem Ufer. Einige lassen sich auf den Fichten nieder. Die Bucht hallt wider von ihren kreischenden, kurzen Rufen. Aber keiner traut sich zu landen. Da sind keine Hinweise auf Tiere, die das Karibu getötet haben, kein Heulen, keine Blutspritzer im Schnee. Da ist keine Spur dieser großen Maschine, die zu toten Tieren führt. Die klugen Vögel sind misstrauisch.

Endlich verlässt einer seinen Ausguck, faltet die Flügel zusammen und landet einige Meter neben dem Kadaver. Er beäugt das tote Tier und ruft laut, hüpft näher, immer bedacht bei der kleinsten Bewegung aufzufliegen. Immer mehr Vögel umkreisen das tote Tier, aber keiner ist mutig genug zu fressen. Plötzlich füllt sich die Luft mit dem Geräusch eines rasch nahenden Flugzeugs. Die Vögel verlassen das Eis und starten aus den Bäumen, drehen und wenden sich in der Luft. Das laute Flugzeug überfliegt den Kadaver, fliegt auf den See hinaus und kommt dann über die Bucht zurück. Die Vögel tauchen ein in die Bäume und fliehen. Das Flugzeug kreist ein paar Mal, dann verschwindet es über den See.

Innerhalb Minuten kehrt Stille ein. Allmählich kehren die Raben auf ihre Ausguckäste zurück. Einige Mutige landen in der Nähe der Mahlzeit. Ein Unverfrorener hopst vorwärts, schlägt seinen langen Schnabel in den Bauch und zieht ein Stück Fleisch heraus. Als er mit seiner Beute auffliegt, verfolgt ihn eine Handvoll neidischer Artgenossen. Zwischen den Bäumen versucht er zu entkommen. Eine Welle schwarzer Vögel verlässt nun die Bäume und stürzt sich auf den Kadaver. In Minuten ist das Karibu bedeckt von Raben, die schnell an allen Körperteilen ziehen und zerren. Einige kriechen unter die Rippen, um die fetten Nieren aus dem Torso zu ziehen. Andere verschwinden im Bauchraum und arbeiten sich durch das Zwerchfell, um an Herz und Lunge zu gelangen. Das Filetstück auf der Rückeninnenseite ist rasch zerfetzt und entfernt. Immer mehr Vögel kommen und reißen das Fleisch von den Rippen, treiben ihre messerscharfen Schnäbel in das weiche Fleisch. Mit vollen Kröpfen fliegen sie in den nahe gelegenen Wald und würgen ihre Beute hervor. Einige verstecken ihr Fleisch hoch im sperrigen Geäst einer Fichte. Andere schlüpfen unter Sträucher und drücken das Fleisch tief in den Schnee oder verbergen es unter umgefallenen Baumstämmen. Alle aber kehren schnell zum Kadaver zurück. Ein Dutzend Vögel zerrt am Kopf. Irgendwie drehen sie das kleine Geweih herum und legen das weiche Halsfleisch unter den Wangen frei. Minutenschnell sind die Augäpfel und die Zunge weg und Haut und Muskeln vom Kopf abgezogen.

Mittags ist von dem Kadaver so gut wie nichts mehr übrig. Die Beinmuskeln sind weg, die Rippen blank. Die Raben kommen wieder und wieder zu dem schwindenden Karibu. Sie ziehen Fleischstreifen ab und fliegen zurück in die Bäume. Am späten Nachmittag gibt es Hunderte von geheimen Verstecken der Raben überall im Wald verstreut.

Schließlich kehrt das lärmende Flugzeug zurück. Einer schwarzen Wolke gleich, steigen die Raben von dem Kadaver auf. Das Flugzeug kreist einmal und verschwindet. Erneut lassen sich die Vögel herab zu dem zerlegten Kadaver. Das Fressen ist nun schwieriger. Das übrig gebliebene Fleisch am Unterschenkel ist zäh und sehnig. Als die Dämmerung hereinbricht, ziehen die Vögel in kleinen Gruppen still davon. Sie fliegen zu ihrem gemeinsamen Schlafplatz, den sie sich jede Nacht in einem Fichtendickicht am nahen Berghang teilen. Am frühen Abend sitzen an die hundert Vögel auf den Ästen in den Baumwipfeln. Als die Sonne untergeht, werden sie still. Am See bewegt sich ein sanftes Licht das Ufer entlang. Zwei Menschen tauchen aus dem Wald auf und steuern auf das Eis zu. Sie gehen zu den Überresten des Kadavers und beugen sich leise sprechend darüber.

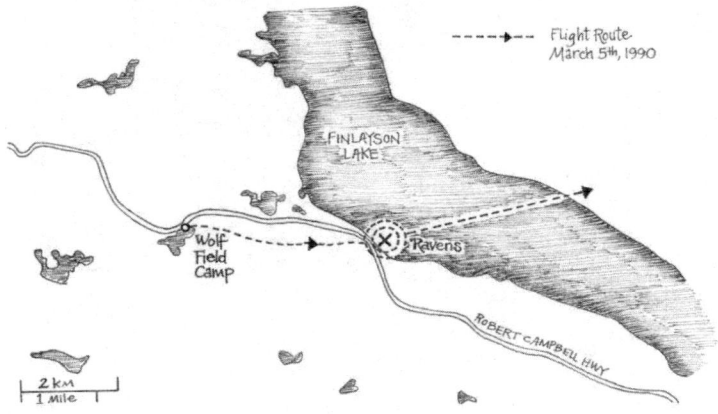

ölfe im Yukon sind mit einem Elch in zwei oder drei Tagen fertig, egal wie groß das Rudel ist. Aber natürlich können zwei Wölfe allein nicht einen ganzen Elch in so kurzer Zeit auffressen. Warum also verlassen kleine Rudel einen Riss so bald? Lassen kleine Rudel viel unverzehrtes Fleisch liegen? Oder stehlen Aasfresser den kleinen Rudeln mehr als den großen? Der Karibukadaver in der Erzählung war der Beginn einer ersten Feldstudie, mit der wir herausfinden wollten, wie viel von einem Riss an Aasfresser geht.

Am Morgen des 5. März 1990 hängten wir ein abgehäutetes Karibu an den Helikopter und ließen es am Strand des Finlayson Lake fallen. Ich wollte sehen, wie rasch die Kolkraben den Kadaver fanden und wie lange sie brauchten, um ihn zu vertilgen. Ich rechnete mit einer Woche, aber ich lag um sechs Tage daneben. Weniger als eine Stunde, nachdem wir den Kadaver abgeworfen hatten, flog ich erneut vorbei. Ich zählte vierzig Raben, die über der Bucht kreisten. Als ich am Nachmittag zurückkam, waren die Vögel noch da, aber das Karibu war im Wesentlichen verschwunden. Ich war überrascht, dass so wenig übrig war, und hielt Ausschau nach Spuren, weil ich dachte, Wölfe oder Koyoten hätten sich an der Mahlzeit beteiligt. Aber auf der schneebedeckten Eisfläche fanden sich nur die Krallenabdrücke der Raben. Alan und ich waren ob dieser Beobachtung richtig aufgeregt, fuhren mit dem Auto zum See und marschierten zu dem Kadaver. Alles, was verzehrbar war, war weg. Herz, Lungen, Nieren und Leber fehlten. Nacken, Läufe, Rippen und Rückgrat waren total von allem Fleisch befreit. Die Raben hatten es sogar geschafft, den Schädel zu wenden, um an das Fleisch am Unterkiefer zu kommen. Das Gewicht des Kadavers hatte ich auf siebzig Kilogramm geschätzt, als wir ihn am Morgen abgeworfen hatten. Die Raben hatten vierzig bis fünfzig Kilogramm beseitigt und nur Knochen,

Hufe und Schädel übrig gelassen. Als wir da so bei den Überresten standen, wurde mir klar, dass ich einen Studenten für eine Feldarbeit finden musste.

Im November 1990 kam Christoph Promberger, der gerade sein Studium an der Universität in München abgeschlossen hatte und eine Diplomarbeit an Wölfen im Yukon machen wollte. Wir besprachen verschiedene Themen. Zuerst wollte er das Duftmarkierungsverhalten von Wölfen untersuchen, aber ich konnte ihn davon überzeugen, dass das Rabenthema interessanter war. Ich glaube, zunächst war er enttäuscht, aber schon bald ging er in dem Projekt so richtig auf.

Schon bald, nachdem Christoph seine Arbeit begonnen hatte, konnte man ihn riechen. Stets begleitete ihn der Duft von verrottetem Fleisch. Mein neuer Rabenforscher verbrachte den größten Teil seiner wachen Zeit in einem großen Zelt, wo er einen Holzofen in Gang hielt und große Teile gefrorener Elche, Karibus und Hirsche auftaute, die von einem Holzgestell herab hingen. Jeden Morgen stand er vor Tagesbeginn auf, um Luder für die Raben auszulegen, bevor diese ihre tägliche Nahrungssuche begannen. Im Schutz der Dunkelheit schleppte er warme Stücke von Karibu oder Elch auf die vereisten Seen in der Nähe unseres Camps. Dann wartete er auf die Raben. Anfangs kamen sie vorbei geflogen, rührten aber seine Angebote nicht an. Sie kreisten und riefen, dann flogen sie fort, ohne was zu fressen. Wenn Jäger einen Aufbruch zurücklassen, greifen Raben in der Regel sofort zu. Irgendetwas war falsch an Christophs Versuchsanordnung.

Nach einer Woche voller Fehlschläge fragte er mich, wie es aussähe, wenn Wölfe einen Riss gemacht hatten. Ich erklärte ihm, es sähe aus wie nach einem Bombeneinschlag. Die Decke des Beutetieres sei zerfetzt, alles sei bedeckt mit Elchhaar, die Knochen seien zerbrochen und überall verstreut, und der Schnee sei getränkt von Blut. Ich glaube, ich muss Wolfsrisse darstellen, sagte er und tat es. Er verteilte Elchhaar, warf Knochen in alle Richtungen, verspritzte Blut oder rote Farbe im Schnee, und er ließ seine Hündin Yukai am See herumlaufen, damit sie Spuren hinterließ wie Wölfe. Er legte wolfstrailähnliche Spuren und trampelte zwischen den Bäumen herum in der Absicht, ein Fährtenbild äsender Elche zu schaffen. Dann wartete er. Die Raben kamen, und innerhalb von Minuten begannen sie ihre Mahlzeit.

Im Februar und März 1991 legte Christoph insgesamt sieben solche Luder aus und wog sie jeden Tag zweimal, bis das meiste verzehrt war. Er zählte die Raben und notierte die Spuren anderer Aasfresser, die das Luder besucht hatten. Christophs Studie unterstrich, wie treffend der Begriff ravenous (gefräßig – von engl. raven, der Rabe) für diese großen Vögel war. Sie beseitigten die Kadaver rasch. Nur strenger Frost, bei dem das Fleisch steinhart gefror, bremste sie etwas. Sie waren bei Weitem die wichtigsten Aasfresser an Wolfsrissen. Aber wie viel konnten sie den Wölfen wegnehmen, und spielte die Größe der Rudel dabei irgendeine Rolle? Im nächsten Winter führte Petra Kaczensky mit drei weiteren Ludern die Studie fort, und sie dachte darüber nach, wie richtige Wölfe wohl mit den Raben an den Rissen interagierten. Im Jahr 2005 veröffentlichten Petra, Christoph und ich zusammen einen Artikel darüber. Im Durchschnitt beseitigten Raben pro Tag vierzehn Kilogramm von den zehn Ludern. Als wir das mit der Menge Fleisch verglichen, die von Wölfen im Gehege täglich verzehrt wird, mussten wir feststellen, dass diese Menge viel zu gering war, um die kurze Zeitspanne zu erklären, die von Wolfsrudeln im Gebiet Finlayson an einem Riss verbracht wurden. Weil alle Rudel nur kurze Zeit am Riss verbrachten, egal ob sie klein oder groß waren, schlossen wir, dass kleinen Rudeln mehr genommen wurde als großen. Im Laufe der Jahre habe ich viele gerissene Elche gesehen, und ich fand nur wenige, die nicht im Wesentlichen verzehrt waren. Um die Überreste zu schätzen, wogen wir in Finlayson die Reste von sieben Elchen am selben Tag, da sie von den Wölfen verlassen worden waren. Alle waren vollständig verzehrt, darunter zwei, die von nur zwei Wölfen erbeutet worden waren. In diesen beiden Fällen müssen Raben den größten Teil vertilgt haben; denn zwei Wölfe können in so kurzer Zeit nicht so viel fressen.

Stellen wir uns vor, zwei Wölfe haben einen Elch von vierhundert Kilogramm erbeutet. Das sind etwa zweihundertsechzig Kilogramm verwertbares Fleisch. Der Rest besteht aus Mageninhalt, Knochen, Fell und Haar. Angenommen, jeder Wolf frisst zehn Kilogramm* Fleisch pro Tag. In vier Tagen kann das Paar also bestenfalls achtzig Kilogramm verzehren. Einhundertachtzig Kilogramm bleiben übrig. Entweder lassen Wolfspaare also den größten Teil unverwertet liegen oder jemand anders bekommt den Löwenanteil. Um zu einem plausiblen Ergebnis für Wolfsrudel zu kommen, haben wir kalkuliert, dass Raben pro Tag dreiundvierzig Kilogramm von Wolfspaaren und einundzwanzig Kilogramm von sechsköpfigen Rudeln stehlen müssen, dass sie aber fast nichts von Rudeln bekommen, die zehn oder mehr Tiere umfassen. Oder anders ausgedrückt: Raben nehmen kleinen Rudeln bis zu fünfundsiebzig Prozent ihrer verwertbaren Beute, aber je größer das Rudel, desto kleiner der Anteil für die Raben. Große Rudel lassen den Raben wenig oder nichts, denn da sind viele Wölfe, die den Kadaver rasch vertilgen. So ist es bei großen Beutetieren, die den Wölfen Nahrung für mehrere Tage liefern.

Raben bilden im Winter große Gruppen, um große Nahrungsangebote effizient zu nutzen. Ich habe bis zu hundert Raben an einem einzigen Kariburiss gezählt, und oft sind es Dutzende, die man an einem Riss beobachten kann. Wie entwickeln sich diese Gruppen und warum?

Weil einer so aussieht wie der andere, kann man Raben in der freien Natur kaum nach Alter, Geschlecht oder sozialer Stellung unterscheiden. Berndt Heinrich hat Raben in Maine studiert und sein Buch *Ravens in Winter* (Raben im Winter) im Jahr 1989 geschrieben. Er bemerkte, dass bestimmte Raben große Gruppen bildeten und viel Lärm machten, wenn sie große Kadaver entdeckten, während andere still waren. Es waren junge Raben, die sich zu Gruppen zusammen schlossen und laute Rufe ausstießen, um andere junge Raben zu der Nahrungsquelle zu locken. Die stillen Vögel sind die erwachsenen. Aber warum wollen die Jungvögel mehr Freunde am Tisch versammeln? Je mehr da sind, desto weniger bleibt dem Einzelnen zum Fressen – so viel ist sicher. Heinrich fand heraus, dass die Jungvögel Gruppen bildeten, um erwachsene Raben fernzuhalten, die ihrerseits eine Nahrungsquelle gegen andere Raben verteidigen. Die alten Paare bleiben schweigsam in der Nähe von Kadavern, weil sie sie für sich alleine haben und nicht mit anderen teilen wollen. Junge Kolkraben haben eine Art Mobbing entwickelt, mit dem sie im Winter erfolgreich mit den territorialen Erwachsenen um Nahrung konkurrieren können. Dieses Mobbing wiederum hat einen bedeutenden Einfluss auf die Beuterate kleiner Wolfsrudel.

Wer sich genug Zeit nimmt, einen Wolfsriss zu beobachten, wird alsbald Raben sehen, manchmal innerhalb von wenigen Minuten. Sie beginnen, den Schädel des Beutetieres zu bearbeiten, während die Wölfe wenig entfernt noch am Hinterteil fressen. Zwar jagen die Wölfe die Vögel ständig davon, aber das scheint eine aussichtslose Komödie zu sein. Sobald ein Rabe verscheucht ist, taucht ein anderer am entgegen gesetzten Ende auf und schnappt sich einen Happen, bevor sich der Wolf umdrehen kann. Man braucht nur einem Rabenpaar zusehen, das einem

Hund Futter stiehlt – es ist dasselbe Spiel, das Raben mit Wölfen treiben.

So wenig Wölfe Raben mögen, so wenig tolerieren sie auch ihre eigenen Artgenossen, sogar Familienmitglieder. Ein Riss ist das Zentrum intensiver Aggression innerhalb des Rudels. Zur Vermeidung von Gewalt gehen sich Wölfe aus dem Weg, sie haben dafür sogar ein gut funktionierendes Ritual an der Nahrungsquelle entwickelt. Zuerst fressen die Altwölfe, dann erst die Welpen. Die Jährlinge sind zuletzt dran. Wölfe verbringen so wenig Zeit wie möglich mit dem Fressen am Riss. Stattdessen trennen sie große Stücke vom Kadaver und ziehen sich zurück in eine ruhige Ecke, wo sie in Frieden fressen können. Allerdings bieten sie so den Raben Gelegenheit, sich zu beteiligen – besonders, wenn es sich um kleine Rudel handelt, bei denen ein Riss über besonders lange Zeit ungeschützt daliegt. Raben sind hoch intelligent und wissen alles darüber, wie man eine Mahlzeit plant. Sie stehlen Fleisch von Wolfsrissen, so lange sie können, und sie horten und verstecken Fleischstücke, wo immer sie können. Bei einem großen Rudel haben die Raben viel geringere Chancen zu fressen, weil fast immer der eine oder andere Wolf am Kadaver ist. Bei kleinen Rudeln geht das meiste in die Mägen oder in die Verstecke der Raben.

Raben sind gut gerüstet dafür, Wölfen ihre Nahrung streitig zu machen. Sie können große Strecken auf der Suche nach Rissen überfliegen, und haben sie einen gefunden, können sie mit ihren kraftvollen Schnäbeln mit Leichtigkeit Fleischstücke abtrennen. Im Winter 1977 habe ich einmal die erstaunliche Kraft eines Rabenschnabels erlebt. Ich beobachtete damals das Verhalten von Raben nahe Whitehorse und fing zusammen mit dem Ornithologen Dave Mossop einige der Vögel in einer großen Lebendfalle, um sie zu beringen. Dave griff sich den letzten und klemmte ihn locker unter den Arm. Als er sich bückte, um durch die Fallentür zu schlüpfen, bog der Rabe seinen Kopf zurück und schlug seinen Schnabel in Daves Brille, deren Gläser entzwei gingen. Ohne Brille hätte Dave mit Sicherheit ein Auge verloren.

Für Kolkraben ist die Begleitung von Wölfen eine erfolgreiche Überlebensstrategie. Außer Wolfsrissen bietet die Wildnis des Yukon wenig Nahrung für Raben im Winter, da ist es wichtig, rasch zu Tisch zu kommen. Während unserer Wolfsstudien sahen wir oft Raben, die viele Kilometer vom nächsten Riss entfernt wandernde Wölfe begleiteten. Zu wissen, wo die Rudel gerade sind, verschafft den Raben immer wieder Gelegenheit, rasch satt zu werden.

Die Koevolution von Wölfen und Kolkraben reicht zurück bis ins Pleistozän. Über tausende von Jahren haben Wölfe unzählige Tiere getötet und Raben damit unzählige Gelegenheiten zur Nahrungsbeschaffung geboten. Der Gedanke, dass die beiden Arten sogar miteinander kommunizieren können, ist nicht so weit hergeholt, wenn man sich vergegenwärtigt, dass beide über ein reich entwickeltes Vokabular verfügen. Es sind nur wir, die ihre Verständigung nicht verstehen.

Die Koevolution der beiden Arten hat den Raben offensichtliche Vorteile verschafft. Sie interpretieren das Heulen und andere Lautäußerungen von Wölfen am Riss und finden dadurch schnell zur Nahrung. Aber haben auch Wölfe gelernt, die Äußerungen von Raben zu deuten, so dass sie leichter Beute ausmachen können? Bedenkt man die lange, intime Beziehung der beiden Arten, so macht der Gedanke durchaus Sinn. Es gibt ein paar interessante Geschichten, wonach ich meine, dass Raben die Wölfe zur Beute führen können.

Ein Trapper in Britisch Kolumbien beobachtete Raben dabei, wie sie anscheinend für ein Wolfsrudel die Stelle markierten, wo sich Karibus aufhielten. Er sah eine Gruppe Karibus einen schmalen See queren und in dichten Wald eintauchen. Kurz danach folgte dem Kaributrail ein Rudel Wölfe auf dem Eis. Dann erschien eine große Gruppe Raben und flog über den See dorthin, wo die Karibus verschwunden waren. Die Vögel vollführten Sturzflüge und begannen laut zu rufen. Die Wölfe liefen weiter über den See und in den Wald, genau dort hin, wo die Raben kreisten. Unmittelbar darauf kamen die Karibus aus dem Wald geflüchtet und rannten über den See, verfolgt von den Wölfen. In seinem Buch *Ravens in Winter* erzählt Heinrich von einem Raben, der aufgeregt rufend über einem Jäger kreiste. Der Jäger ging dem Raben nach und kam zu einem Elch, den er im Wald nicht hatte sehen können. Ich meine, es ist nicht allzu weit hergeholt zu glauben, dass Raben aktiv mit Wölfen kooperieren, denn sie sind hochintelligent, und sie profitieren natürlich davon, wenn Wölfe Erfolg beim Beutemachen haben. Ebenso klar ist allerdings, dass Wölfe kein Interesse daran haben, ihre Beute zu teilen, und anstatt einem Raben nur zuzuschauen, würden sie ihn lieber umbringen.

Im Frühjahr 1998 wurde ich Zeuge einer hoch aggressiven Attacke von Raben auf Wölfe. Denny Denison und ich hatten am Dezadeash River, knapp innerhalb des Kluane Nationalparks, ein Wolfsrudel entdeckt, das gerade einen Elch erbeutet hatte. Am nächsten Morgen kam ich zusammen mit Parkrangern im Helikopter zurück, um das Rudel zu besendern. Denny flog voraus, um uns per Funk zu informieren, wie sich die Situation zum Fangen der Wölfe darstellte. Die Wölfe hatten den Riss verlassen und liefen in einigen Kilometern Entfernung entlang eines Flusses. Dann verkündete Dennys erregte Stimme, dass eine Gruppe Raben Sturzflüge auf die Wölfe veranstaltete. Wir flogen dort hin, wo Denny kreiste, und kamen hinter die flüchtenden Wölfe. Beim

Näherkommen sah ich, wie die Raben die Wölfe am Boden angriffen und immer wieder mit ihren Schnäbeln den Rücken oder den Kopf eines Wolfes trafen. Sie kümmerten sich nicht im geringsten um den dröhnenden Helikopter, und wir mussten aufpassen, nicht mit einem von ihnen zu kollidieren, während wir unsere Vorbereitungen für den Narkoseschuss trafen. Wir beschossen einen der Wölfe, der nach wenigen Minuten langsamer wurde und zu taumeln begann. Während dessen tauchten die Raben ein ums andere Mal am Hauptrotor vorbei mit dem Wolf als Ziel. Wir landeten neben ihm, die Raben landeten ebenfalls sofort und hackten, ohne zu zögern, auf den Kopf des Wolfes ein. Der Pilot hob die Maschine, um die Vögel zu vertreiben, aber sie flohen nicht weit. Denny folgte inzwischen mit seiner Maschine einem anderen Wolf und teilte uns über Funk mit, dass die Umstände günstig waren, ihn ebenfalls zu narkotisieren. Ich wies ihn an, zurückzukommen und über dem schlafenden Wolf zu kreisen, bis wir ihn sich selbst überlassen konnten. Denny war sofort zur Stelle, und wir dröhnten flussabwärts hinter dem anderen Wolf her. Als wir gerade dabei waren, ihn zu beschießen, kam Dennys aufgeregte Stimme schon wieder im Funk: Ich muss sofort runter. Da sind Raben überall bei dem Wolf und sie lassen sich von dem Fugzeug nicht wegjagen.

Wir narkotisierten den zweiten Wolf und verfrachteten ihn zur Sicherheit in den Helikopter. Dann flogen wir zurück und fanden Denny unter der Tragfläche seines Fliegers über dem schlafenden Wolf kniend. Wie in Alfred Hitchcocks Film *Die Vögel*, so kreisten und kreischten die hartnäckigen Raben über uns, während wir den beiden Wölfen die Halsbandsender umlegten. Irgendwann verließen sie uns dann, ohne Unheil anzurichten. Die Gründe für dieses eigenartige, aggressive Verhalten sind schwer zu verstehen. Wie gesagt, Raben sind hochintelligent, sie können regelrecht mit anderen Arten spielen. Tausende von Jahren sind Raben und Wölfe in der Wildnis einander begegnet. Vielleicht wechselte die uralte Konkurrenzbeziehung um Nahrung an dem Riss am Dezadeash River vom Spiel zu einer ernsteren Auseinandersetzung mit unangenehmen Folgen für die Wölfe.

Die Rabenstudie im Yukon brachte uns neue Einsichten zu der bedeutenden Rolle, die das *Scavenging* – das Nutzen von Beutetieren durch Aasfresser – für die Beuterate kleiner Rudel spielt. Sie zeigte, wie komplex die Beziehung zwischen den Wölfen und ihren Beutetieren ist, und dass es darauf ankommt zu verstehen, wie die Raben von ihrer langen Koexistenz mit Wölfen profitieren. Freilich ist da noch ein anderer Aasfresser, mit dem die Wölfe ihren Lebensraum ebenso lange geteilt haben. Er ist allerdings wesentlich gefährlicher.

15

Feinde

Die Wölfin sieht die drei Bären, die gemächlich zwischen den niedrigen Weiden entlang des Flusses unter ihr auf sie zukommen. Sie spürt eine vertraute Nervosität, denn sie erinnert sich an die blonde Bärin. Um besser zu sehen, geht sie an die Kante des niedrigen Hügels. Die Bärin ist mit ihren Jungen nun außerhalb der hohen Weiden und kreuzt den Bergrücken. Sie grasen die kleinen gelben Blumen ab, die den steilen Hang säumen. Als sie immer näher kommen, winselt die

Wölfin leise und läuft auf der Kammlinie hin und her. Auf dem Höhenrücken angelangt, sieht die Bärin den Wolf auf dem Kamm. Sie verhält und hebt die Nase, um Witterung aufzunehmen. Die Jungen drücken sich eng heran, unsicher, warum sie angehalten hat. Dann sehen sie die dunkle Gestalt dort oben und klettern unbedacht vorwärts. Die Bärin blafft laut und stampft mit der Vorderbrante auf den Boden. Sofort drehen die Jungen um und rennen zurück an ihre Seite. Sie wendet und führt die Jungen über den Kamm, um besseren Wind zu bekommen. Als die Bären die hohe Klippe erreichen, ist die Wölfin zur Höhle zurückgekehrt. Eine laue Abendbrise trägt den Bären die Wolfswitterung zu. Alle drei heben die Nasen und saugen die Luft tief ein. Wolfsgeruch ist streng.

Die Bärin kennt den Geruch der Örtlichkeit. Langsam, doch zielstrebig bewegt sie sich vorwärts, die Jungen dicht an ihrer Seite. Im Bereich der Höhle angekommen, halten sie zehn Meter vor dem Eingang an. Auge in Auge stellt sich die Wölfin den Bären entgegen und kläfft. Ihr Blick ist starr auf die gefährlichen Eindringlinge gerichtet, der Fang ist weit geöffnet, die weißen Fangzähne schimmern gefährlich. Die Bärin schnuppert am Boden, dreht einen Losungshaufen mit der Nase um und wendet sich dem frischen Laufknochen eines Karibus zu. Die Jungen kommen heran und betatschen den Knochen mit den Branten.

Wie angewurzelt belauert die Wölfin die immer näher kommenden Bären. Sie sind nur wenige Meter entfernt. Die Anspannung wächst, als die Wölfin scharf kläfft und knurrt. Die Bärin schaut sich um und prüft ihre Angriffsmöglichkeiten. Sie könnte auf die Wölfin losgehen, aber sie weiß, dass diese eins ihrer erst zwei Jahre alten Jungen töten könnte. Schritt für Schritt bewegt sie sich vorwärts.

Von den Tieren unbemerkt ist knapp unterhalb des Kamms

ein weiterer Bär. Ein Männchen, dunkler und viel größer als die Bärin. Bewegungslos liegt er in einem Dickicht. Zwischen den Büschen bewegt sich eine Gruppe von fünfundzwanzig Karibubullen auf der Suche nach einer geeigneten Stelle, um den Babbage River zu durchqueren. Von dem Hinterhalt ahnen sie nichts.

Der Bär hört das Hufgetrappel der näher kommenden Karibus. Er weiß, sie halten sich dicht beieinander, und er wartet, bis er das erste sieht. Dann explodiert er förmlich aus dem Dickicht, aber er hat sich verschätzt. Die Bullen sind zwanzig Meter entfernt, als sie die Zweige brechen hören und eine dunkle Gestalt auf sich zurennen sehen. Sie drehen im Nu, ihre breiten Hufe reißen Moosballen und Grasbüschel aus dem weichen Tundraboden, als sie den Hang erklimmen.

Der Bär ist blitzschnell und wenige Meter hinter dem letzten Bullen, aber er kommt nicht ran, als dieser hügelaufwärts flieht. Die leicht gebauten Karibus vergrößern den Abstand, die Herde erreicht den Kamm und rennt blindlings weiter.

Bärin und Wölfin hören beide das donnernde Geräusch den Hang herauf kommen. Erst erscheint ein Wald von Bastgewei-

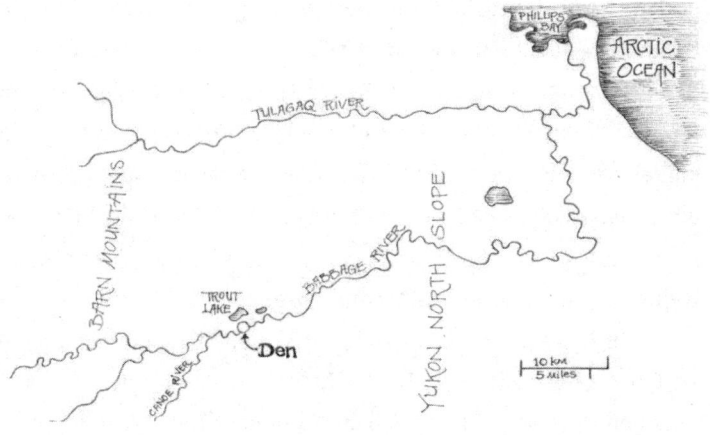

hen, dann rennen Dutzende Karibus auf sie zu. Der vorderste Bulle sieht sie, kann aber nicht stoppen. Hals über Kopf stürmen sie über das Höhlenareal. Die Bärin, ihre Jungen, die Wölfin – alle stürzen davon, um nicht unter die Hufe zu kommen. Der Bär erscheint auf der Bildfläche, nimmt keine Notiz von den Bären oder der Wölfin, jagt nur hinter den fliehenden Karibus her. Die Bärin flüchtet mit ihren Jungen einige hundert Meter den Hang hinauf, schließlich sieht sie die Karibus und den Bären jenseits eines fernen Grates verschwinden. Die Wölfin kreist in kurzer Entfernung und kehrt dann zu ihrer Höhle zurück.

Die Bärin hat das Interesse verloren, die Höhle zu überfallen. Sie sammelt ihre Jungen um sich und steigt den Hang hinunter zum Babbage River. Die Wölfin steht bewegungslos vor dem Höhleneingang und beobachtet den Hang, ob die Bären noch einmal zurückkommen. Dann legt sie sich nieder. Tief aus der Höhle hört sie das gedämpfte Fiepen ihrer Welpen.

D iese Begegnung zwischen Grizzlybär und Wolf habe ich beobachtet, als ich eines Abends anlässlich einer Gerfalkenuntersuchung den Babbage River im nördlichen Yukon entlang flog. Ich sah die Bären bereits aus großer Entfernung – im tiefen Abendlicht leuchtete ihr hellblondes Fell vor dem strahlenden frühsommerlichen Hellgrün der Tundra. Ich wies den Piloten an, auf einem kleinen Hügel etwa einen Kilometer entfernt zu landen, von wo aus ich das außergewöhnliche Geschehen im Fernglas weiter verfolgte. Das Unglaubliche daran war, dass ich nicht zum ersten Mal Zeuge war, wie Bären versuchten, Wolfswelpen aus eben dieser Höhle auszugraben.

Vier Jahre zuvor, am 10. Juni 1976, hatte ich einen ähnlichen Vorfall am Babbage River beobachtet. Zusammen mit dem Ornithologen Dave Mossop war ich an Bord eines Bell 47 Helikopters.

Es war meine erste Wolfshöhle und Dave sagte mir, ich solle die Kamera bereit halten. Als wir den Bergrücken hoch und zur Höhle flogen, sahen wir eine blonde Bärin mit ihren beiden bereits recht großen Jungen ein großes Loch in den Eingang graben. Sieben Wölfe umkreisten die Bären, aber sie konnten nichts ausrichten. Erst begriff ich gar nicht, was da geschah. Ich konnte die Bären nicht sehen, nur hin und wieder tauchte einer ihrer Köpfe aus der Höhle auf. Die Wölfe tanzten aufgeregt um die Szene herum, immer wieder nach den Bären schnappend. Hin und wieder unterbrach die Bärin ihre Tätigkeit, um nach den Wölfen zu schlagen, grub aber jedes Mal wie wild weiter.

Ein Bell 47 Helikopter ist klein, macht aber einen Höllenlärm. Als wir näher kamen, gerieten die Bären in Panik, und wahrscheinlich retteten wir auf diese Weise die Welpen. Die Bären kamen aus dem Loch herausgekrabbelt, und die Bärin ergriff zunächst die Flucht, drehte dann um und griff die Wölfe an. Die zerstreuten sich ein paar Meter, dann rannten sie wieder hinter den Bären her, die einen niedrigen Hügel hinauf flüchteten. Die Wölfe waren ihnen unmittelbar auf den Fersen und schnappten nach ihnen. Ein schwarzer Wolf verbiss sich in der Schulter von einem der Jungbären und ritt zehn Meter mit, bis ihn der Bär abschütteln konnte.

Während die Jungen entkamen, drehte die Bärin um und griff die Wölfe immer wieder an. Aber mit allen auf einmal war sie überfordert, und die Jungen wurden zusehends konfus, als sie durch die Wölfe von ihrer wütenden Mutter getrennt wurden. Aus dem kreisenden Helikopter konnte ich sehen, dass die Wölfe die Oberhand gewannen. Wir stiegen höher und sahen noch ein paar Minuten zu, dann verließen wir die Szene, während die Bären ihren Rückzug fortsetzten. Als ich Monate später zurückkam, fand ich kleine Wolfslosungen um die Höhle verstreut und wusste, dass kleine Wölfe da unten versteckt waren.

Grizzlybären und Wölfe sind sich feind. Das rührt von ihrer lange währenden Konkurrenz um Beutekadaver. Warren Ballard sammelte mit zwei Kollegen die Berichte von Biologen über einhundertacht Wolf-Grizzly-Begegnungen. Die meisten Konflikte waren an Kadavern ausgebrochen, die von dem einen oder anderen der beiden Raubtiere erbeutet worden waren. Die Bären gewannen alle Auseinandersetzungen, genau wie der riesige Kurznasenbär in Kapitel Eins. Fünfundzwanzig andere Begegnungen fanden an Wolfshöhlen statt – einschließlich der beiden gerade erwähnten. Die Wölfe gewannen alle. Insgesamt wurden Grizzlybären in drei Fällen getötet, zweimal kamen Wölfe um. Es gibt nur einen einzigen dokumentierten Fall, da ein Bär Wolfswelpen an der Höhle tötete. Das war im Yukon.

Zusammen mit Alan Baer veröffentlichte ich 1992 eine kurze Notiz in *Canadian Field Naturalist* über diesen Fall. Alan hatte Wolfshöhlen im Norden des Yukon überprüft und dabei die Höhle am Eagle River wie von einem Bagger total zerstört vorgefunden. Ein Grizzly hatte sich in die Wurfhöhle vorgearbeitet und alle vier Welpen getötet. Alan fand ihre kleinen Schädel säuberlich zusam-

mengelegt in einem Seitengang. Gemessen an dem Aufwand war das für den Bären nicht mehr als ein bescheidener Nachtisch gewesen. Die Welpen hatten keine Chance, nachdem der Bär das Dach der Höhle eingerissen hatte.

Bären sind eine große Gefahr für Wolfswelpen. Indem der Bär in dem gerade geschilderten Ereignis alle vier Welpen tötete, machte er den gesamten Reproduktionsaufwand des Eagle River Rudels im Jahr 1991 zunichte. Allerdings ist es nicht leicht für die Bären, an die Welpen zu kommen, wenn die Altwölfe in der Nähe sind. Dies mussten die beiden Bärinnen 1976 und 1980 am Babbage River erfahren. Aber die Altwölfe sind nicht immer zugegen. Je größer die Welpen werden, desto mehr Zeit verbringen die Altwölfe anderswo auf der Jagd, manchmal für mehrere Tage hintereinander. Vielleicht war dies der Fall am Eagle River, als der Grizzly auf die Höhle stieß und keine Mühe hatte, die Welpen auszugraben.

Die Verteidigung der Wurfhöhle gegen einen Grizzly ist ein riskantes Unterfangen. Im Juni 1991 wurde in Finlayson die Wölfin des McEvoy Rudels nahe ihrer Höhle von einem Grizzly getötet. Alan fand das tote Tier und schaffte es nach Whitehorse zur Untersuchung. Die Wölfin hatte tiefe Wunden im oberen Schulterbereich und am Schädel. Die langen Fangzähne eines Grizzlyschädels passten genau in die Bisswunden. Zwar verlor die Wölfin ihr Leben, aber die Welpen kamen irgendwie davon. Wir fanden ihren Partner ein paar Wochen später mit den Welpen an einem Rendezvousplatz. Bei Winterbeginn waren jedoch alle Welpen tot.

Trotz der Gefahr, die von Bären ausgeht, sind die Wurfhöhlen in der Regel sichere Plätze zur Aufzucht der Welpen. Wölfe wählen die Höhlen sorgfältig aus. Ich habe mehr als hundert Wurfhöhlen untersucht und bin in viele hinein gekrochen. In der Regel wird die Höhle in lockerem, trockenem Sandboden angelegt, in dem die Wölfe leicht graben können. Oft ist sie nach Süden gerichtet, so dass die wärmenden Sonnenstrahlen den Eingang trocken halten können. Viele sind unter Baumwurzeln, wo niemand nachgraben kann. Andere wiederum sind zwischen großen Felsblöcken, wo sich selbst ein Grizzly mit dem Graben schwer tut. Manche haben Seiteneingänge, durch die ein Welpe entkommen kann wie in der Erzählung in Kapitel Vier. Eingang und Tunnel sind gerade so weit, dass ein erwachsener Wolf eben durchschlüpfen kann. Ich bin einmal in eine Höhle gekrochen, deren Tunnel vom Eingang bis zum Wurfkessel sechs Meter lang war. Ich musste meinen Kopf drehen und wenden und die Schultern verrenken, um so weit zu kommen. In meinen jüngeren Jahren kroch ich in viele Höhlen so weit hinein, wie es nur ging. Wenn ich überlege, so etwas noch einmal zu tun, so überfällt mich ein Gefühl von Klaustrophobie. Ich bin inzwischen älter und vielleicht ein bisschen klüger.

Wölfe und Grizzlies lebten hunderttausende von Jahren nebeneinander in Beringia, und dabei lernten sie, ihre Beute gegen den anderen zu verteidigen, Konflikte zu vermeiden und ihren Jungen das Überleben zu sichern. Wölfe nutzen ihre Gewandtheit und Schnelligkeit, um Bären auszuweichen. Bären sind viel stärker und sehr gefährliche Gegner. Wölfe müssen sich einen Angriff auf einen Grizzlybären gut überlegen. Aber trotz der Gegenwart von Grizzlies finden die Wölfe im Yukon genügend Plätze, wo sie ihre Welpen sicher aufziehen können.

In den letzten acht Kapiteln habe ich beschrieben, was ich über die Wölfe im Yukon durch intensive Feldarbeit gelernt habe. Mit Alan Baer habe ich tausende Stunden damit verbracht, die Rolle zu studieren, die die Wölfe in der Großtierfauna des Yukon spielen. Am Anfang meines Jobs standen allerdings keine Forschungsfragen. Als ich 1982 als Wolfsbiologe angestellt wurde, wollte die Regierung des Yukon Wölfe nicht erforschen, sondern töten.

16

"Wenn sich die Fakten ändern, ändere ich mein Denken.
Und was tun Sie?"
John Maynard Keynes (1883 – 1946)

Zukunft

Nisling River – 31. Januar 1997

W ir sind tausend Meter über dem Nisling River in einem Jet Ranger Helikopter. Vor mir sitzt Linaya Workman, eine Biologin der Champagne and Aishihik First Nation, die mit mir arbeitet. Wir gehören zu einem Biologenteam, das die Auswirkungen der Geburtenkontrolle auf das Verhalten wilder Wölfe erkundet. Ich kauere auf dem Rücksitz. Neben meinen Füßen liegen zwei bewusstlose Wolfsrüden. Der Größere ist ein Rudelführer, der kleinere ein

Jährling – in ein oder zwei Jahren kann er ebenfalls ein Rudelchef sein. Die beiden gehören zum Onion Creek Rudel, das wir auf einem Berggipfel aufgespürt hatten. Vor einer Stunde haben wir sie betäubt und eingeladen, und nun sind wir auf dem Weg zurück nach Haines Junction. Dort sind wir mit dem Tierarzt Jim Kenyon verabredet, der die beiden noch heute Abend sterilisieren wird.

Auf halbem Weg beginnen sich die Wölfe zu regen. Die Wirkung des Telazols lässt nach, deshalb spritze ich beiden etwas nach. Als wir auf dem Flugplatz von Haines Junction landen, schlafen beide tief. Christie Spence erwartet uns bereits mit zwei Holzboxen in ihrem Pickup. Christie ist Hochschulabsolventin und für das Geburtenkontrollprogramm der Wölfe zuständig.

Vier Stunden später beginnt Jim mit der Operation an dem narkotisierten Altwolf. Über eine Gesichtsmaske versorgt er ihn mit einer Mischung aus Anästhetikum und Sauerstoff. Zusätzlich erhält er eine Kochsalzinfusion, damit er nicht dehydriert und in der Nacht schneller wieder auf die Beine kommt. Jim rasiert den Operationsbereich, wäscht ihn mit Jod und desinfiziert ihn dann mit Isopropylalkohol. Mit zwei jeweils zwei Zentimeter langen Schnitten öffnet er vorsichtig den Bauch beidseits der Mittellinie. Mit einer gebogenen Nadel versucht er den Samenleiter herauszuholen. Er benötigt einige Minuten, ihn zu finden. Dann zieht er ihn heraus und bindet ihn ab.

Im Abstand von fünfundzwanzig Millimetern umwickelt Jim den Samenleiter mit dünnem Nylonfaden. Es ist geschafft. Vorsichtig legt er den Samenleiter wieder unter die Haut zurück und vernäht die beiden Wunden. Über das kahle Areal sprüht er eine bittere Methylsulfatlösung, die den Wolf daran hindern soll, die Wunde zu lecken. Zum Schluss gibt er ihm eine Spritze mit drei Millilitern Penicillin, entfernt die Maske und zieht den Infusionsschlauch heraus. "Fertig", sagt er.

Lorne LaRocque vom Kluane Regional Wildlife und Christie heben den Wolf vom OP-Tisch, tragen ihn zu seiner Holzbox und legen ihn vorsichtig hinein. Lorne öffnet die zweite Box. Beide heben wir den jungen Rüden auf den OP-Tisch. Jim führt die zweite Sterilisation durch. Beide Eingriffe gelingen ohne Komplikationen. Jim fährt zurück nach Whitehorse und ich erreiche gegen Mitternacht mein Zuhause. Christie und Lorne bleiben bei den Wölfen, bis diese sich völlig von der Narkose erholt haben.

Früh am nächsten Morgen kehre ich zum Labor zurück. Die Wagen von Lorne und Christie stehen schon da. "Beiden geht es gut", berichtet Christie. Ich bekomme einen frischen Kaffee und zusammen überprüfen wir die Boxen. Beide Rüden sind wach. Sie geben keinen Laut von sich, als wir die Boxen umrunden. Sie sind hellwach und beobachten jede unserer Bewegungen. Zu gerne wüsste ich, wie die Wölfe diese merkwürdige Erfahrung empfinden. Wahrscheinlich wie ich, wenn ich von Außerirdischen entführt und auf ihrem Raumschiff operiert worden wäre.

Es ist elf Uhr vormittags, auf dem Flugplatz herrschen minus zwanzig Grad Celsius. Seit einer Stunde steht die Sonne am Himmel. Lorne fährt seinen Pickup rückwärts an die Maule LR-7. Pilot Denny Denison und ich nehmen die Holzbox herunter und tragen sie zur hinteren Tür des Flugzeugs. Ein Filmteam von Aboriginal Peoples Television Network ist aus Whitehorse gekommen und beginnt mit den Aufnahmen. Sie wollen dokumentieren, dass die Reproduktionskontrolle wilder Wölfe auch ohne zu töten funktioniert. Die große Box passt kaum durch die hintere Flugzeugtür, aber mit gemeinsamen Kräften schaffen wir sie hinein. Dies ist der Flug für den Altwolf. Der Jüngere muss noch warten. Christie und Lorne laufen zusammen mit dem Filmteam zur Helikopterbasis, um uns im Hubschrauber zum Aussetzpunkt zu folgen.

Mit Denny klettere ich in die Maule. Wir rollen auf das Vorfeld und heben ab. Der Flug dauert fünfundvierzig Minuten bis zu einem kleinen See in der Nähe des Nisling River. Denny landet auf dem verschneiten Eis, der Helikopter geht einige hundert Meter entfernt nieder. Das Filmteam klettert heraus und positioniert Kameras und Mikrofone auf dem See. Denny und Lorne wuchten die Box aus dem Flugzeug. Sie tragen sie fünfzig Meter zum Ufer und warten auf das Team, das die Freilassung filmen will. Als alle fertig sind, öffnet Denny die Box. Alle erwarten einen großen Sprung in die Freiheit. Aber der Wolf entscheidet sich, drin zu bleiben. Nach einer Weile hebt Denny langsam die Box am hinteren Ende an und klopft vorsichtig an die Seitenwand. Plötzlich ist der Wolf draußen. Er läuft zum Seeufer und macht im tiefen Schnee einen Satz zwischen die hoch gewachsenen Bäume. Wir stehen beieinander und schauen zu, während die Kamera aufnimmt, wie der Wolf in Richtung Fluss verschwindet.

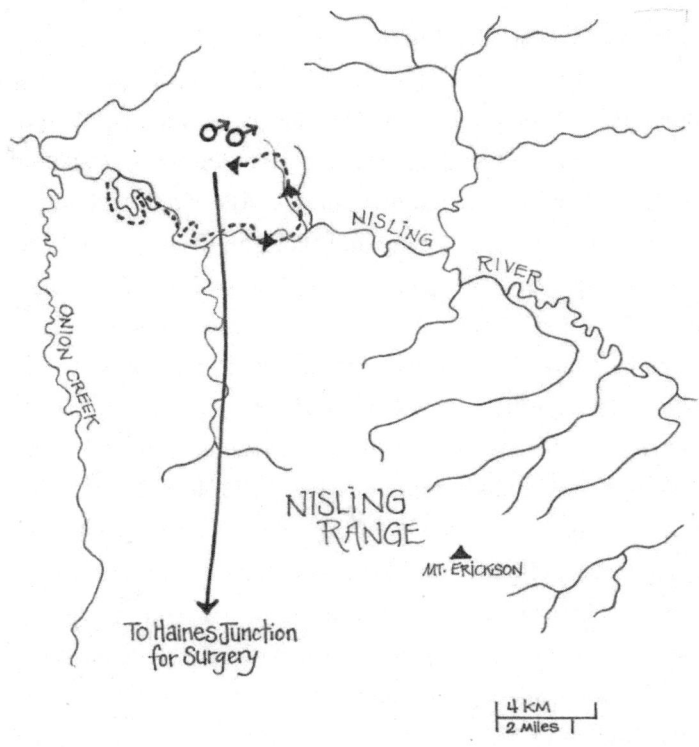

NISLING

RIVER

ONION CREEK

NISLING
RANGE

MT. ERICKSON

To Haines Junction
for Surgery

4 KM
2 Miles

chtzehn Jahre lang habe ich die Auswirkungen tödlicher Wolfskontrollen* auf die Populationen ihrer Beutetiere untersucht. Die Wissenschaft zeigt eindeutig: Aus biologischer Sicht ist das Töten von Wölfen falsch. Das Töten von Wölfen, ihre Kontrolle mit dem Ziel, Jagdwild zum Vorteil der Menschen zu vermehren, ist ein ethisch fragwürdiges Vorhaben, das kleine Gemeinschaften ebenso wie die kanadische Gesellschaft tief spaltet. In meiner Eigenschaft als Wolfsbiologe des Yukon war ich fast zwei Jahrzehnte lang an der Front in dem Unternehmen Wolfskontrolle. Dabei war ich der Kritik von Wolfsfreunden ebenso ausgesetzt wie der von Wolfshassern, nicht selten an ein und demselben Tag.

Während dieser Zeit produzierte die Canadian Broadcasting Company *Nature of Things* (Die Natur der Dinge), ein einseitiges Programm, das unterstellte, die Kontrolle von Wölfen würde nur zum Vorteil von gierigen Jagdunternehmern durchgeführt, damit diese mehr Trophäen verkaufen konnten. Dieselben Jagdunternehmer attackierten Regierung und Biologen dafür, dass sie die Elch- und Karibubejagung untersagten, während die Wölfe abgeschossen wurden. David Suzuki hielt einen leidenschaftlichen Vortrag in Whitehorse, in dem er dazu aufrief, die Kontrolle der Wölfe zu beenden, und verließ den Saal, ohne sich mit den Eingeborenen zu treffen, die eine völlig andere Meinung dazu hatten. Während des Aishihik-Programms kamen Wolfslobbyisten aus dem Süden Kanadas in den Yukon, um dagegen zu protestieren. Auf dem Alaskan Highway steckten sie Autoreifen in Brand, ketteten sich im Gerichtsgebäude an, beschädigten eins unserer Flugzeuge, verfolgten mich bei der Arbeit und beobachteten mein Heim. Ich war echt in Sorge und fürchtete um das Leben meiner Familie und meines Teams. Wegen der Wolfskontrolle verlor ich eine tiefe Beziehung zu einer guten Familie.

Gleichzeitig gab es einige befriedigende, ja ergreifende Ereignisse, die andauern und die der Herausforderung, der ich ausgesetzt war, eine Perspektive gaben. 1991 traf ich mich mit zwanzig Senioren der Champagne-Aishihik First Nation. Sie unterstützten die Kontrolle der Wölfe, weil sie einen Zusammenbruch von Elchen und Karibus in ihren traditionellen Jagdgründen beobachteten, der ihre kulturelle Beziehung zu ihrem Land bedrohte. Am Ende des Treffens kam eine alte Frau auf mich zu und sagte: Das ist das erste Mal, dass mir jemand von der Regierung zugehört hat. Vielen Dank.

Für mich entwickelte sich das alles zu einem großen emotionalen Konflikt – objektiv und wissenschaftlich zu bleiben, wenn viele Leute, verständlicher Weise, bereits eine feste Meinung über die Notwendigkeit einer Wolfskontrolle hatten. Als mir 1982 die Stelle des Wolfsbiologen für den Yukon angeboten wurde, zögerte ich. Aus moralischen Gründen war ich dagegen, Wölfe zu töten, aber es war klar, dass die Regierung genau das tun wollte – eine Menge von ihnen töten. Nahm ich die Stelle an, so würde ich verantwortlich dafür sein, die Anweisungen der Regierung umzusetzen. Andererseits – so gut wie nichts war damals bekannt über die ökologische Rolle der Wölfe im Yukon. Ich nahm die Stelle an, weil ich eine seltene Chance erkannte, diese Rolle der Wölfe in der Wildnis des Yukon zu verstehen.

In den ersten Jahren stritt ich mit Kollegen über die Notwendigkeit, dass man genug über Wölfe wissen musste, bevor man sie tötete, und mühte mich ab, die Veränderung in der gesellschaftlichen Einstellung zu dem Raubtier zu begreifen. Im Laufe der Zeit studierte ich eine große Zahl von Yukonwölfen, und ich begann, ihre Lebensweise immer besser zu verstehen – Rudelbildung, Fortpflanzungsverhalten, Nahrungsgewohnheiten, Beuteraten, räumliches Verhalten, Wurfhöhlenauswahl, Konkurrenz mit Aasfressern, Ursachen und Ausmaß der Mortalität. Ausgerüstet mit ökologischen Kenntnissen widmete ich mich der Wolfskontrolle als einem Experiment, möglichst viel über das Räuber-Beutesystem zu lernen und den Ansatz zu hinterfragen: Tun wir das Richtige? Ich arbeitete eng zusammen mit Elch-, Karibu- und Wildschafbiologen, um wissenschaftlich herauszufinden, wie unterschiedliche Beutetiere auf die Kontrolle einer Wolfspopulation reagierten. Je besser ich den Wolf verstand, desto klarer wurde meine Antwort auf die eigentliche Frage, ob tödliche Wolfskontrolle effizient ist und ob man sie moralisch vertreten kann.

Im Jahr zweitausend verließ ich den Yukon Fish and Wildlife

Branch. Seitdem hatte ich zehn Jahre Zeit, meine Erfahrungen zu reflektieren. Inzwischen konnte ich auch die langfristigen Auswirkungen überprüfen, die die Kontrollprogramme gehabt haben, an denen ich beteiligt war. Ich kann heute feststellen, dass sich breit angelegte Wolfskontrollprogramme nicht lohnen. Weder für Elche, Karibus oder Dallschafe noch für die Menschen. Sie sollten nie wieder vorkommen.

Mehr als ein Jahrhundert lang sind Wölfe im Yukon systematisch getötet worden. Mit Beginn der 1900er Jahre wurden sie ständig in Fallen gefangen, vergiftet oder geschossen. Außer einigen lokalen Erfolgen haben diese frühen Versuche einer Wolfskontrolle nicht viel gebracht für Elche oder Karibus bzw. für die Jäger. Aber das änderte sich. Zwischen 1982 und 1997 führte der Yukon Fish and Wildlife Branch breit angelegte Kontrollprogramme durch, um die Populationen der Elche in den Coast Mountains und der Waldkaribus in Finlayson und Aishihik wieder aufzubauen. Das kostete den Steuerzahler eine Menge Geld. In diesen fünfzehn Jahren wurden 849 Wölfe in den genannten drei Gebieten von Hubschraubern aus abgeschossen.

In den Coast Mountains erholten sich die Elche nicht – weil nicht die Wölfe, sondern die Grizzlies viele Kälber erbeuteten. In Finlayson und Aishihik verdoppelten bzw. verdreifachten sich die Populationen von Elch und Karibu, als die Wölfe reduziert wurden. Nach Beendigung der Wolfskontrolle erholten sich die Wölfe in allen Kontrollgebieten innerhalb von vier Jahren auf das ursprüngliche Niveau. Wer sich nun von irgendwelchen ethischen Vorstellungen verabschiedet und nur auf die Zahlen schaut, der kann der Meinung sein, es hätte sich gelohnt. Die Reduktion der Wölfe resultierte in einem rapiden Anstieg der Populationen von Elchen und Waldkaribus. Die Wölfe erholten sich ebenfalls rasch, und am Ende gab es reichlich Huftiere sowohl für die Menschen als auch für die Wölfe. Dennoch wog die Wolfskontrolle die finanziellen, sozialen und ethischen Kosten nicht auf. Schauen wir genauer auf die beiden erfolgreichen Kontrollprogramme, dann sehen wir warum.

Finlayson ist das längste Managementprojekt auf der Welt, welches Wolfskontrolle und Beutetierpopulationen einschließt. Rick Farnell, der Karibubiologe des Yukon, hat das Projekt zur Regeneration der Karibus im Jahr 1982 eingeleitet, nachdem die einheimischen Jäger Klage geführt hatten, dass die Karibus immer seltener würden. Rick zählte die Tiere und fand, dass es tatsächlich nur noch wenige waren. Die einheimischen Jäger von Ross River schränkten ihre eigene Jagd ein, und vierhundertfünfzig Wölfe im Gebiet der Karibus wurden von 1982 bis 1989 getötet. 1990 hatte sich die Population der Karibus auf sechstausend Tiere verdoppelt. Die Elche verdoppelten sich in der gleichen Zeitspanne ebenfalls – von sechsundzwanzig auf vierundvierzig Stück pro hundert Quadratkilometer. Nach 1990 stieg der Wolfsbestand rapide an, und 1994 hatte sich die Population vollkommen erholt und umfasste zweihundertfünfzig Tiere auf zweiundzwanzigtausend Quadratkilometern.

Die Karibus jedoch wurden wieder weniger, und um 2007 waren es nur noch dreitausend Tiere. Auch die Elche gingen zurück, und um 2001 war die Population nur wenig größer als während der Wolfskontrolle. Am Ende hielt die Wirkung der Wolfskontrolle für die beiden Arten nur ein Jahrzehnt lang an.

In der Region Aishihik waren die Elch- und Karibupopulationen ähnlich niedrig, vielleicht sogar noch niedriger. Im ganzen Yukon habe ich nirgends geringere Elch- und Karibudichten erlebt. Die First Nations von Champagne-Aishihik und Kluane, ortsansässige Jäger und Jagdunternehmer forderten im Jahr 1992 unisono die Regierung zur Wolfskontrolle aus der Luft auf. Dabei

Wolf study areas in the Yukon, 1982–2000

beriefen sie sich auf die optimistisch stimmenden ersten, noch vorläufigen Ergebnisse in Finlayson.

In Aishihik hatte der Abschuss von 189 Wölfen unmittelbaren Effekt für Elche und Karibus. Die Elche vermehrten sich auf das Dreifache, die Karibus auf das Doppelte. Aber wie in Finlayson, so gingen die Zahlen wieder zurück, als sich die Wölfe erholten. Beide Beispiele zeigen, dass die Auswirkungen einer

Wolfskontrolle auf das gesamte Räuber-Beute-System von kurzer Dauer sind, und wenn man länger darüber nachdenkt, sind sie den Aufwand und den damit verbundenen Ärger nicht wert. Dennoch hört man in beiden Gebieten die Trommeln für eine Kontrolle der Wölfe erneut. Trotz eines umsichtigen Jagdmanagements in Finlayson und Aishihik sind die Bestände von Karibus und Elchen zurück gegangen bzw. sind im Begriff zu sinken. Nur zehn Jahre, nachdem der letzte Wolf geschossen war, begann man in Aishihik erneut über geringe Wildbestände zu klagen. In Finlayson waren die ersten Klagen der Jäger schon nach acht Jahren zu hören. Wollen wir wirklich in diesen Gebieten wieder Wölfe töten und danach zusehen, wie sich das Auf und Ab stets aufs Neue wiederholt? Egal wie umsichtig wir die Jagd steuern – es ist biologische Realität, dass Wölfe die Populationen von Elchen und Karibus auf ein niedriges Niveau drücken, sobald sie sich erholt haben.

Die einfache Wahrheit ist, dass Elche und Karibus in der Wildnis des Yukon von Natur aus nur in geringer Dichte vorkommen. Das liegt daran, dass wir es hier noch mit einem intakten Ökosystem zu tun haben, welches sowohl die Beutegreifer als auch ihre Beutetiere umfasst. Jagdliche Eingriffe wirken additiv zu den jährlichen Abgängen und drücken Elche und Karibus noch tiefer. So war es in den Coast Mountains, in Finlayson und in Aishihik vor der Wolfskontrolle. Für die Jagd gab es Jahrzehnte lang keinerlei Beschränkungen. Für die Jäger wurde die Jagd auf Großwild immer schwieriger. Ortsansässige weiße Jäger beschuldigten die eingeborenen Jäger, diese beschuldigten die Jagdunternehmer, die wiederum beschuldigten die ortansässigen – und alle miteinander zeigten letzten Endes mit den Fingern auf die Wölfe.

Das ganze vergangene Jahrhundert ging das so. Immer, wenn sich Jagdwildpopulationen in einem Tief befanden, lebten Wolfskontrollen wieder auf. Das wird auch so bleiben, so lange wir die Natur der natürlichen Predation* nicht endlich begreifen. Es gibt fünftausend Wölfe im Yukon und ungefähr ebenso viele Grizzlies, und die Zahlen haben sich in den vergangenen zehntausend Jahren kaum verändert. Große Raubtiere machen den Unterschied zwischen dem Yukon und den meisten anderen Regionen der Welt.

Jack London und Robert Service haben vor hundert Jahren die echte, vollständige Wildnis des Yukon in ihren literarischen Werken erfasst, und das gilt auch heute noch – ich behaupte sogar: mehr als je zuvor. Gerade das Gefühl von Wildnis ist es, das die Regierung des Yukon den Touristen verkauft, und die Kampagne ist sehr erfolgreich. Für den Yukon ist der Tourismus einer der wichtigsten Industriezweige. Von überall auf der Welt kommen Menschen hier her, um eine Wildnis zu erleben, die von der Industrie kaum verändert wurde und wo große Raubtiere frei leben. Zwar wollen sie diesen nicht gerade auf Tuchfühlung begegnen, aber die meisten finden Befriedigung in dem Wissen, dass Grizzlybären und Wölfe hier sind und gleich nach der nächsten Flussbiegung in Anblick kommen können. Die Kehrseite der Medaille ist es, dass Predation die Populationen der Beutetiere auf einem niedrigen Level halten kann, und dass es nur wenige, schlimmstenfalls gar keine Tiere gibt, die dem Jäger als Beute langfristig zur Verfügung stehen.

Es gibt zwei Möglichkeiten, mehr von diesen begehrten Beutetieren zu haben – mehr zu produzieren oder Verluste zu reduzieren. Verbesserungen der Lebensgrundlagen steigert die physische Verfassung von Elchen und Karibus, und es gibt mehr Nachwuchs. In Britisch Kolumbien sind die Elchbestände drastisch angestiegen, nachdem man große Flächen von überalterten Fichtenwäldern abgeholzt und dadurch ideale Bedingungen für Elche geschaffen hatte. In diesen jungen Wäldern wachsen viele

Elche heran, zur Freude der Jäger. Im Vergleich dazu haben die Wälder im Yukon nur geringen wirtschaftlichen Wert, wir können deshalb nur eine geringe Vermehrung der Elche als Folge einer Holznutzung erwarten, anders als durch großflächige natürliche Waldbrände.

Eine Lebensraumverbesserung für Karibus ist ebenfalls kaum denkbar. Eher ist zu erwarten, dass die globale Erwärmung die Qualität und die Ausdehnung der Habitate für Waldkaribus nicht verbessern, sondern verschlechtern wird. Will man mehr Elche und Karibus haben, so führt der einzige Weg über die Senkung der Predation, sowohl von Kälbern als auch erwachsenen Tieren. Um Beutetierbestände auf hohem Niveau zu halten, müssen Raubtiere permanent kontrolliert, d. h. niedrig gehalten werden. Das aber wäre nicht Wildtiermanagement, sondern Wildhaltung nach landwirtschaftlichen Kriterien. Diesen Weg lehne ich aus ganzem Herzen ab.

Im Jahr 1992 wurde eine Gruppe von verschiedenen Interessenvertretern beauftragt, den *Yukon Wolf Conservation and Management Plan* zu erstellen. Dieses Vorhaben unterschied sich wesentlich von früheren Versuchen dieser Art. Es wurden neuartige Rahmenbedingungen aufgestellt, darunter: Wölfe haben im Yukon ein Lebensrecht; das Wissen um ihre Existenz und die Möglichkeit, sie zu erleben, ist von großem öffentlichen Interesse; in der Jagdgesetzgebung ist der Wolf als *big game animal*, d. h. als jagdlich wertvolle Art und nicht als Schädling aufzufassen; es ist ein Regelwerk zu schaffen, bevor Wölfe zu Gunsten von Jagdwildarten kontrolliert werden. Unter anderem empfahl der Plan, nicht tödliche Methoden der Wolfskontrolle zu untersuchen. Als Wolfsbiologe des Yukon sah ich die Fertilitätskontrolle als einzige Möglichkeit zur Niedrighaltung der Wolfsdichte, aber nichts war damals bekannt darüber, welche Auswirkungen das in wilden

Wolfspopulationen haben würde.

Wir begannen damit im Februar 1994 in Aishihik, indem wir einen Rüden sterilisierten. Der Wolf wurde zu seiner Partnerin zurückgebracht und sie hatten zwei Jahre lang keinen Nachwuchs, blieben aber zusammen und hielten ihr Territorium. Der Eingriff hatte sie sozialen Bande des Paares offensichtlich nicht gestört. Das ermutigte die Champagne-Aishihik First Nation, Partner der Regierung in dem Projekt, am 20. Dezember 1995 ein volles Forschungsprogramm zu befürworten. Im Januar 1996 stieß die Studentin Christie Spence von der Universität Toronto für die wissenschaftliche Bearbeitung zu uns. Es war das erste Forschungsprojekt dieser Art weltweit.

Von Januar 1996 bis Februar 1997 fingen wir siebzehn Wölfe und flogen sie nach Haines Junction und Whitehorse zur Operation. Veterinäre sterilisierten Rüden und entfernten die Gebärmutter bei den Wölfinnen. Dann brachten wir die Tiere dorthin zurück, wo sie gefangen worden waren. Und Christie beobachtete, wie sie sich nun benahmen.

Sie studierte sieben Paare mit operierten Tieren. Die Eingriffe hatten keinen erkennbaren Einfluss auf das Verhalten der Wölfe. Alle Paare außer einem blieben ohne Nachwuchs, alle Paare blieben zusammen. Sie wanderten und jagten miteinander, verteidigten ihr Territorium, benahmen sich wie andere wilde Wölfe. Die Operationen waren sicher, allerdings war die Sterilisation der Rüden besonders einfach. Christie entwickelte ein Populationsmodell und kam zu dem Schluss, dass die Fertilitätskontrolle dazu beitragen konnte, dass Elche und Karibus wieder zunahmen.

Wir beide wurden nach Alaska zur Beratung eingeladen, welchen Wert die Fertilitätskontrolle zur Anhebung von Jagdwild haben könnte. Beflügelt von dem Erfolg in Aishihik leitete der Alaska Board of Game weitere Forschungsarbeiten im eigenen Staat ein. Ein international zusammengesetztes Planungs-team empfahl, einen Versuch bei der Fortymile Karibu-population zu unternehmen. Diese Population war zwischen 1920 und 1973 von etwa einer halben Million auf gerade mal sechstausend Tiere zusammengebrochen, Folge von harten Klimabedingungen, Predation und Überbejagung. Der Plan zum Wiederaufbau der Population umfasste die Einstellung der Bejagung im Yukon und in Alaska sowie Lebendfang und Weg-beförderung von einhundertvierzig Wölfen. Fünfzehn Rudel wurden im Sommergebiet der Population sterilisiert. Die Über-lebensrate der Kälber stieg sofort an und die Population wuchs auf 43.000 Tiere im Jahr 2003 – der erste Aufschwung der Po-pulation seit mehreren Jahrzehnten.

Die Chisana-Population, ebenfalls Alaska, wurde ohne jegli-che Wolfskontrolle erfolgreich aufgebaut. Sie war von eintausend achthundert (1987) auf siebenhundert Tiere im Jahr 2003 abge-fallen. Es überlebten nur wenige Kälber, und die erwachsenen wurden immer älter. Man hatte große Sorgen, dass die Population völlig erlöschen könnte. Weil aber die Karibus hauptsächlich in amerikanischen und kanadischen Nationalparks lebten, kam eine Wolfskontrolle nicht in Frage.

Die beiden Yukon-Wildbiologen Michelle Oakley und Rick Farnell erarbeiteten einen völlig neuen Plan zur Steigerung der Überlebensrate der Kälber. Er funktionierte hervorragend. Von 2003 bis 2005 fingen sie einhundertfünfzehn trächtige Karibu-kühe, flogen sie zu einem zehn Hektar großen Gehege und hielten sie dort von März bis Juni. Die natürliche Äsung im Gehege wurde durch handgepflückte Flechten und käufliches Rentierfutter er-gänzt. Die Kühe setzten ihre Kälber im Gehege, das Wölfe und Bären fern hielt. Als die Kälber groß genug waren, wurden sie entlassen und ihre Überlebensrate mit der der frei geborenen

Chisana-Karibus verglichen. Die Gehegekälber überlebten zu fünfundsiebzig Prozent, die wild geborenen nur zu zehn.

Das Chisana-Projekt zeigt: Bedrohten Beutetierpopulationen kann geholfen werden, ohne Wölfe zu kontrollieren. Das kostet viel Geld, und die Frage lautet: Wollen wir so überhaupt vorgehen?

Nach fast zwanzig Jahren weiß ich: Man wird Wölfe nicht in Ruhe lassen, denn der Effekt einer Wolfskontrolle ist nur von kurzer Dauer. Die Yukoner werden weiterhin Elche und Karibus jagen. Die Vereinbarungen über die Landnutzung schreiben das Recht der First Nations zur Subsistenzjagd fest. Jagdunternehmer tragen erheblich zum wirtschaftlichen Wohlergehen des Yukon bei. Viele Yukoner, ich eingeschlossen, genießen das Jagen und Fischen, das ist einer der Gründe, warum wir hier leben. Wir werden immer, wenn Jagdwild auf niedrigem Stand ist, den Ruf nach einer Reduktion der Wölfe zu hören bekommen. Es werden sogar permanente periodische Wolfskontrollen gefordert werden, um Jagdwild auf hohem Level zu halten.

Es geht um die grundsätzliche Frage, was wir wollen – vollständige Wildnis oder aber irgend eine Form ständiger oder periodischer Wolfskontrolle in bestimmten Gebieten, um den jagdlichen Ertrag bei Elchen und Karibus zu unterstützen? Der Yukon Fish and Wildlife Management Board ist eine öffentliche Beratungsgruppe mit dem Auftrag, die Mitwirkung der Interessengruppen an Wildtierthemen vorwärts zu entwickeln. Die Regierung des Yukon und der Management Board sind gerade dabei, den *Yukon Wolf Conservation and Management Plan* zu überarbeiten. Ich hoffe, sie verwerfen die Idee einer breit angelegten Wolfskontrolle und überlassen die Wölfe sich selbst. Wenn sie eine Kontrolle favorisieren, so hoffe ich, sie wählen nicht tödliche Methoden oder beschränken sich auf begrenzte Gebiete. Es gibt Lösungen, Elche und Karibus zu vermehren, wir müssen gründlich darüber nachdenken, wie wir in Zukunft unsere Landschaft und die Wildtiere, die dort leben, behandeln wollen.

Die Elchdichte ist am niedrigsten in der Nähe von Siedlungen, weil dort der Jagddruck besonders groß ist. Man könnte bestimmte Gebiete in der Nähe solcher Siedlungen auswählen und eine Handvoll Wolfsrudel fangen, und die anderen durch Fertilitätskontrolle über längere Zeit auf geringer Dichte halten. Diese Form der Wolfskontrolle erfordert eine intensive Beteiligung der dort lebenden Menschen. Es geht nur, wenn die archaischen Beschränkungen im Zusammenhang mit der Fallenstellerei aufgehoben werden, die einigen wenigen Trappern das ausschließliche Recht einräumen, in der Nähe von Siedlungen Fallen zu stellen oder nicht. Der Fallenfang muss auch unter dem Gesichtspunkt der Humanität durchforstet werden. Bei Karibus ist es komplizierter. Waldkaribus haben große Jahreslebensräume. In Finlayson und Aishihik bestand unser Vorgehen darin, Wölfe im gesamten Streifgebiet der Population zu reduzieren. Aber bei der Fortymile-Population erzielten wir einen ebenso großen Erfolg, indem wir Wölfe nur aus dem Sommergebiet wegschafften und dort neu gebildete Paare sterilisierten. Das Chisana-Experiment war ein Erfolg, weil die Biologen einen völlig neuen Ansatz ausprobierten, um eine kleine bedrohte Population zu retten – indem sie trächtige Kühe in ein sicheres Gehege schafften, wo sie ihre Kälber ohne Raubtiere aufziehen konnten. Seit den Zeiten der Fang- und Abschussprämien um 1930, den Vergiftungskampagnen um 1950 und den Abschüssen vom Flugzeug 1980 – 1990 ist man im Yukon weit voran gekommen. Aber wie sieht die Zukunft aus?

Rick Farnell schrieb 2009 einen Artikel, in dem er als Karibubiologe über diese drei Dekaden reflektierte. Er sieht einen Paradigmenwechsel darin, wie heute den Waldkaribus geholfen wird. Ich habe eng mit Rick zusammengearbeitet und wir teilen viele Ansichten über den Schutz von Wildtieren. Der Wechsel begann nach Ricks Ansicht mit den exzessiven Abschüssen vom Flugzeug in Finlayson. Es ging weiter mit der Fertilitätskontrolle in Aishihik, mit strengen Jagdregeln, mit öffentlichen Fortbildungsveranstaltungen zum Schutz von Lebensräumen und letztendlich mit der Aufzucht von Kälbern im Gehege in Chisana. An diesen innovativen Ansätzen war ein Dutzend anderer fortschrittlich denkender Biologen beteiligt, wie etwa Alan Baer, Rick Ward, Gerry Kuzyk, Jean Carey, Rob Florkiewicz, Lorne LaRocque, Christie Spence, Michelle Oakley und Dorothy Cooley.

Seit 1982 ist im Yukon viel an Räuber-Beute-Beziehungen geforscht worden, mehr als irgendwo sonst in Kanada. Ich habe mit anderen Biologen an der Konzeption von Forschungsprogrammen gearbeitet, um das Wesen dieser Beziehungen zu klären, ebenso wie die kurzlebigen Effekte der Wolfskontrolle. Wir diskutierten fundamentale Fragen der Wissenschaft: Was können wir lernen, indem wir das natürliche Räuber-Beute-System verändern? Werden Elche und Karibus mehr, wenn Wölfe rausgenommen werden? Wie lange halten Aufschwünge an? Was ist das Entscheidende am Aufschwung einer Population – höhere Überlebensraten der Kälber oder der Erwachsenen oder beides? Reagieren Elche, Karibus und Dallschafe in gleicher Weise? Haben wir das Richtige getan? Gibt es bessere Wege des Systemmanagements? Manche Antworten bekamen wir sofort, andere dauerten Jahre. Aber während wir uns diese wissenschaftlichen Fragen stellten, bemächtigten sich ganz andere Kräfte der Thematik.

Planungsteams integrierten unsere Wissenschaft in gesellschaftliche Entscheidungen. Darunter waren das Yukon Wolf Planning Team, das International Fortymile Planning Team und das halbe Dutzend amerikanische und kanadische Partner des

Chisanaprojekts. Die First Nations von Champagne-Aishihik, Kluane und White River wurden Partner auf dem Weg, nicht tödliche Kontrollmethoden für Wölfe zu entwickeln. Umweltgruppen trugen ihren Teil dazu bei, dass sich die Politik änderte, aber den eigentlichen Wechsel bewirkten ganz normale Yukoner. Der rote Faden in der Diskussion war die Frage, ob Wolfskontrolle die einzige Lösung war, um Jagdwildpopulationen zu vergrößern. Ich bin der Meinung, dass die Wissenschaft die Frage beantwortet hat, was eine periodische, breit angelegte Wolfskontrolle bringt. Sie hat nur begrenzte Vorteile für die Beutepopulationen, der Effekt hält nicht lange an. Man sollte sie einreihen in die Vergangenheit, zusammen mit Prämien und Gift. Wie aber sieht dann die Zukunft für die Wölfe aus?

Trotz der vielen Herausforderungen, denen der Wolf seit dem Pleistozän ausgesetzt war, hat er überdauert und sich zur stärksten natürlichen Kraft entwickelt, die die Wildnis des Yukon bis heute formt. Seit der Eiszeit hat er das Aussterben von Beutetierarten überlebt. Jedesmal fanden die Wölfe neue Arten, die sie jagen konnten. Genetische Untersuchungen belegen, dass die Wölfe am Ende des Pleistozäns verschwanden, dass sie aber sofort von anderen Wölfen ersetzt wurden. In den letzten hundert Jahren hat sich der Timberwolf des Yukon erholt von Fallenfang, Bejagung, Fang- und Abschussprämien, Vergiftungskampagnen und Abschüssen vom Flugzeug. Trotz aller Verfolgung hat der Wolf durchgehalten.

Heute leben ebenso viele Wölfe im Yukon wie vor hundert, vor tausend, vor fünftausend Jahren. Sie leben überall um uns herum, manchmal kommen sie in die Siedlungen und töten Hunde und Katzen oder andere Haustiere. Wie Wölfe überall auf der Welt, so sind auch die Wölfe im Yukon scheu und intelligent und keine Gefahr für uns Menschen. Nur wenige Leute heutzutage fangen oder jagen Wölfe, und selbst wenn es mehr solche Leute gäbe, würde das den Wölfen langfristig wenig ausmachen. Nein, der Wolf ist nicht in Gefahr, im Yukon zu verschwinden. Seine Zukunft hängt davon ab, wie die Menschen im Yukon und andere auf der ganzen Welt ihre eigene Position in dieser riesigen wilden Gebirgswelt sehen, und wie viel davon wir schützen und teilen wollen mit diesem außerordentlichen Raubtier und seinen Beutetieren.

Epilog

Der kleine Schwarze ist unter uns, er schlängelt sich durch den dichten Wald ohne eine Chance des Entkommens. Für ein paar Sekunden taucht er unter eine dicht beastete Fichte, dann sucht er Sicherheit unter einer anderen. Der Helikopter steht über ihm, langsam drückt er ihn zum Nisling River ins Freie, wo ich ihn schießen kann. Meine Hände umklammern einen halbautomatischen Repetierer Kaliber 30, die Mündung zeigt durch das Rückfenster raus ins Freie. Es ist minus zwanzig Grad Celsius, der Wind vom Rotorwirbel schneidend kalt. Ich ziehe den getönten Sichtschutz vors Gesicht und warte, halte nach Wolfsfährten Ausschau am buschgesäumten Bach unter mir. Im Kopfhörer ist alles still. Ich hänge meinen Gedanken nach, was da gerade passiert, und habe ein zutiefst unbehagliches Gefühl. Es gibt bessere, erfahrenere Leute als mich für diesen unangenehmen Job. Sie haben ebenso genug davon, dabei haben sie viel mehr Zeit damit verbracht als ich. Ein wenig Befriedigung haben sie gelegentlich darin gefunden, die Wölfe sauber, ohne Leiden getötet zu haben. Aber es hilft nichts – ich bin es heute, es ist mein Finger, der am Drücker liegt.

Im Kopfhörer kann ich die scharfen Pieptöne hören, die die Elterntiere des schwarzen Wolfs über ihre Halsbandsender ausstrahlen. Sie bewegen sich irgendwo da unten zwischen den Bäumen, aber sie sind nicht unser Ziel. Wir haben die beiden vor einer Woche gefangen und nach Haines Junction gebracht, wo sie von einem Veterinär sterilisiert wurden. Dann brachten wir sie zurück nach Onion Creek und ließen sie frei (siehe Kapitel 16). Der Wolf im Wald unter uns ist ihr zehn Monate alter Welpe. Er ist der letzte verbliebene aus dem Onion Creek Rudel, der sterben muss. Nur die beiden sterilisierten Eltern werden überleben. Er ist auch der letzte Wolf, den ich schießen werde. Diese Tatsache verschafft mir ein wenig Erleichterung. Ich habe das alles so satt.

Doug Makonnens trockene Stimme im Kopfhörer holt mich zurück aus meinen Träumen. "Er kommt raus ins Freie," sagt er. Ich schaue nach vorne und sehe die dunkle Gestalt aus dem Wald und in hohes Gebüsch schlüpfen. Sie kämpft sich durch brusttiefen Schnee und läuft auf der harten Kruste eines kleinen Baches weiter. Ich hebe den Augenschirm und der düstere Wintertag wird lichter. Ohne ein Wort steuert Doug den Helikopter seitlich über den Wolf. Ich entsichere die Waffe, fasse das Ziel, schieße zweimal, doch beide Schüsse gehen fehl.

Der Wolf flüchtet auf dem vereisten Bach und nähert sich dem Nisling River. Aber kurz davor springt er in eine offene Wiese und verschwindet fast in metertiefem Pulverschnee. Ich schieße. Der Wolf fällt auf die Seite, das Haupt erhoben, im Schock schaut er sich um. Die Rotorblätter wirbeln eine dicke Schneewolke auf, die uns die Sicht nimmt. Durch den weißen Wirbel schieße ich nochmals auf die dunkle Gestalt. Doug dreht eine Schleife und bringt den Helikopter ein paar Meter neben dem Wolf zu Boden. Während sich die Kufen in den Schnee senken, wird die Gestalt des Wolfes allmählich sichtbar. Er liegt ausgestreckt, dem Hubschrauber zugewandt, durch das offene Rückfenster schaut er mich direkt an. Sein und mein Blick treffen sich, während sein Kopf langsam in den Schnee sinkt. Ein surrealer Traum. Ich kann mich seinem letzten Blick nicht entziehen, als er mit weit geöffneten Augen verendet. Wie fixiert starre ich in sein schneebestäubtes Gesicht, bis die Turbine erstirbt und nur noch die ausschwingenden Rotorblätter leise rauschen. Ich ziehe den Helm ab, schließe das Schießfenster und öffne die Tür. Als ich von den Kufen in den hüfthohen Schnee steige, kommt mir in den Sinn, was mir Robert Bruce, ein Senior von Old Crow, einmal sagte: "Es bringt Unglück, wenn Dich ein Wolf ansieht. Schau' niemals einem Wolf ins Auge!"

Dieser schwarze Jungwolf könnte der letzte seiner Art gewesen sein, der im Yukon im Zuge einer Abschussaktion vom Flugzeug aus geschossen wurde. Im August 2011, nach einer anstrengenden Reihe von öffentlichen Beratungen, wurde der *Recommended Yukon Wolf Conservation and Management Plan* erlassen. Über Abschüsse vom Flugzeug sagt der Plan folgendes: Während der Beratungen wurden große Sorgen von der Öffentlichkeit geäußert, die eine intensive Wolfskontrolle vom Flugzeug aus ablehnte. Diese Methode bezieht die Menschen nicht in den Prozess ein, sie ist außerordentlich kostspielig, und sie muss auf Dauer etabliert werden, wenn sie Erfolg haben soll ... unter diesen Umständen ist die Kontrolle von Wölfen durch Abschüsse vom Flieger nicht zu empfehlen.

Ich frage mich, inwieweit dieses Buch die Sicht des Planungsteams beeinflusst hat, Wolfsabschüsse aus der Luft zu verwerfen. Im Jahr 2011 wurden 2.500 Exemplare des Buches verkauft – die meisten an Yukoner. Ich gab mehr als fünfzig Lesungen in Bibliotheken und Büchereien im Yukon, in Britisch Kolumbien, Alberta, Ontario und Montana. Mein Widerstand gegen diese Methode war Gegenstand von Radio- und Fernsehspots, Zeitungsartikeln und Internetblogs. Ich habe Wolfsabschüsse vom Flugzeug aus anfangs selbst durchgeführt, und nun plädiere ich für deren Ende. Die Medien mögen Kontroversen – doch eigenartig, es gab keinerlei, nicht einmal geringfügige Auseinandersetzungen darüber. Niemand sagte etwas dagegen und meinte, Wolfskontrolle vom Flugzeug aus sei eine gute Sache. Während der Plan in einer nach der anderen von dreizehn Yukongemeinden diskutiert wurde, lasen immer mehr Leute dieses Buch und die moralischen, ethischen und wissenschaftlichen Einwände gegen breit angelegte Wolfsabschüsse aus der Luft.

Aber es geschah noch etwas anderes im Yukon – ein langsamer, aber bemerkenswerter Wandel in der Einstellung der Öffentlichkeit gegenüber dem Wolf. Ich habe das hautnah miterlebt.

1982, beim ersten Treffen, dem ich als Wolfsbiologe beiwohnte, füllten hunderte von wütenden und lärmenden Menschen eine Turnhalle in Whitehorse. Die meisten äußerten nachdrücklich ihre Ansicht, dass Wölfe mit allen erdenklichen Mitteln zu reduzieren seien. Trapper, Jagdunternehmer, Jäger aller Herkunft klagten allesamt, die Wölfe seien der Grund für die Seltenheit des Jagdwildes, und die Regierung sollte Wölfe aus der Luft schießen oder vergiften. Diese Stimmen gewannen die Oberhand, und so wurden die Kontrollprogramme in den Coast Mountains und in Finlayson aus der Taufe gehoben. Dreißig Jahre später, im April 2011, war ich bei einer öffentlichen Veranstaltung über den neuen Wolfsmanagementplan in derselben Turnhalle. Der Unterschied verschlug mir die Sprache. Ganz anders als 1982 waren nur etwa ein Dutzend Leute aus der Öffentlichkeit gekommen. Die meisten anderen waren Regierungsleute oder Mitglieder der *Renewable Resources* Abteilungen der Gemeinden. Der größte Unterschied zu 1982 allerdings war die Ruhe. Der Leiter der Veranstaltung musste die Runde buchstäblich dazu animieren, mit der Diskussion zu beginnen. Jeder hörte den Ausführungen des anderen respektvoll zu. Niemand erhob die Stimme gegen einen anderen, niemand schrie einen anderen nieder. Niemand zerrte einen toten Wolf in die Halle. Zu meiner Überraschung erklärte ein Jagdunternehmer, Wolfskontrolle aus der Luft funktioniere nicht, und hielt mein Buch hoch als Beweis für seine Ansicht. Nicht ein einziger forderte Wolfsabschüsse aus der Luft, auch wenn viele sich weniger restriktive Regelungen wünschten, um Wölfe erlegen zu können.

Auch anderen ist dieser positive Wandel im öffentlichen Bewusstsein aufgefallen. So schrieb Peter Jickling erst kürzlich in dem Magazin *Up Here*: Manche meinen, diese Einstellung greift um sich im Yukon. Karen Clyde, die stellvertretende Leiterin des Managementteams sagte mir, wie überrascht sie bei den Beratungen darüber war, welche Verehrung der Wolf bei vielen alterfahrenen Jägern und Trappern genießt. Sie meint, es gebe tatsächlich großen Respekt gegenüber dem Wolf im Yukon.

Was also hat sich verändert in den dreißig Jahren zwischen diesen beiden Veranstaltungen? Warum gab es jetzt keine Streitereien in den Medien wie in den 1980er und 90er Jahren, nicht einmal Auseinandersetzungen? Einige Veränderungen sind offensichtlich. Die Verhandlungen um Landnutzungsrechte mit den First Nations *(land claim*)* sind weitgehend abgeschlossen, und seit 1993 arbeiten die First Nations und die Renewable Resources Verwaltung im Wildtiermanagement mit der Regierung des Yukon zusammen. Auch wenn viele Dinge noch weit entfernt vom Idealzustand sind, so sind die Rechte und Pflichten der Menschen vor Ort nun amtlich anerkannt, so dass sie an Entscheidungen im Wildtiermanagement mitwirken können. In der Tat sind die Gremien von Renewable Resources die vorrangigen Instrumente im Wildtiermanagement des Yukon, und die meisten machen einen guten Job. Eine weniger augenfällige, jedoch ebenso wichtige Veränderung besteht im besseren Kenntnisstand des durchschnittlichen Yukoners über Biologie und Management von Wölfen – ein Ergebnis der intensiven Räuber-Beute-Forschung, die wir über Jahrzehnte hinweg geleistet haben. 1982 gab es wissenschaftlich nichts, womit man die Leute hätte informieren können, und wer sich in die Diskussion um Wölfe einbringen wollte, konnte nur in den lärmenden politischen Ton einfallen. Die Dinge haben sich zu Gunsten des Wolfes verändert. Obwohl die Regierung des Yukon den neuen Plan noch nicht verabschiedet hat, so scheint es doch sicher, dass es mit Abschüssen aus der Luft vorbei ist – zumindest für eine gewisse Zeit. Dies allein ist ein großer Schritt vorwärts im Management der Wölfe. Allerdings gibt es auch einige Schlüsselstellen, die den Wolf abwerten und die ich ablehne.

Mit dem Ziel, umfassende Abschüsse vom Flieger zu kompensieren, liberalisiert der Plan die allgemeine Bejagung der Wölfe, indem er längere Jagdzeiten erlaubt und weder Obergrenzen noch Gebühren für Abschüsse vorsieht. Damit wird der Status des Wolfes auf den einer problematischen Art reduziert. Die Ironie besteht darin, dass liberalere Jagdregeln für den Wolf keine Erleichterung für Elche und Karibus bringen. Ein ganzes Jahrhundert lang haben solche Regeln nichts bewirkt. Die rauen Berge und waldreichen Täler des Yukon schützen die Wölfe vor den Jägern – eine Liberalisierung der Bejagung kann daran nichts ändern.

Der Plan von 1992 hat den eigentlichen Wert des Wolfs deutlich hervorgehoben und darauf hingewiesen, dass er ein

Lebensrecht im Yukon hat, unabhängig von menschlichen Interessen. Der neue Plan spricht nicht diese Sprache. Ich meine, das ist ein Rückschritt für den Schutz des Wolfes und der Wildnis. Wölfe verdienen ein ausdrückliches Bekenntnis zu ihrem inhärenten Wert. Es ist das Mindeste, was wir einem Tier schulden, das die Wildnis des Yukon definiert.

Der neue Plan entfernt sich auch von der Version 1992, indem er sich von nicht tödlichen Kontrollmethoden distanziert. Geburtenkontrolle funktioniert, besonders bei geringen Wolfsdichten. Dass die Öffentlichkeit diese Methode noch nicht gut versteht, sollte für die Regierung des Yukon kein Grund sein, das Töten von Wölfen durch eine humanere Alternative zu ersetzen.

Trotz dieser Einschränkungen ist das Ende der Abschüsse vom Flieger eine gute Nachricht, und insgesamt sehe ich in der Ausrichtung des neuen Plans langfristig gute Perspektiven für den Wolf im Yukon.

Oft denke ich zurück an jenen kalten Tag im März 1998, als sich mein Blick mit dem des Wolfs vom Onion Creek traf. War es ein schlechtes Omen, ihm in die Augen zu schauen, als er unter den Rotorblättern unseres Helikopters am Nisling River sein Leben aushauchte? War ich irgendwie verflucht danach, hat sich mein Leben zum Schlechten hin verändert? Ich glaube nicht, und ich weiß es auch nicht. Aber wenn dieser junge Wolf wirklich der letzte war, der so enden musste, dann mag mein Blick in seine brechenden Augen tatsächlich so etwas wie eine merkwürdige Art von glücklicher Wendung gewesen sein.

Quellenverzeichnis

Eine Liste weiterführender Literatur aus der englischen Ausgabe finden Sie unter www.woelfeimyukon.de im Internet.

Adney T. 1994. The Klondike Stampede. University of British Columbia Press, Vancouver. Originally published in 1900 by Harper and Brothers Publishers, 463 pages.

Ballard W.B., L.A. Ayers, P.R. Krausman, D.J. Reed and S.G. Fancy. 1997. Ecology of wolves in relation to migratory caribou herds in northwest Alaska. Wildlife Monographs 135, 47 pages.

Ballard W.B., L.N. Carbyn and D.W. Smith. 2003. Wolf interactions with non-prey. Pages 259-271 in Wolves: Behavior, Ecology and Conservation, edited by L.D. Mech and Luigi Boitani. University of Chicago Press. Chicago.

Barichello N., J. Carey, R. Sumanik, R.D. Hayes and A.M. Baer. 1989. The effects of wolf predation on Dall's sheep populations in the southwest Yukon. Yukon Renewable Resources Report. Government of the Yukon, Whitehorse.

Barnett R., B. Shapiro, I. Barnes, S.Y.W. Ho, J. Burger, N. Yamaguchi, T.F.G. Higham, H.T. Wheeler, W. Rosendahl, A.V. Sher, M. Sotnikova, T. Kuznetsova, G. F. Baryshnikov, L.D. Martin, R. Harington, J.A. Burns and A. Cooper. 2009. Phylogeography of lions (Panthera leo spp.) reveals three distinct taxa and a late Pleistocene reduction in genetic diversity. Molecular Ecology 18, pages 1668-1677.

Barnosky A.D., P.L. Koch, R.S. Feranec, S.L. Wing and A.B. Shabel. 2004. Assessing the causes of late Pleistocene extinctions on the continents. Science 306, pages 70-75.

Bergerud, A.T. 1989. Caribou, wolves, and man. Trends in Ecological Evolution 3, pages 68-72.

Bergerud, A.T. 1992. Rareness as an antipredator strategy to reduce predation risk for moose and caribou. Pages 1008-1021 in Wildlife 2001: Populations, edited by D.R. McCullough and R.H. Barrett. Elsevier Applied Science, New York.

Berton P. 1972. Klondike: The Last Great Gold Rush 1896-1899. Anchor Canada, 472 pages.

Clayson D. 2007. Encounter with wolves. Pages 29-30 in From first we met to the internet, edited by Yukon College. Whitehorse.

Cruikshank J. 1990. Life Lived Like a Story. University of Nebraska Press.

Dale B.W., L.G. Adams and R.T. Bowyer. 1995. Winter wolf predation rate in a multiple ungulate prey system, Gates of the Arctic National Park. Pages 223-230 in Ecology and conservation of wolves in a changing world: Proceedings of the second North American wolf symposium. Canadian Circumpolar Institute, University of Alberta, Alberta.

Fancy S.G., and K.R. Whitten. 1991. Selection of calving sites by Porcupine herd caribou. Canadian Journal of Zoology 69, pages 1736-1743.

Fancy S.G., K.R. Whitten and D.E. Russell. 1994. Demography of the Porcupine caribou herd. Canadian Journal of Zoology 72, pages 840-846.

Farnell R. 2009. Three decades of caribou recovery programs in Yukon: a paradigm shift in wildlife management. Department of Environment, Government of the Yukon, Whitehorse,18 pages.

Farnell R. and R.D. Hayes. 1992. Results of wolf removal on wolves and caribou in the Finlayson study area, 1983-1992. Department of Renewable Resources Report, Government of the Yukon, Whitehorse.

Farnell R., P. G. Hare and D. R. Drummond. 2005. An ancient wolf den and associated human activity in the southwestern Yukon Territory. Canadian Field Naturalist 19, pages 135-136.

Farnell R., P. G. Hare, E. Blake, V. Bowyer, C. Schweger, S. Greer and R. Gotthardt. 2004. Multidisciplinary investigations of alpine ice patches of southwest Yukon, Canada: paleonenvironmental and paleobiological investigations. Arctic 57, pages 247-259.

Figueirido B., J.A. Pérez-Claros, V. Terregrosa, A. Martín-Serra and P. Palmqvist. 2010. Demythologizing Artodus simus, the 'short-faced' long-legged and predaceous bear that never was. Journal of Veterinary Paleontology 30, pages 262-275.

Fox-Dobbs K., J.A. Leonard and P.L. Koch. 2008. Pleistocene megafauna from eastern Beringia: Paleoecological and paleoenvironmental interpretations of stable isotope and nitrogen isotope and radiocarbon records. Palaeogeography, Palaeoclimatology, Palaeoecology 261, pages 30-46.

Fryxell J.M., J. Greever and A.R.E. Sinclair. 1988. Why are migratory ungulates so abundant? The American Naturalist 131, pages 781-797.

Gasaway W.C., R.D. Boertje, D.V. Grangaard, D.G. Kelleyhouse, R.O. Stephenson and D.G. Larsen. 1992. The role of predation in limiting moose at low densities in Alaska and Yukon and implications for conservation. Wildlife Monographs 120, 59 pages.

Gasaway W.C., R.O. Stephenson, J.L. Davis, P.E.K. Shepherd and O.E. Burris. 1983. Interrelationships of wolves, prey and man in interior Alaska. Wildlife Monographs 84, 50 pages.

Glave E.J. 1890 and 1891. Our Alaska Expedition. Frank Leslie's Illustrated Newspaper, New York.

Griffiths B., D.C. Douglas, N.E. Welsh, D.D. Young, T.R. McCabe, D.E. Russell, R.G. White, R.D. Cameron and K. Whitten. 2002. The Porcupine caribou herd. Pages 8-37 in Arctic Refuge Coastal Plain Terrestrial Wildlife Research Summaries, edited by D.C. Douglas, P.E. Reynolds and E.B. Rhodes. U.S. Geological Survey, Biological Resources Division, Biological Science Report USGS/BRD/BSR-2002-0001.

Guthrie R. D. 1990. Frozen Fauna of the Mammoth Steppe: The Story of Blue Babe. University of Chicago Press, Chicago, 323 pages.

Guthrie, R.D. 2006. New carbon dates line climatic change with human colonization and Pleistocene extinctions. Nature 441, pages 207-209.

Gwitch'in Renewable Resource Board. 1997. Nanh' kak Geenjit Gwitch'in Ginjik: Gwich'in Words About the Land. Gwitchin Renewable Resources Board, Inuvik, 212 pages.

Hare P.G., S. Greer, R. Gotthardt, R. Farnell, V. Bowyer, C. Schweger and D. Strand. 2004. Ethnographic and archaeological investigations of alpine ice patches in southwest Yukon, Canada. Arctic 57, pages 260-272.

Harrington F.H., L.D. Mech and S.H. Fritts. 1983. Pack size and wolf pup survival: Their relationship under varying ecological conditions. Behavioral Ecology and Sociobiology 13, pages 19-26.

Hayes R.D. 1987. Wolf population research and management studies in the Yukon, population inventories 1985-87. Yukon Fish and Wildlife Branch Report, Government of the Yukon, Whitehorse.

Hayes R.D. 1995. Numerical and functional responses of wolves, and regulation of moose in the Yukon. Department of Biological Sciences thesis, Simon Fraser University, 132 pages.

Hayes R.D. and A.M. Baer. 1992. Brown bear, Ursus arctos, preying upon gray wolf, Canis lupus, pups at a wolf den. Canadian Field Naturalist 106, pages 381-382.

Hayes R.D. and A.S. Harestad. 2000a. Demography of a recovering wolf population in the Yukon. Canadian Journal of Zoology 78, pages 36-48.

Hayes R.D. and A.S. Harestad. 2000b. Wolf functional response and regulation of moose in the Yukon. Canadian Journal of Zoology 78, pages 60-66.

Hayes R.D. and D.E. Russell. 1998. Predation rate by wolves on the Porcupine caribou herd. Rangifer Special Issue No. 12, pages 51-58.

Hayes R.D. and D.H. Mossop. 1987. Interactions of wolves, Canis lupus, and brown bears, Ursus arctos, at a wolf den in the northern Yukon. Canadian Field Naturalist 101, pages 603-604.

Hayes R.D., A.M. Baer and D.G. Larsen. 1991. Population dynamics and prey relationships of an exploited and recovering wolf population in the southern Yukon. Yukon Fish and Wildlife Management Branch Final Report TR-91-1. Government of the Yukon, Whitehorse, 67 pages.

Hayes R.D., A.M. Baer and P. Clarkson (unpublished). Ecology and management of wolves in the Porcupine caribou range, Canada. For copy contact author.

Hayes R.D., A.M. Baer, U. Wotschikowsky and A.S. Harestad. 2000. Kill rate by wolves on moose in the Yukon. Canadian Journal of Zoology 78, pages 49-59.

Hayes R.D., R. Farnell, R.M.P. Ward, J. Carey, M. Dehn, G.W. Kuzyk, A.M. Baer, C.L. Gardner and M. O'Donoghue. 2003. Experimental reduction of wolves in the Yukon: ungulate responses and management implications. Wildlife Monographs 152, 35 pages.

Heard D.D. and T.M. Williams. 1992. Distribution of wolf dens on migratory caribou ranges in the Northwest Territories, Canada. Canadian Journal of Zoology 70, pages 1504-1510.

Heinrich B. 1989. Ravens in Winter. Vintage Books, New York, 379 pages.

Hopkins D.M., J.V. Matthews Jr., C.E. Schweger and S.B. Young, editors. 1982.

Palaeoecology of Beringia. New York: Academic Press, 489 pages.

Kaczensky P. 2007. Wildlife value orientations of rural Mongolians. Human Dimensions of Wildlife 12, pages 319-329.

Kaczensky P., R.D. Hayes and C. Promberger. 2005. Effect of raven, Corvus corax, scavenging on the kill rates of wolf, Canis lupus, packs. Wildlife Biology 11, pages 101-108.

Kaufman D.S., T.A. Ager, N.J. Anderson, P.M. Anderson, J.T. Andrews, P.J. Barlein, L.B. Brubaker, L.L. Coats, L.C. Cwynar, M.L. Duvall, A.S Dyke, M.E. Edwards, W.R. Eisner, K. Gajewski, A Geirsdóttir, F.S. Hu, A.E. Jennings, M.R. Kaplan, M.W. Kerwin, A.V. Lozhkin, G.M. MacDonald, G.H. Miller, C.J. Mock, W.W. Oswald, B.L. Otto-Bliesner, D.F. Porchinu, K. Rühland, J.P. Smol, E.J. Steig and B.B. Wolfe. 2004. Holocene thermal maximum in the western Arctic (0-180⁰W). Quaternary Science Reviews 23, pages 529-560.

Kennedy K.E., D.G. Froese, G.D. Zazula and B. Lauriol. 2010. Last glacial maximum age for the northwest Laurentide maximum from the Eagle River spillway and delta complex, northern Yukon. Quaternary Science Reviews 29, pages 1288-1300.

Kuhn T., K.A. McFarlane, P. Groves, A.Ø Mooers and B. Shapiro. 2010. Modern and ancient DNA reveal recent partial replacement of caribou in the southwest Yukon. Molecular Ecology 19, pages 1312-1323.

Kurten B. and E. Anderson. 1980. Pleistocene Mammals of North America. Columbia University Press, New York.

Kuzyk G.W., D.E. Russell, R.S. Farnell, R.M. Gotthardt, P.G. Hare and E. Blake. 1999. In pursuit of prehistoric caribou on Thanlät, southern Yukon. Arctic 53, pages 214-219.

Larsen, D.G., D.A. Gauthier and R.L. Markel. 1989. Causes and rates of moose mortality in the southwest Yukon. Journal of Wildlife Management 5, pages 548-557.

Leonard J.A., C. Vilà, K. Fox-Dobbs, P.L. Koch, R.K. Wayne and B. Van Valkenburgh. 2007. Megafaunal extinctions and the disappearance of a specialized wolf ecomorph. Current Biology 17, pages 1146-1150.

Lescureux N. 2006. Toward the necessity of a new interactive approach integrating ethnology, ecology and ethology in the study of the relationship between Kyrgyz stockbreeders and wolves. Social Science Information 45, pages 463-478.

London J. 1990. The Call of the Wild, White Fang and Other Stories. Oxford University Press, New York, 362 pages.

Matheus P.E. 2001. Pleistocene predators and people in eastern Beringia: did short-faced bears really keep humans out of North America? Pages 79-101 in People and Wildlife in North America: Essays in Honor of R. Dale Guthrie, edited by S.G. Gerlach and M.S. Murray. British Archaeological Reports International Series 944.

McCandless, R.G. 1985. Yukon Wildlife, a Social History. University of Alberta Press, Edmonton, 200 pages.

McLellan, Catherine. 1987. Part of the Land, Part of the Water. Douglas and McIntyre Limited. Vancouver, 328 pages.

McLellan, Catherine. 2001. My Old People Say, an Ethnographic Survey of Southern Yukon Territory, Part 1. Mercury Series, Canadian Ethnology Service Paper 137. Canadian Museum of Civilization. 324 pages.

Mech L.D. and L. Boitani. 2003. Wolves: Behavior, Ecology and Conservation. University of Chicago Press, Chicago, 448 pages.

Mech, L.D and L. Packard. 1990. Possible use of wolf den over several centuries. Canadian Field-Naturalist 104, pages 484-485.

Miller F.L., A. Gunn and E. Broughton. 1988. Surplus killing as exemplified by wolf predation on newborn caribou. Canadian Journal of Zoology 63, pages 295-300.

Murie A. 1944. The Wolves of Mount McKinley. Fauna of the National Parks of the United States, Fauna Series No. 5, 239 pages.

Peterson, R.O. and P. Ciucci. 2003. The wolf as a carnivore. Pages 104-130 in Wolves: Behavior, Ecology and Conservation, edited by L.D. Mech and L. Boitani. University of Chicago Press, Chicago.

Peterson, R.O. and P. Ciucci. 2003. The wolf as a carnivore. Pages 104-130 in Wolves: Behavior, Ecology and Conservation, edited by L.D. Mech and L. Boitani. University of Chicago Press, Chicago.

Pielou E.C. 1991. After the Ice Age. University of Chicago Press, Chicago, 366 pages.

Pike W. 1967. Through the Sub-arctic Forest. Arno Press, New York. (Original publication 1896).

Russell D.E., K.R. Whitten, R. Farnell and D. van de Wetering. 1992. Movements and distribution of the Porcupine caribou herd, 1970-1990. Canadian Wildlife Service Technical Report 138, 139 pages.

Schwatka F. 1983. Along Alaska's Great River. Northwest Publishing Company, Anchorage, 95 pages.

Selous F.C. 1907. Recent Hunting Trips in North America. Scribner's, New York.

Service R. 1990. The Best of Robert Service: Illustrated Edition. Running Press Book Publishers, Philadelphia, 199 pages.

Sheldon C., 1911. The Wilderness of the Upper Yukon. T. Fisher Unwin, London.

Smith B.L. 1983. The status and management of the wolf in the Yukon Territory. Pages 48-50 in Wolves in Canada and Alaska: Their Status, Biology and Management, edited by L.N. Carbyn. Canadian Wildlife Service Report Series 45.

Smits C.M.M. 1991. Status and seasonal distribution of moose in the northern Richardson mountains. Yukon Fish and Wildlife Branch Report TR-91-2, Government of the Yukon, Whitehorse, 63 pages.

Spalding D.J. 1990. The early history of moose Alces alces: distribution and relative abundance in British Columbia. Contributions to Natural Science, Royal British Columbia Museum, Victoria, 11 pages.

Spence C.E. 1998. Fertility control and the ecological consequences of managing northern wolf populations. University of Toronto thesis, Toronto.

Spence C.E., J.E. Kenyon, D.R. Smith, R.D. Hayes and A.M. Baer. 1999. Surgical sterilization of free-ranging wolves. Canadian Veterinary Journal 40, pages 118-121.

Stephenson R.O., S.C. Gerlach, R.D. Guthrie, C.R. Harrington, R.O. Mills and G. Hare. 2001. Wood bison in late Holocene Alaska and adjacent Canada: paleontological, archaeological and historical records. Pages 125-159 in People and Wildlife in North America, Essays in Honor of R. Dale Guthrie, edited by S.G. Gerlach and M.S. Murray. British Archaeological Reports International Series 944.

Sumanik R.S. 1987. Wolf ecology in the Kluane region, Yukon Territory. Michigan Technological University thesis, Houghton, 102 pages.

Thomas D.C. 1995. A review of wolf-caribou relationships and conservation implications in Canada. Pages 261-273 in Ecology and Conservation of Wolves in a Changing World: Proceedings of the Second North American Wolf Symposium. Canadian Circumpolar Institute, University of Alberta, Edmonton.

Walker F. 1978. Jack London and the Klondike. The Huntington Library, San Marino, California, 288 pages.

Walsh N.E., B. Griffith and T.R. McCabe. 1995. Evaluating growth of the Porcupine caribou herd using a stochastic model. Journal of Wildlife Management 59, pages 162-172.

Williams T.M. 1990. Summer diet and behavior of wolves denning on barrenground caribou range in the Northwest Territories, Canada. University of Alberta thesis, Edmonton, 75 pages.

Wilson W. 1970. Campbell of the Yukon. Macmillan Company of Canada, Toronto.

Workman W.B. 1974. Prehistory of the Aishihik-Kluane area, southwest Yukon Territory, Canada. University of Wisconsin thesis, Ann Arbor.

Wright A.A. 1976. Prelude to Bonanza. Gray's Publishing Limited. Sidney, British Columbia. 321 pages.

Yukon Wolf Management Planning Team. 1992. The Yukon wolf conservation and management plan. Yukon Renewable Resources Report, Government of the Yukon, Whitehorse, 17 pages.

Zazula G.D. G. MacKay, T.D. Andrews, B. Shapiro, B. Letts and F. Brock. 2009. A late Pleistocene steppe bison (Bison priscus) partial carcass from Tsiigehtchic, Northwest Territories, Canada. Quaternary Science Reviews 28, pages 2734-2742.

Die jüngste Geschichte der Wölfe im Yukon

1903	Jack Londons Buch *Call of the Wild* erscheint
1904	Fleischjäger dezimieren Elche und Karibus
1920	Trappern wird die Verwendung von Gift erlaubt
1929	Prämien für getötete Wölfe und Koyoten
1931	Gift wird verboten, illegale Vergiftungen geschehen weiterhin
1933	Wolfsprämien werden aufgehoben
1930er Jahre	höchste Eingriffe in die Wolfspopulation.
1942	Bau des Alaskan Highways. Im Zusammenhang damit gehen die Wildbestände drastisch zurück
1946	Wolfsprämien werden wieder eingeführt
1949	Das Magazin *Look* kritisiert die Wildgesetze des Yukon
	Die Abteilung Yukon Game and Publicity wird eingerichtet
1952-56	Kjars Strychninkampagne
1953	Wolfsprämien werden wieder aufgehoben
1956-58	Fullers Strychninkampagne
1972	Verwendung von Gift wird eingeschränkt
1982-85	Elche in den Coast Mountains erholen sich nach Wolfsabschüssen vom Flugzeug
1983-85	Karibus in Finlayson erholen sich – Wolfsabschüsse vom Flugzeug
1985-85	Feldforschung an Wölfen und Dallschafen in Kluane
1987-92	Feldforschung an Wölfen im Norden des Yukon
1990-95	Feldforschung an Wölfen nach Reduktionsabschüssen in Finlayson
1991-92	Feldforschung an Raben in Finlayson
1992	Der Plan zum Schutz und Management des Wolfs im Yukon tritt in Kraft
1992-98	Experimentelle Wolfskontrolle vom Flugzeug in Aishihik
1996-97	Studie zur Fertilitätskontrolle an Wölfen in Aishihik
1997-2002	Erholung der Fortymile Karibupopulation nach Fertilitätskontrolle von Wölfen
2003-06	Versuche zur Kälberaufzucht in Gehegen an der Chisana Karibupopulation

Fotonachweise

Die Fotos sind von Lorne LaRoque (LL), Petra Kaczensky (PK), Ulrich Wotschikowsky (UW), Brian MacDonald (BM), alle anderen vom Autor.

Umschlag innen: Wolf von 70 kg, der schwerste, der dem Autor in die Hände geraten ist, Coast Mountains.

Fotokollage im Innenteil (im Uhrzeigersinn zu lesen):

Seite 1: Ein Rudel Wölfe am Ark Mountain, Süd-Yukon (LL).

Seite 2, 3: Beutetiere der Wölfe im Yukon: Porcupine Karibu, Elch, Schneeschuhhase, Dallschaf (PK), Woodland Karibu (UW).

Seite 4, 5: Fang von Wölfen: Helikopter im hohen Norden des Yukon. Halsbandsender. Blutentnahme für Untersuchungen auf Krankheiten. Pat Maltais und Autor beim Besendern. Alan Baer vor dem Narkoseschuss (UW). Ein perfekter Treffer (UW). Lorne LaRoque besendert einen Wolf in Finlayson. Das Team besendert einen Wolf in den Northern Richardson's Mountains.

Seite 6, 7: Die Landschaft und die Piloten: Verfolgung eines Wolfs in den subalpinen Coast Mountains. Typisches glaziales U-Tal bei Frances Lake, Finlayson (UW). Pilot Denny Denison und seine Maule LR-7. Fang eines Wolfs des Wolverine Lake Rudels, Finlayson. Pilot Tom Hudgin und seine Super Cub PA-18.

Seite 8, 9: Typisches Sumpfgebiet im Bereich einer Wurfhöhle, Dempster Highway, Nord-Yukon.

Seite 10, 11: Predation: Carol Domes und Gerry Kuzyk untersuchen einen gerissenen Elch (BM). Besenderter, aus ungeklärten Gründen verendeter Wolf, Finlayson (UW). Gerissener Elch, Finlayson. Pilot John Witham, Petra Kaczensky und der Autor wiegen ein gerissenes Karibu, Finlayson (UW). Rabenforscher Christoph Promberger an Wolfsriss, Finlayson. Wolf beim Verfolgen von Elchkuh und Kalb, Aishihik. Ein Wolf, nachdem er aus der Körperhöhle eines gerissenen Elches herausgekrochen ist (BM).

Seite 12, 13: Kluane, Südwest-Yukon.

Seite 14, 15: Land und Leute: Typischer subalpiner Lebensraum von Woodland Karibu, Ogilvie Mountains. Von wandernden Karibus der Porcupineherde benutzter Kalksteinrücken, Old Crow, Nord-Yukon. Wurfhöhle in einer natürlichen Wiese, Coast Mountains. Indianerjunge auf dem Motorschlitten, Ross River, Finlayson (UW). Ulrich Wotschikowsky und Trapper Steve Pecony mit großem Wolfsbalg, Finlayson (UW).

Seite 16: Fährte von sechs Wölfen auf dem Eis, Coast Mountains.

Anmerkungen des Übersetzers

Alle geografischen Begriffe und das Quellenverzeichnis wurden in der Originalsprache belassen, daher z.B. Coast Mountains für Küstengebirge etc. Gleiches gilt für die Verse im Kapitel 5.

Kap. 1: Der **Kurznasenbär**, *Arctodus simus,* erreichte eine Schulterhöhe von 1.8 m und übertraf den Eisbären um etwa 200 kg Körpermasse. Kennzeichnend für dieses große Raubtier waren lange Gliedmaßen und ein auf fleischliche Ernährung spezialisiertes Gebiss. Der Kurznasenbär starb vor etwa 11.000 Jahren aus.

Laurentidische Eiszeit – letzte Eiszeit (in Nordamerika das Wisconsinglazial, analog des Weichselglazials in Europa).

Pleistozän – eine Periode von Kalt- und Warmzeiten, die etwa 2,5 Millionen Jahre dauerte und vor 10.000 Jahren endete. Als Höhepunkt wird die Phase der größten Vereisung vor etwa 20.000 Jahren betrachtet.

Beringia – Landgürtel, reichte während der Eiszeit von Nordamerika über die Beringstraße bis Asien, als viel Wasser in Gletschern gebunden und der Meeresspiegel niedrig war.

Säbelzahnkatze, Säbelzahntiger, Smilodon – eine Großkatze mit überdimensionalen oberen Eckzähnen. Die Säbelzahnkatze war im engeren zoologischen Sinn kein Tiger.

Porcupineherde – im amerikanischen Sprachgebrauch werden Teilpopulationen von Karibus als Herde *(herd)* bezeichnet. Eine solche Herde kann mehrere hunderttausend Tiere umfassen.

Kap. 2: Direwolf – *Canis dirus*, ein hundeartiges Raubtier, etwas gedrungener und schwerer als der eigentliche Wolf. Starb vor etwa 10.000 Jahren aus.

Kap. 3: Milchkuchen – bildet sich im Magen von Jungtieren aus der getrunkenen Muttermilch.

Oser – dammartige Ansammlung von Sand, der unter dem Eis von Schmelzwasserströmen aufgeschüttet wurde.

Kap. 4: First Nations, Indianer, Eingeborene *(natives)*, **Einheimische** – die Ureinwohner des Yukon gehören zu verschiedenen indianischen Volksgruppen. Sie selbst bezeichnen sich als *First Nations*. Mit allem Respekt verwende ich in der Übersetzung gelegentlich die Begriffe Eingeborene, Einheimische oder Indianer. Dabei können Yukoner mit ursprünglich europäischer Abstammung selbstverständlich ebenfalls Einheimische sein.

Schneeschuhhase – (*Lepus americanus)*, auf Nordamerika beschränkte Hasenart, nicht zu verwechseln mit dem Schneehasen (*Lepus timidus).*

Kap. 8: **Äsungskrater** – tiefe Gruben, die von Karibus bei der Futtersuche mit den Vorderläufen in den Schnee geschlagen werden.

Kap. 9: **Whiteout** – konturloses Weiß, z. B. im Schneesturm.

Kap. 10: **Elchdichte** – zum Vergleich: In Schweden beträgt sie etwa das Fünffache.

Schwarze Wölfe – nach neueren genetischen Untersuchungen wird die schwarze Fellfärbung auf Einkreuzungen mit Hunden zurück geführt.

Kap. 12: **Barren Ground Karibus** – wandern aus der waldfreien Tundra, den *barren grounds,* weite Strecken zum Überwintern Richtung Süden. Woodland Karibus leben dagegen weitgehend stationär in der bewaldeten Taiga.

Tetlit Gwitch'in – eine indianische Volksgruppe.

Inuvialuit – Gruppe der Inuit (Eskimo).

Kap. 14: **10 kg** Nahrungsaufnahme pro Tag sind ein extrem hoher Wert, der in der Natur nicht vorkommen dürfte.

Kap. 16: **Wolfskontrolle** – Sammelbegriff für alle Maßnahmen zur Reduzierung von Wölfen auf großer Fläche, also mit Fallen, Bejagung, Gift, wobei die Aktionen vom Flugzeug aus *(aireal wolf control)* eine herausragende Rolle spielen.

Predation – Sammelbegriff für räuberisches Verhalten, z. B. Töten, Verletzen, Eierraub.

Epilog: **Land claim** – Verhandlungen mit den First Nations über die Besitz- und Nutzungsrechte an ihrem Land.

Zeitschiene: **Mastodon** und **Wollhaarmammut** – zwei verschiedene, allerdings nahe miteinander verwandte Tierarten.

Danksagung

Im Zuge der Wolfsforschungen im Yukon mussten viele Wölfe ihr Leben lassen. Es ist uns nie leicht gefallen, Wölfe zu töten, wir haben ihnen das Leben niemals ohne Bedauern genommen. Ich denke auch an die vielen hundert Wölfe, die wir im Namen der Forschung verfolgt, gefangen und besendert haben. Ich hoffe sehr, dass unsere Eingriffe in ihr Leben es wert waren, ein besseres Verständnis ihrer komplexen Lebensumstände zu gewinnen.

Ich danke meiner Familie, die mir geholfen hat, dieses Buch zu schreiben. Meine Tochter Kelly Milner hat es editiert. Meine andere Tochter Aryn hat Quellen recherchiert. Mein Bruder Barrie Hayes hat die Zeichnungen angefertigt. Und viele andere halfen. Grant Zazula, Paläontologe im Yukon, sah die prähistorischen Kapitel durch. Todd Fuller steuerte das Vorwort bei. Regine Zimmermann schuf das Erscheinungsbild. Stephanie Ryan zeichnete die Karten. Philip Merchant gelang das Titelfoto. Lorne LaRocque, Petra Kaczensky und Ulrich Wotschikowsky stellten eigene Fotos zur Verfügung, Richard Bernt machte das bestmögliche aus ihnen. Ulrich half bei Design und Redaktion, koordinierte den Druck in Deutschland und übersetzte es ins Deutsche. Kornelia Lohse las Korrektur. Franz Windirsch kam mir bei der Produktion entgegen, wo immer er konnte.

Die hier aufgeführten Piloten flogen tausende Stunden unter schwierigen und nicht selten gefährlichen Bedingungen im winterlichen Gebirge: Denny Denison, Tom Hudgin, Derek Drinnan, Cameron Drinnan, Ray Harbats, Jim Buerge, Rob Pyde, Rob Lawson, Jim Hodges, Norm Graham, Doug Makkonen, John

Witham, Matt Conant, and John Fletcher. Dank an Euch alle dafür, dass Ihr uns immer sicher zurückgebracht habt. Bob Cameron danke ich für die Details über die Fliegerei in Kapitel sieben.

Viele halfen mir bei den Forschungsarbeiten im Gelände oder im Labor, darunter Alan Baer, Philip Merchant, Patrick Maltais, Peter Koser, Christoph Promberger, Petra Kaczensky, Jean Carey, Dave Bakica, Daryl Anderson, Ulrich Wotschikowsky, Ron Sumanik, Aryn Madley, George Balmer, Norman Barichello, Kevin Bowers, Dan Drummond, Donna Milne, Morris George, Harvey Jessup, Doug Larsen, Susan Westover, Rhonda Markel, Heather McLeod, Barney Smith, Greg Hare, Rick Ward, Ken Frankish, Hanna Hoefs, Janet McDonald, Rick Farnell, Peter Clarkson, Graham Baird, Dorothy Cooley, Ilme Liepens, Kevin Bowers, Judy Selamio, Don Russell, Doug Larsen, Lorne LaRocque, Linaya Workman, Christie Spence, Rich Weir, Mike Dehn, Kathi Egli, Gerry Kuzyk, Mark O'Donoghue und Brian Slough.

Ich danke auch den Veterinärmedizinern Jim Kenyon, Darrell Smith und Michelle Oakley für ihre medizinischen Eingriffe an Wölfen.

Wildforschung kostet Geld, und die Forschungsarbeit an Wölfen erfordert große politische Unterstützung. Für beides danke ich Hugh Monahan, Don Toews, Doug Larsen und Brian Pelchat.

In meiner Karriere als Wolfsforscher hatte ich drei Mentoren: Bob Stephenson lehrte mich Wolfsmanagement. William Gasaway ermunterte mich, mein Studium erneut aufzunehmen, um ein besserer Biologe zu werden. Alton Harestad von der Simon Fraser Universität half mir dabei, einer zu werden.

Der größte Dank gebührt Caroline.